書系緣起

早在二千多年前，中國的道家大師莊子已看穿知識的奧祕。莊子在《齊物論》中道出態度的大道理：莫若以明。

莫若以明是對知識的態度，而小小的態度往往成就天淵之別的結果。

「樞始得其環中，以應無窮。是亦一無窮，非亦一無窮也。故曰：莫若以明。」

是誰或是什麼誤導我們中國人的教育傳統成為閉塞一族。答案已不重要，現在，大家只需著眼未來。

共勉之。

我在高盛的金錢與仇女人生

BULLY MARKET

來自華爾街的性別歧視、霸凌、騷擾與厭女症第一手沉痛告白

潔美·費洛·希金斯 著

吳書榆 譯

MY STORY OF MONEY AND MISOGYNY AT GOLDMAN SACHS

獻給丹恩，感謝你做的一切，永遠都是。

目次

前言

本書是身為女性的我身在金融界高層的經歷與感想，這些是我的回憶以及長期下來對這些經驗的看法。我利用日記、其他書面往來資料以及和朋友與家人之間的談話，寫成了書中的內容。我用假名來指稱非我家族中的人，也更動了一些可以辨識身分的細節。本書中提到的高盛相關人士為幾個人的綜合，當中未指稱任何客戶，也未談到任何商業交易與非公開議題。這些全是我親身經歷過的事，但我壓縮了某些事件的時間點。當我使用對談形式呈現時，用意是要表達對話的本質，而非引用當事人的原話。

序章

結束與開始

——二〇一六年

「錢進來了。」我一邊說，一邊指著網路帳上的數字。我坐在餐桌旁，丈夫丹恩（Dan）站在身後。清晨時分，房子裡很安靜，孩子們都還在睡，我感覺到他溫暖的氣息吹在頸子上，也聞到檯子上正煮著的咖啡冒出香氣。

「恭喜。」他說，「你準備好離開了嗎？」我看著帳戶上的新餘額。此時雖已是一月底，但對高盛（Goldman Sachs）人來說卻像是聖誕節的早上，我們的年終獎金昨晚發下來了。

這是一大筆額外之財，高到讓人覺得有罪惡感。我知道自己很努力，但很多人也是。賺這麼多錢讓我覺得很愧疚：比我請的清潔人員多了四十倍、比我家小孩的老師多了二十倍、比我的家庭醫師多了十倍。我的所得混合了滿足與羞愧，緊緊裹住我。

我也知道我可不是白白拿到這些獎金，高盛希望我付出的，比這些錢還多。如果說這筆獎金是甜頭，那我的常務董事（managing director，簡稱ＭＤ）頭銜就比較像是欠條（雖然這也是多年前我自己掙來的）。在高盛的員工中，只有前百分之八可以擠進這個階級，進來之後，公司對我的期待又比過去更高，我得為他們付出一切，沒日沒夜沒生活。如果我選擇留下來，今天就是新的一年的第一天，這是另一段幾乎見不到家人的三百六十五天，另一段在有權有勢者創造出的種族歧視、性別歧視、粗魯不耐文化中工作的三百六十五天，另一段任由高盛諸神在我眼前搖晃著下一筆獎金的三百六十五天。不管給我多少錢，都不值得。為了走到今天這個地位，我幾乎已經失去家人，我也差一點失去自己。

「就是今天了。」我宣告。

「他們會大吃一驚的。」丹恩一邊說，一邊看著廚房窗外還覆著冰雪的梧桐樹樹枝。

「可能吧，」我說，「但有幾十個人覬覦我的位置很久了。」我不怪他們，高盛是一個你死我活的世界，我離職代表的是別人的大好機會。會有人接下我的位置，但，除了可能同為白人之外，繼任者可能跟我沒有半點相似之處。這個人必然是單身、男性、無子無女，身為女性的我（而且竟然還是四個孩子的媽，一個不少），從來無法不符合他們的典型。

「我們最後來看一次這張表吧。」我試著要讓自己安心。丹恩在餐桌旁拉了椅子在我身邊坐了下來，我拿出我們戲稱為「財務自由試算表」的財務規劃表。我仔細精算，看看我們在丹恩創業期間需要多少錢才能彌補他的收入之不足。我天生就很會設想災難狀況，與我結縭十二年的丈夫清楚的很。他很有耐性地讀出我們的開支項，一條一條，然後檢視我們的備用方案以及備用方案的備用方案，萬一我們遭遇意外時就可以派上用場。這張試算表是我的防彈背心，只要我有膽穿上，我就可以擁有專屬於我的自由。你只能從高盛離職一次，這句話迴盪在我腦海。我在高盛任職十八年期間，我聽到這條緊箍咒已經不知道有多少次了。

稍微站遠一點來看，我就明白我正是那種會陷入這個扭曲乖張世界的最佳人選。我進高盛時全無半點人脈，為了我整個移民家族，為了我那無法養家活口時便了結自己的祖父，為了我那對做出重大犧牲的父母，我有一定要賺大錢的壓力。童年時期的健康問題替我披上了有缺陷的外表，但我已經下定決心，每當有人質疑我「你永遠都做不到這個那個」時，我就要證明我跟任何人一樣完整。我做到了，不僅融入了這個對我來說像是外國一樣的地方，獲得過去從來沒想過的高額財富和權力，還親身經歷了各式各樣的歧視之後還變成歧視的一方。我更向高盛和自己證明我可以攀上頂峰，贏得華爾街最難得、最尊榮的頭銜。

但現在，我終於清醒了，決定打破這種暴虐的循環，知道自己該怎麼做。

多年來我都透過高盛扭曲的觀點來看自己的人生，多年來我忍受並延續各種騷擾與暴行，多年來我妥協於這裡的性別歧視與不合時宜的文化，多年來我質疑自己到底是誰、應該得到什麼，現在我終於準備好要拋下一切。我準備好停手，不再成為崩壞體系的幫兇，我要重新找回自己與我的家庭。

我無法讓時光倒流，重新選擇我的第一份工作；我無法回到過去，開創能實現自我與反映出己身價值觀的事業。我也不能改從另一個更富使命感且更能達成平衡的工作起跑，讓我看到我的雙胞胎艾比（Abby）和貝絲（Beth）踏出的人生第一步，或是聽到小犬路克（Luke）說的第一句話。但我現在可以享受我的人生和家庭生活，我可以找到一條新的職涯道路，讓這個世界變得不同，去幫助與支持其他人，而不是讓有錢的人更有錢。

我可以體驗我的寶寶漢娜（Hannah）好多的第一次，幫忙女兒做功課、去幼稚園接路克回家。我很幸運能離職放個人生長假，好好想一想我之前到底在什麼地方攪和，並有機會思考我的人生接下來要做什麼。我闔上筆記型電腦，抓起公事包。

「好，」我說，「就現在了。」

第一章

初來乍到難適應，關關難過關關過

——一九九八年七月

電梯抵達寬闊的大廳之後打開門，有幾十個人等著，黑色、藍色的西裝構成了一片海。明亮的光線從落地窗照了進來，從窗戶看出去可以眺望波光粼粼的港口和自由女神像。我走向櫃台，用顫抖的手找我的名牌。我找到了：上面以粗黑字體印著「Jamie Fiore」，宣告我有權進來此地。我成功擠進了華爾街。

我跟著人群，走進了供應早餐的餐櫃。我環顧四周，看看有沒有其他女性，只有看到幾個，她們的妝髮無懈可擊，彷彿剛剛從美容院裡走出來。我伸手摸摸我的頭髮，湧出一股沮喪，我的捲髮因為溼氣的關係又更捲了。我素顏，只擦了潤唇膏，覺得自己好像一坨乾掉的死白披薩麵團。

我拿了一個貝果和一杯咖啡，走進如電影院一般大小的會議室，階梯式的座位可容納百人以上。前面有一座空的講台，講台背後的大型螢幕上有著高盛的標誌。我在剩下幾個靠走道的座位挑了一個坐下來，旁邊是一個很高的金髮男子，下巴線條分明，還有一雙湛藍的眼睛，看起來像是時尚精品模特兒。

「泰勒・休斯（Taylor Hughes），」他說，「華頓（Wharton）畢業，經濟系。」他的聲音聽起來堅定不移，就像士兵一樣。也對啦，高盛的訓練方案向來被稱為新兵訓練營。

「潔美・費洛，布林茅爾學院（Bryn Mawr）畢業，數學系。」我禮尚往來，這些從我嘴裡吐出來的話聽來有點古怪。他伸出大大的白手掌握了我的手，握得太緊，我的指關節都擠在一起了。自我介紹完了，他又回過頭去看他的《華爾街日報》（*Wall Street Journal*）。

「早安。」一個很嚴肅的聲音洪亮地傳了出來，我抬頭，看到一個穿著剪裁合身西裝、打著紅色領帶且身高很高的男子大步走進來。他拉上身後對開的拉門並且鎖上，然後用力推了推門把，確認有鎖好。

我湧起了一股恐慌，不斷衝擊著我的胃。我瞥了一眼泰勒，看看他有什麼反應，但他的眼神很堅毅，定定看著說話的人。整個會議室一片沉寂，台下所有儲備人員彷彿石頭。此人走上台把雙手貼在臀部，他的臉上毫無表情。

「歡迎參加高盛全球訓練方案。」他開口了。聲音撞到演講廳的牆壁後反彈，身後的螢幕現在投射出他的臉。「我是湯姆‧懷特（Tom White），也是訓練方案負責人。要在高盛找到工作比進哈佛更難，因此，各位一定做對了什麼，因為現在你們都和我一起來到這裡了，很幸運能得到這個一輩子只有一次的大好機會。但請記住，在接下來的六個星期裡，你們都歸我管了。」他笑了，顯然這件事讓他很開心。他四十多歲，留著一頭黑色的捲髮，夾雜著一點灰髮。

「這裡的要求很高，」他說，「因為等你實際上任、真正坐到辦公桌旁，要求會更高。本方案早上七點整開始，不是七點零一分。七點整，門會鎖起來，就像今天一樣。」我伸長脖子看看會議室內的人。「如果你遲到了，你需要一封道歉函，並由部門的合夥人簽字，我才會讓你進來。」

室內仍一片沉寂。就在此時我們聽到敲門聲，有人很用力地捶打，關上的門晃了起來。「比方說這些人。」湯姆說著，並咯咯地笑了，然後手舉過肩，用大拇指向後比了比。我啜了一口咖啡，後頸緩和了下來。敲門聲停了，這一天正式開始。

訓練活動的第一天很多入門課，例如財務會計簡介和推薦股票分析。我的手握得很緊，都抽筋了，我在中午之前就把新筆記本用了一半。這就好像要去拿一個新的財務學位，而我一無所知，必須急起直追。

下午四點，我們收到電子郵件說四點十五分要開第一次的開放討論會（Open Meeting）。我不知道什麼是開放討論會，但我注意到有幾個儲備學員面面相覷，我偷聽到一個人說：「你準備好了嗎？」另一個人說：「老天爺啊，拜託幫幫我。」

下午四點十五分，湯姆用一隻手把門鎖起來，另一隻手上抓著夾板和筆。他說：「我要找約翰・泰特（John Tate）。」會議室裡每個人看來看去，大家都在找這個約翰是何許人也，我正前方一個紅髮男子從座位上站了起來。

「先生，我是約翰・泰特，」他說，「安莫斯特學院（Amherst）畢業，經濟系。」

「約翰，今天有一位高盛的分析師發出一份圓（Yuan）的報告，」湯姆說，「他預測下一季會怎樣？」約翰的耳背脹紅，看起來很燙手，不能摸。會議室裡一片死寂。我看著約翰・泰特煎熬，我的胃也絞在一起，因為我發現自己也不知道答案。圓倒底是什麼東西？這不在今日課程的範圍內。「我不知道，先生。」約翰招認了，聲音沙啞，人群裡發出低低的悲嘆。

「不知道，你白癡！」湯姆一邊說，一邊把夾板丟在講台上。「不知道！」每一個人都不敢動，只有約翰的手在抖，我耳朵裡的脈搏不停抽動。「這絕對不是答案！」湯姆大吼，

「標準答案是：『先生，我不知道，但我會去找出來。』」我看著大螢幕上投影出來湯姆的臉龐，注意到他的嘴角有白沫的痕跡。

「先生，我不知道，但我會去找出來。」約翰修正自己的答案。我聽得出來他把哭聲壓下喉嚨。

「很好，」湯姆說，「現在可以滾了，明天早上七點回來向我們報告。」約翰衝出去時絆到了跟他同一排的人，一到走道上就用跑的，他的郵差包掛在他的肩膀上。

「歡迎來到高盛，」湯姆宣告，「這裡是全世界最偏執、最沒安全感的人的大本營。要忍受這個環境，就要具備這些特質。」

我到底闖進了什麼地方？我的身體在發抖，我用雙臂環繞我的腰，試著抑制顫慄。我死都不想待在這裡，沒有一件事是對的，沒有一件事和我這個人有任何共鳴。但，我很清楚我為何會出現在此地。

◇◇◇◇◇◇◇◇◇◇◇◇◇◇

「那是什麼？」在我成為儲備人員的前一年，差不多與培訓方案課程第一天同一個日子，我媽正要切西瓜時看到一個很大的白色信封。我爸和我並肩坐在餐桌旁，讀著報紙，我外婆也在一旁做著編織。

「喔，我在學校的職涯發展中心做了一項人格測驗。」我說。當時我剛在布林茅爾學院念完大三，也該開始思考接下來要怎麼走了。「這是測驗結果，應該會幫助我找出自己適合哪一種職業。」

爸爸把他點燃的菸放在我們之間的黑色塑膠菸灰缸，我先瞄了一下結果，然後去讀報告。我真不敢相信，真是太準了。我想我知道我這輩子要做什麼，但我很驚訝的是，測驗結果居然這麼明確。

「我知道我畢業之後要做什麼了。」我大聲宣告。

我媽停下切西瓜的手，抬頭看我，「做什麼？」

「社工。」我說話時，也跟著笑開了。社工很神聖，是會讓人的生活變得更好的工作，而且這也像是延續我早已踏上的路。我小時候脊椎嚴重側彎，沒完沒了的背架、治療、手術和霸凌，總是讓我覺得自己是個局外人。我向來會注意到其他邊緣人，覺得想要把他們帶進來，盡我所能地幫助他們。

我媽的臉皺成一團，就好像是聞到發臭的雞蛋一樣。我爸放下報紙。「不行，」她說，

「我們貸款去付你一年三萬五千美元的費用，可不是讓你去找一份年薪兩萬美元的工作。」

我臉上的笑容消失了，羞愧讓我全身發熱。「你賺這麼少錢會很慘，」她說，「你要認命，去找一份高薪的工作，等錢存夠了，然後你就可以去做你想做的事。」

我把報告緊緊捏在手裡。「但如果是個人執業的話，社工也可以賺到錢。」我抗議，「不會只有一年兩萬美元。」

爸爸向我靠過來，他的報紙沙沙作響。「聽好了，」他很輕聲、很溫柔地說，「從你的醫藥費到大學學費，我們在你身上投資了很多，我們不介意這麼做。」他握著我的手，向我保證，「但現在我們需要看到投資有報酬，因此你需要善用你的人生表現得更好，多賺點錢。」

我想起四年前申請大學的事。有幾家學校給我全額獎學金，但我的第一志願是布林茅爾學院，爸媽也支持我。這是我能申請到排名最高的學校，爸媽覺得布林茅爾學院的學位值得他們花那個錢。他們得縮衣節食省出學費，但他們相信，在女校中可比常春藤（Ivy League）的七姊妹盟校（Seven Sister school）學位，肯定會使我的人生敞開大門。

「寶貝，你還不懂嗎？」我媽說，「我成長過程中一無所有，我家連水電瓦斯管線系統都沒有。還好我爸媽夠幸運，可以脫離義大利的農村。外公外婆沒受過教育，他們不像你還有童年，他們小學一畢業就去工廠了。我和你爸是家族裡唯一上過本地大專的人，我們給你和你哥哥姊姊的，都是靠自己奮鬥得來的。我們不能回頭，所以，現在你們都要做的更好，一代一定要比一代好。不要只想到你自己，也要想到全家人，想到在我們之前來到這裡的人。湯尼（Tony）是律師，如果讓他自己選，他會去當藝術家。珍妮（Janine）是藥劑師，但她想當的是作家。他們現在都感謝我。去做社工，會讓全家人都走回頭路，而不是向前進。」我的目光穿過玻璃拉門看向後院，天空萬里無雲。我聽到西瓜最後被切成一片一片的聲音。

學校職涯發展中心裡談的所有話題，都是要在工作中找到熱情與使命感，當我不能選這條路時，這些話狠狠衝擊了我。我背負的期望，是要找一份讓後半生財務穩定的工作，唯有這樣，祖先的犧牲才不會白費。萬一我的小孩和我一樣，需要接受昂貴的脊椎手術，我才不會一窮二白。我的人生是更大格局故事的一部分，我不只是為了自己而活，也為了回溯好幾代之前的家族。我未來的職業無關乎熱情，重點是安全感和帶著整個家族往前走。

「我們的責任是付學費，」我爸載我去上大學時說過，「你的責任是好好發揮這筆錢的效果。」

在那時，有父母替我付大學學費，我無需背債，看起來像是禮物。但現在我明白了，我不是什麼都不用負擔，現在我該讓父母看見他們投資我上大學是值得的，我該回報他們了，我該在最賺錢的產業裡找一份最高薪的工作。

幾小時之後，我走進客廳，我媽媽坐在棕色的布沙發上，我知道我該怎麼做了。我說：「我會去學校的職涯發展辦公室，今年秋天開始應徵工作。」電視上正在播放晚間新聞，窗上的冷氣機讓整個房間都嗡嗡作響。

「很好，」我媽媽回應，「你會需要一套面試套裝，我們明天去暢貨中心買套裝吧。」

◇◇◇◇◇◇◇◇◇◇◇◇◇◇◇◇◇

在我成為儲備人員的第一天，我這套套裝到了下午五點已經汗濕了，穿起來很拘束，但是我得讓衣服撐過當天傍晚，因為高盛安排了一場社交活動。我們預計一星期至少要有三個晚上去參加經營人脈的活動，我第一天到了中午已經濕透了，因此我記住了，以後要多帶一件上衣。高盛給新人的娛樂預算很大方，從遊艇派對到頂級的一千美元水療日都有。這看起來很超過也很不必要，但人家叫我去哪裡我就去哪裡。

我們的第一場活動，辦在中城的牛排館。我和早先認識的兩位儲備人員蘇菲（Sofia）和蜜雪兒（Michelle）一起過來，在主用餐區坐了下來。餐廳牆面用深色木板做裝飾，厚重的紅色簾幕遮住了窗戶，牆面上自豪地掛著法蘭克・辛納屈（Frank Sinatra）和狄恩・馬丁（Dean Martin）的裱框照片。服務生豪氣地倒著酒，每啜一口就幫你把杯子加滿。我很慶幸自己不用點酒，因為我不確定選什麼才對。我看看錶，已經七點鐘了。我在心裡提醒自己不能喝太多，因為我得在凌晨三點半起床，才來得及準時上班。

我和幾位儲備人員同坐一桌，我們輪流自我介紹。有一個念耶魯（Yale）的傢伙羅伯（Rob），他爸是公司合夥人。他講起他在蘇活區（SoHo）的公寓，和附近他吃過的餐廳。蜜雪兒坐他旁邊，認真聽著他說的每一句話；他說話時，她的身體靠著他。接下來換蜜雪兒，她說起她在格林威治村（Village）的住所，還有她如何在附近找到她很愛的精品。就快輪到我了，胃糾結在一起，我真希望自己可以消失。

「那，潔美，」羅伯問，「你住哪？」我不想說我的事，我不想說我住哪，我不想解釋什麼：我住家裡通勤上班，因為我想盡量省錢。但大家都在看我，一股彆扭的沉默盤旋在空氣中。「我從紐澤西通勤。」我說。

「霍伯肯（Hoboken）！」羅伯大叫，「風景很美。」

「不是，我從市郊過來。」我澄清，「我和父母一起住。」

「你說真的嗎？」他問，那雙藍色的眼睛睜的大大的。

「真的。」

「那，好吧。」他不自在地輕笑，要不然還能說什麼？我的身體愈來愈熱，我抓起了玻璃杯，大口喝酒，酒落喉時酸味灼燒了起來。

這頓飯吃了四小時，酒和食物毫無間斷地不停端上。巨型海鮮塔先上：總共有六層冰過的銀盤，放滿了生蠔、綜合鮮蝦、龍蝦尾和帝王蟹腳。蜜雪兒說，一盤要價兩百美元，這和紐約到洛杉磯的直飛機票同價。然後是主餐：有菲力牛排、紐約客牛排，還有雙份丁骨牛排，份量大到滋滋作響的盤子都擺不下。還有配菜，松露通心麵配起司、奶油菠菜和手切薯條。至於甜點，則有一盤又一盤的紐約起司蛋糕和熔岩巧克力舒芙蕾。滿缽滿盤的食物，高到令人咋舌的價格，這一切的一切都代表了全然的墮落。之前我只去過紐澤西二十二大道上的連鎖店澳美克（Outback）牛排館，我也想起我爸，他最喜歡星期六晚上家裡的牛排晚餐，這一字排開的菜色想必會讓他驚訝到下巴都掉下來。

時間一個小時一個小時過去，大家也愈喝愈多。羅伯沒有點咖啡配甜點，反而要了幾杯龍舌蘭酒。服務生還來不及把酒放在桌上，大家已經紛紛把手伸向托盤，結果翻倒了兩杯酒。餐桌旁響起一陣哄堂大笑，服務生白眼都翻到後腦勺了，身在這一群人當中，讓我覺得尷尬萬分。我沒拿酒，但大家都太醉了，沒人注意到。羅伯環抱著蜜雪兒，她的頭靠在他肩上，雙眼呆滯。蘇菲的目標是她鄰座的男士提姆（Tim），提姆念杜克大學（Duke）時是划船校隊。她兩眼睜得大大地盯著他，聽著他語焉不詳講著兄弟會派對和海岬避暑的趣事，一邊微笑一邊點頭。

最後上來的盤子清空了，有人又點了一輪酒。我用眼角餘光瞄到湯姆•懷特離開了餐廳。他之前已經講明，他沒走之前誰都不准走。我深呼吸，又看了一下手錶：十點整。再過不到六小時，我又得離家上班了。都這個時候了，今晚我肯定得半夜才上得了床，但，湯姆走了，至少我也可以開始準備走人。

我連再見都懶得說，反正也沒人在意。我很高興高盛請了林肯城中車行（Lincoln Town Cars）的車隊在外面等我們，縮短我們回家的時間。但，我離開前得先上一下洗手間。貼了磁磚的洗手間地板迸出笑聲，空間很大的殘障專用廁所門開著，裡面有三名女子，圍著一面打開的化妝鏡。其中一名女子的臉就在鏡子上方，鼻子抵著鏡子。我放慢腳步並盯著看，我這輩子還沒有親眼看過人吸毒。其中一名女子轉過來朝向我。

「嘿。」她開口了。她的金髮又細又長，掉進她的眼裡。她的名牌上面說她叫梅根（Megan），哥倫比亞大學（Columbia）畢業。「要一起嗎？」

我呆住了，於是露出大大的笑容，並搖搖頭說：「不了，謝謝。」

我走進隔壁那間。我知道我很古板，大學時吸過幾支大麻菸，就這樣了。在工作場合吸古柯鹼是怎麼一回事？而且今天還是第一天上工呢。至少我覺得那是古柯鹼，我不知道還有什麼毒品也可以用吸的。我們當天早上都做過藥檢，並且簽署了保證自己不吸毒的合約。我交出一管的尿液樣本時並沒有多想，我覺得，高盛付我們這麼高的薪水，有權要求我們去做他們要我們做的事。

但這些女子呢？她們不擔心有麻煩嗎？不擔心被開除嗎？我被他們的大膽嚇傻了。我洗手時這些女子出來了，她們咯咯嬌笑，穿著高跟鞋腳步蹣跚，彼此相扶，人走遠之後，清脆笑聲的回音還縈繞在室內。我感到一股巨大的孤獨感。在這裡的我們年齡相仿，都是剛畢業，但我想，我們之間的共通點也只有這些了。我本來但願能和他們好好相處，和他們交個朋友，成為這群人的一份子，但就這短短一天，我就看出來我並不屬於他們。

◇◇◇◇◇◇◇◇◇◇◇◇◇◇◇◇◇◇◇◇◇◇◇◇

我揉揉雙眼，再度檢查我的簡報，這是第一百萬次了。剛過十點，高盛的員工餐廳裡只剩下我一個人。我頭上的日光燈亮晃晃的，整個桌面擺滿空的咖啡杯和空的低卡激浪汽水瓶。幾個小時前，我在這裡設置了作戰總部，替我的股票推薦報告做最後的潤飾。我檢視報告重點，在旁邊潦草地寫了一些註記，我很累，這些內容也開始變得模糊。

每一位儲備人員都被指定要分析一檔個股，然後對湯姆做股票推薦報告。我有二十分鐘說服湯姆我這檔股票是一筆好投資。上星期，我花了好幾天才完成，總共超過十五個小時。我先惡補了一堆講股市基本的相關書籍；我總得先知道股票是什麼，才能推薦股票。有天午休時我在讀《理解華爾街》（*Understanding Wall Street*），一個名叫亞隆（Aaron）的儲備人員很熱心地告訴我，他中學時開始管理自己的股票投資組合，那時候他就讀了這本書。「如果你還在讀這麼基本的書，」他說，「你的股票推薦報告根本沒機會勝出。你落後太多了，你絕對無法追上，你在這裡待不下去。」我坐在角落，椅子抵著窗戶，背靠假牆。「謝謝你的意見。」我對他說完，又回過頭去讀我的書。

「你絕對無法」是我很熟悉的句型。十二歲時我動了脊椎手術，有好幾個月都要做物理治療，從那時候我就開始愈來愈常聽到這句話。

「我可以幫助你變的更強壯，」物理治療師說，「但你對未來的期待要合情合理。你當然可以很活躍，但你絕對無法成為運動員。你當然可以跑，但你絕對無法成為田徑場上的明星。」絕對無法這句話刺激了我，我只想證明她說錯了。

隔年，我已經康復，可以從事非接觸性的運動。我登記加入越野跑步校隊。我每參加一次練習、每跑一里路、每舉一次重，我就會想到這位物理治療師。她對我的潛能期望甚低，成為我強化表現的動力。我想做的，是打破其他人套在我身上的限制框架。由於生理之故，我總覺得自己有缺陷，父母把我生壞了，我的潛能從一開始就遭受阻礙。我要向別人和自己證明，我和其他人一樣完整，什麼事都做得到，沒有人能替我決定我的身體和心智能做什麼、不能做什麼，只有我自己才有這個權力。高中整整四年，我都是田徑和越野賽跑校隊。

在亞隆令人不快的評論之後，我更想要在這次的簡報中勝出。我要讓他、湯姆・懷特以及任何認為我做不到的人看一看，我擁有所有成功必備的條件。

我完成了我的股票推薦報告，接下來，我只需要去電腦室印出最後的紙本即可。我來到電腦室，裡面一片寂靜。電腦室裡排著一排排的長桌，每隔幾英尺就有一個個人工作站，裡面有一部電腦、螢幕和電話。室內空盪盪，只有羅伯，靠在電腦室另一端的桌子旁。他的頭往後仰，雙眼緊閉，臉上完全沒有表情。前面一排的桌子，遮住了他的身體。我身後的門發出了一聲巨響，羅伯看到我，眼睛睜的大大的，嘴巴張的開開的。

「停。」他說。我看到他的嘴在動，但聽不到他說什麼。我一動也不敢動地站在前門，面前有一排空的工作站和椅子，各個螢幕不斷跳出螢幕保護程式。羅伯穿著白襯衫、打著藍色領帶，但頸間的領帶鬆脫了。他的頭髮亂七八糟，有一些還豎了起來。羅伯看著腳邊，喃喃說了幾句話，我聽到騷動的聲音和無聲的私語，但完全摸不著頭緒。之後，蜜雪兒冒了出來，就好像是一棵從辦公室的磁磚地板上長出來的植物。

羅伯把褲子的拉鍊拉好，蜜雪兒拉好她的黑色鉛筆裙，然後用手順一順亂了的頭髮。他們眼睛低低往下看，走過我身邊，離開電腦室。我很意外地感受到一股憤怒，這兩人怎麼可以完全不用在乎這個世界怎麼樣？他們隨時可以胡搞瞎搞，反正有進的了鄉村俱樂部的父母給他們撐腰。我為了做這份推薦報告死記硬背，他們卻在享受性愛。蜜雪兒在前往牛排館時就和蘇菲一起大開玩笑，說她們真正的目標才不是在高盛開創一番事業，而是要抓住一個高盛人。

那晚我就明白，我可以用盡全力去研究道瓊（Dow Jones），我可以閱讀研究報告、投資學教科書和《華爾街日報》，我可以提出一份出色的股票推薦報告，我可以進入他們的世界一段時間，但之後終將結束。因為就算我可以學他們怎麼過日子，最後也賺到大概可以支應這種生活的薪水，我想我還是沒辦法這樣過，也不確定我想這麼做。鄉村俱樂部、高檔精緻餐廳、百老匯戲劇、自由放任的態度、隨意就和人上床、吸食古柯鹼等等，這個奇特的世界看來是根據不同的規則運作的，而這些規則掌控了這個社會很大一部分。我無法再投胎變成啣著金湯匙出生的人，我想這是我無法跨越的鴻溝。

◇◇◇◇◇◇◇◇◇◇◇◇◇◇

訓練課程持續八週，每一天的課表都和第一天一樣緊湊：白天上課做專案，晚上交誼。最後一週，我們要準備考第七級（Series 7）執照，美國證券交易委員會（Securities and Exchange Commission，簡稱SEC）規定，所有從事股票和證券業務的人都要考。這場考試只有及格和不及格兩種，要答對七成才及格。我聽過很多儲備人員受訓之後考試不及格的恐怖故事，他們無法進入本來聘用他們的部門任職，只會被掃地出門。

訓練倒數第二天，我去了中城的測驗中心考試。監考人在一部電腦上替我註冊後，我就開始了這場四小時的測驗。考試期間有一小時的午休時間，我走到外面去，炙熱八月的濃濁氣息朝我撲面而來。我的胃像石頭一樣沉重，什麼也吃不下。測驗看起來還好，但我不確定。我心裡一直看到電腦螢幕上有一個大大的「不及格」字樣對我咆哮，怎麼樣都趕不走，占滿了我腦海裡的所有空間。等我回去考試，我的頭開始抽痛。如果我不及格，我在華爾街的事業還沒開始就結束了。

答完最後一題，我按下「計分」鍵，屏氣凝神，雙眼緊閉，在心裡數到二十。當我張開眼睛，電腦螢幕上出現了「恭喜」字樣。我整顆頭攤在桌子上，伴隨著一波筋疲力竭，我感受到了鬆了一口氣。

訓練課程的最後一晚，高盛辦了一場活動，有點像是畢業典禮。公司包下麥迪遜大道（Madison Avenue）的巴尼斯百貨公司（Barneys）舉辦一場時裝秀，主題是當年秋季的正式套裝。我們這幾個星期有酒喝、有飯吃，大手大腳地花錢，這場活動是最後的高潮。舞台上出現各式各樣專業人員的穿搭：套裝、襯衫、領帶、圍巾、鞋子、珠寶和手提包，應有盡有。我們從自助餐檯拿食物，從開放的酒吧取酒，看著模特兒踏著電音走秀舞曲的重低音節奏，大步走下伸展台，閃光燈在他們的身邊舞動。結束時，我們可以和巴尼斯的個人購物專家約時間，打造新銳分析師的專屬衣櫃。從隊伍的長度來看，多數儲備人員都等著和某位專家排時間。

時裝秀結束後，我和蜜雪兒、蘇菲一起去逛百貨；幾個星期的訓練課程上下來，我和他們已經變成朋友。

「我喜歡這套。」蜜雪兒一邊說，一邊從展示架上拿下一套黑色套裝。

「你應該買下來。」蘇菲說，「也不過就一千美元。」

我呆住了。衣服上面根本沒有標價，她怎麼知道多少錢？還有，誰會去買一套一千美元的套裝？但我什麼都沒說，只是微笑、點頭，表現的好像我正在思考著要不要也買一套。

我怯怯地從鏡子裡看身上的套裝。我用我的畢業禮金去了平價商店買了全套的上班服，鞋子、上衣、長褲、裙子、外套，再加上一個公事包，總共八百美元。我檢視衣架上一套套裝，很好奇這跟我的有這麼不同嗎？巴尼斯的套裝或許比較好，但有好二十倍嗎？

我外婆教我，最好不要陷入品牌迷思。六年前，我十六歲，聖誕節之後有一天她進來我房間，伸出手，微笑地說道：「交出來。」她要我上繳我的聖誕節禮金，幫我存進銀行帳戶裡，她每年都這樣做。我多希望她忘了這件事。「外婆，」我說，「今年我想用這些錢去買一件Gap的毛衣。」每個人看起來都有一件Gap，我也想要。

外婆的臉皺了起來，她的唇邊現出了深深的皺紋。「你已經有一整櫃毛衣了，」她說，「為什麼這一件這麼重要一定要買？是因為品牌嗎？我教你的東西更好：把錢存起來。你永遠不知道你何時會需要用錢去買比毛衣更重要的東西。」

我心不甘情不願地把錢交出來。我不需要毛衣，但我想要。在我家，只有想要還不夠。

「我還有最後一件事要說。」湯姆說話了，這是我們最後一次訓練會議。「各位的執照考試。」整個會議室安靜下來。

「測驗只有及格／不及格之分，」他說，「但在高盛，我們要和對手以及其他人競爭。來看一下。」他比向他身邊的大螢幕，每一個人的姓名和分數馬上跳了出來，從高分排到低分。「看看自己的表現如何，」他下達指示，「並看看你的競爭對手是誰。」我看了我的成績，差一點叫出來。我幾乎每一科都是前十名，我真不敢相信！我心想，亞隆，你現在可知道我是怎樣的人了吧。

會議室逐漸人去樓空，我拿起我的公事包，準備回家。我抬頭挺胸直接走上百老街（Broad Street）熙來攘往的人行道，跟上穿著藍色或黑色西裝的華爾街人，他們的肩上斜背著繡有公司標誌的帆布公事包。我撐過了這幾個星期漫長的訓練課程，我過關了，我證明了自己辦得到。

我回想起六個月前，我為了這個職位接受倒數第二次面試，那時我很確定我一定會搞砸自己進高盛的機會。面試我的合夥人叫麥克（Mike），面談時叫了一位分析師喬伊絲（Joyce）

一起過來。「喬伊絲看到你主修數學，」麥克一邊說，一邊坐在椅子上往後靠，粗壯的手臂交疊，放在他渾圓的腹部。「她覺得讓你做個益智測驗會很有意思。」喬伊絲戴著黑框眼鏡，一頭棕髮，剪成短短的鮑勃頭，她讀著手上的文件。「假設你去參加一個競賽節目，你要從三扇門中選擇，」她說，「有一扇門背後有一輛汽車，另外兩扇門後有山羊。你挑了一號門，主持人知道每一扇門後有什麼，他打開了三號門，裡面有一頭山羊。如果你換成選二號門，你拿到汽車的機率是多高？」

我的身體放鬆了。我大四那個學期的專題研究是機率，這是我們檢視的第一條證明。「如果我換，」我說，「我得到汽車的機率是三分之二，或者說百分之六十六。」麥克和喬伊絲互看一眼，笑了，然後回頭看我。「抱歉，答錯。」喬伊斯說，「是百分之五十，或者說二分之一。」

「抱歉，」我說，「但我很確定是三分之二，或者說百分之六十六。」

麥克拿起他的電話，他叫來另一個人，有一位女士跑了過來，在門邊對我自我介紹說她叫維琪（Vicki）。「維琪，你是達特茅茲大學（Dartmouth）數學系的，」麥克說，「我需要你想一下這個問題。」喬伊絲讀出她的問題。維琪在原地站了一分鐘，閉上雙眼。她的眼瞼抖動，嘴巴念念有詞，彷彿在腦子裡做計算。「百分之五十，或者說二分之一。」她說。

「我們現在是三比一了。」麥克說。他坐在椅子上往前傾。我的臉脹紅。我不知道要怎樣用字遣詞，才能同時表達出尊重與事實。

「那，我猜我們必須同意我們之間出現歧異。」我說。這聽起來比較像提問，而不是宣告。我想要說謊，讓他喜歡我。和高盛的合夥人意見相左，不是得到工作的好方法，但我必須這樣做。看在老天爺的份上，現在講的可是數學，數學最讓我尊敬的部分，就是它所蘊含的真理。無論你身處於世界的頂端還是底層，二加二永遠等於四，任何權力或影響力都無法改變這一事實，我就喜歡它這一點。

面試結束後維琪領我出去，她說：「你在高盛對資深人員講話要小心，你真笨。」眼淚灼燒了我的雙眼。「明天早上六點過來進行最後一次面試。」她輕嘆著說，但有一部分的我不知道這有何意義。

當晚我針對這個競賽節目問題寫下了數學證明，我甚至傳真給我的數學教授，確定我是對的。我隔天早上四點離開家，以便準時抵達高盛的辦公室。我在每一個說我錯了的人桌上都放了一份證明的副本。沒有人認同我的證明，但隔天我就拿到工作了。

幾個月過去了，我也通過了新生訓練，如今的我覺得自己更明智。我心想，在高盛就是這樣。我會被貶低，但我會抗爭，我會度過難關，沒有人會承認他們小看我了，但我知道他們確實如此。我可以接受這種事。此外，得到這份工作，我就像中了樂透，一年可以賺五萬五千美元，再加四萬美元的獎金。一九九八年時，一個二十二歲的人可以賺到年薪九萬五千美元，這可不是小數目。但，當我放鬆下來、感到驕傲之際，很輕易就忘記一項基本事實：我根本還沒真正開始工作。

第二章

首拿獎金歡欣慶，工作甘苦誰人知

高盛的環境和高中沒什麼太大差別，裡面的角色也都一樣，不同之處在於這些人是來上班而不是上學。研究人員與策略分析師對應的是「怪咖書呆子」，他們最愛鑽研試算表和報告，嘗試著預測市場的未來。銀行家相當於「預科生」或「富家子弟」，他們精心打扮、談吐得宜，永遠都做好準備替某個財星五百大（Fortune 500）企業的執行長提供收購建議。這兩群人甚至還會得到優惠待遇，會被分配到比較好的「置物櫃」特區，也就是鄰近各高階主管的辦公室。「長字輩」的高階主管都不在辦公室裡，他們忙著周遊世界，把高盛的意見傳達給客戶；這些人分身乏術到誇張的地步，連他們的助理都還要請助理。銷售和交易團隊也就是「運動健將」，也難怪交易室經常又被戲稱為「更衣室」。我的位子就在這裡，後來我們換大樓時，我所在的地方被人親暱地戲稱為「賭場」。交易人員的辦公桌所在的空間比足球場還大，沒有窗戶，天花板挑高、燈光明亮。賭場裡沒有時間感，謠傳高階主管還要額外打氧氣進來，讓每個人都保持清醒。

我很想說，我選擇進入這個團隊是因為我對這項業務懷抱熱情，但在高盛，事情不是這樣運作的。他們是第一個面試我的單位，他們開了一個分析師的職缺，他們給了我這份工作，就這樣。我非常興奮，終於可以變身成神祕的高盛分析師，有機會榮耀我的家族。我會在這家公司裡擔任分析師，什麼部門都可以；這個職位太稱頭也可以賺很多錢，不容放棄。

公司各部門都有一些一定會錄取的「天選之人」，這是因為他們有人脈，或是血統純正。有個姑娘每個星期五都會早退，搭上私人噴射機前往南塔克特島（Nantucket）；也有個傢伙每天早上都遲到，進來時還在宿醉。這些人用不同的規矩過活，至於我們其他人，就要戮力從公。蜜雪兒和蘇菲屬於天選之人這一群。當我講起我經過三十五次面試才得到錄取通知，我還以為他們聽了會昏倒，他們倆都只經過幾次面試而已。蜜雪兒的父親是高盛的客戶，蘇菲和一個高盛的合夥人是高爾夫球友，她們覺得在高盛找到工作沒什麼大不了的。

無論好壞，現在這就是我的世界了；股票如今成為我的語言。

一開始有人問起「那你在高盛做什麼？」時，我會說我是全球證券服務部（Global Securities Services）的銷售交易員，部門裡大約有兩百位專業人士。當他們繼續追問細節，我的答案就會讓人打呵欠，雙眼無神。「賣空」（short selling）、「定期融資」（term funding）

和「再質押」（rehypothecation）這些詞彙都很有安眠的作用。簡單來說，多數人都知道，在股市裡大家想的是要「買低賣高」，我的業務則順序剛好相反，我要「賣高買低」。人們、或者更具體來說是避險基金和有錢到不得了的人，預期股價下跌時會把他們覺得價格太高的股票賣掉，等到價格回跌再買回來。但這當中有個問題：他們一開始並未擁有這檔股票，這裡就是會用到我的地方。我把這些股票借給他們，他們付我手續費，這有點像租金，有時候金額很高。這種操作，讓他們可以在市場裡賣掉這些股票。我有許多法人客戶，例如大型的年金基金和共同基金、捐贈基金和保險公司，他們的投資組合裡有這些股票，我就向他們借券。這類交易中一邊是避險基金，一邊是這些法人機構，我（或者說高盛）就在這些交易的中間，分得一杯羹。

當我對布林茅爾學院修習人文教育的同學朋友詳細解釋這套交易時，他們看我的眼光彷彿我在玩一套很無聊的電玩遊戲，而且還問現在得了幾分。怎麼會有人想要放空股票？我有些客戶覺得某檔股票價格已經太高，評估之後認為可以先入袋為安。比方說，假設目前XYZ股的價格為每股一百美元，有些避險基金會研究這家公司，認為根據該公司的獲利與資產負債表來看，該公司的股價只值六十美元。因此他們在一百美元的價位放空，等著價格回跌到六十美元。但這沒有一定。就好比，當你買進股票時是希望會漲，然而，你也不敢保證一定會漲。因此，如果股價跌到六十美元，他們會回補，賺得每股四十美元的差價，然後扣掉我的手續費，我則把股票還給本來的持有者。賣空是一套歷史悠久的策略，雖然這些投機者不見得每次都做對，但大多數人只要做對的次數夠多，就可以為他們的投資人賺得可觀報酬。

對於其他人來說，放空股票則是其他更大型交易當中的一小部分。基金會做套利（arbitrage）交易，同時買進與賣出證券，善用相同資產的價差，此時就會出現賣空操作。舉例來說，如果出現併購情事，一家公司（收購方）宣布要收購另一家公司（標的方），從宣布併購到完成併購之間，會有好幾天、甚至好幾個月的落差。等到案子正式完成，兩家公司變成一家，兩檔股票也變成一檔。基金會同時買賣原本這兩家公司的股票，試圖從收購方公司的股價與標的方公司的股價差額當中獲利；他們會在宣布進行交易到最後完成交易、兩檔股票變成同一檔的空窗期間，買進標的方並賣出收購方。

你不必是財星五百大企業的內線人士，也可以私下從事套利交易。我隨時都看的到套利交易，連Dunkin甜甜圈都逃不了。有一陣子，他們出的甜甜圈球是很好的套利標的。一盒五十顆甜甜圈球要價九．九九美元，但十顆裝的促銷價是一．五美元。如果你買五盒十顆裝，就可以用七．五美元買進五十顆甜甜圈球，少花二．四九美元即可買到相同產品。套利者就是在做這種事，基本上，他們不過就是買了十盒裝的甜甜圈球而已。

然而，我剛進高盛時無法直接處理這類交易，做最多的就是替我的同事登錄交易。我早上六點就到交易大廳，最早晚上八點才離開，這段日子很漫長，我大部分時間都在按按鍵，這個工作很簡單，第一個星期我就駕輕就熟。這項任務不需要太多思考，因此我聽從坐在我旁邊的一位前輩布萊恩（Brian）的建議，和他的客戶聊聊。我也會到處問問題補充一些知識，了解避險基金想做空哪幾檔股票、又有哪些人擁有可供出借的股票。

我也補上其他的東西。我就職之後過了幾個星期，公司發給每個人一份某種意義上的「臉書」，這是一本小冊子，上面有每位新進分析師的識別證照片。和我一起共事的分析師，讀這本冊子比讀《華爾街日報》還用心。每次有人拿出這本小冊子，我就會聽到不絕於耳的口哨聲、嗚嗚聲和發牢騷聲。

有一天讓人忘不了。當天，至少比我大十歲的交易員傑瑞（Jerry）對著他的朋友維多（Vito）揮著這本小冊子並說：「嘿，維多，幫我個忙好嗎？」他說，「且讓我們用這來做一點量化分析。在Excel替我做一個總體經濟模型，用這些資料畫出圖表。要針對其中的女性做研究，我想知道罩杯、臀型和腿長。我們不能光憑黑白照片就排出打炮能力排行榜。」維多笑開了，彷彿是一隻看到骨頭的狗。我緊咬著牙假裝沒聽到，瞪著我的螢幕輸入交易資料。

我不是完全沒有耳聞華爾街的名聲，但我期待高盛有所不同。我第一次在校園活動中認識他們時，他們看起來是華爾街的標竿，因此，這些人的厚顏無恥讓我萬分訝異。在新生訓練時，湯姆做了一大張「該做事項」清單，直指這家公司和我們的職務要求標準比別人高一點。難道這些都是廢話？

我回想起高盛合夥人吉娜維芙（Genevieve）。在我決定要把重點放在高薪工作而不是社工之後，大四那一年就碰到她來布林茅爾學院校園招募應徵者。「我們的使命宣言只有三個詞，」她說，「心胸、完全、敞開（Minds. Wide. Open.）。我們已經厭倦了聘用滿街都是的華頓大學經濟系男性畢業生，我們想要主修人文教育、背景不同、經驗各異的人。你們就來吧，我們很歡迎。」

我記得學校職涯發展中心那天晚上發生的每一件事。吉娜維芙一上台，我就被迷住了。她年紀大了點，至少和我母親差不多，但她看起來經驗豐富，很有貴族的氣派。她已經發白的金髮，在頭頂上紮成包頭。她戴著亮紅色的粗框眼鏡，和口紅顏色很配。她的頸間戴著一串大鑽石項鍊，耳畔則垂下一對比較小的鑽石耳環。當鎂光燈打在鑽石上，反射出白光烈焰，就好像在看變魔術一樣。

吉娜維芙開始細數高盛的各種排名。我不太跟得上，因為我根本不知道這些排名要幹嘛，但我知道高盛在每一個項目上都是第一名。「加入我，加入我們。」她用低低的聲音說，就好像她要偷偷放我進去，「我們想要布林茅爾學院畢業的敏銳聰明女性；我們想要有膽識、懷抱永不放棄態度的女性；我們想要引進一批努力奮鬥且強而有力的女性；我們想要衝破玻璃天花板！我們想要你。」

自此之後，我就忘不了吉娜維芙這個人。沒錯，她很迷人，但還有別的。她那天鎮住了全場，是一位強悍又堅毅的領導者。之後我和她一對一面談，我認為她也很友善溫馨。我沒想過，世界上居然有一個女性可以同時具備這些特質。在那一刻，我體悟到我想要像她一樣，我也想去高盛工作。

全球證券服務部有好幾位合夥人，我的主管是麥克，也就是面試期間用機率證明問題來測試我的那一位。他看來和吉娜維芙完全不同，布萊恩、維多和傑瑞也不像她。我不能想像蜜雪兒或蘇菲能像她這樣泰然自若、從容自信。我看看身邊這些為了「打炮能力」笑話自得其樂的男孩們，心裡想著：吉娜維芙真的存在嗎？那天晚上之後，我不曾在布林茅爾學院再見過她，有時候我會想，她是不是人力資源部門請來的演員，收錢扮演代言人的角色？我在許多企業宣傳影片上就看過這種人。

隔週，我這種不妙的感覺愈來愈糟糕，我注意到團隊中比我早一年進來的分析師梅莉莎（Melissa）經常離開座位。我們共用一支電話，我替她記下很多留言。我知道她有時候中午會和客戶吃飯順便開會，但她好像每天都至少會消失一小時。

「我希望梅莉莎沒事。」某一天我把「你外出時的來電」留言放在她桌上時，順便對著坐在我附近的交易員傑克（Jake）講起這事，「她已經離開座位一陣子了，我剛剛替她記下第十則留言。」

「她沒事。」傑克聳聳肩，「她去萬豪酒店（Marriott）跟蘭德斯信託（Lenders Trust）的喬治（George）打炮。不然你以為她怎麼能拿到業務？」

我注意過梅莉絲穿的是低胸蕾絲上衣，展現事業線是一回事，但，和別人上床又是一回事。還有，喬治不是結婚了嗎？我的臉脹紅，逗得我的同事大樂。

「我想我得叫你潔美修女了。」傑瑞打趣道，「你是我們古板的小修女。」有更多坐在位置上的交易員一起加入起鬨，嘲笑我的尷尬。

「修女，你難道不知道華爾街怎麼運作嗎？」維多對著我的耳朵說話，「在高盛，性愛比常春藤的畢業證書更能推動你的前途。」他們大笑，彼此擊掌。果不其然，我很快就發現梅莉莎不只跟客戶上床，也跟我們部門的其中一位合夥人麥克有一腿。

後面這件事我慢慢才看出端倪。前幾個月，我總是最早上班、最晚下班的人，布萊恩甚至替我取了個綽號叫「ＦＩＬＯ」；這是會計上用來認列存貨的術語，叫先進後出（first in, last out）。我一直都釘在位子上，我的同事常常都忽略我；但我開始注意到他們，找到他們的日常節奏和個人癖性。傑瑞每天早上都會和太太講電話吵架、辦公室助理一小時要補口紅好幾次、布萊恩每天早餐都點培根蛋起司三明治。我也注意到梅莉莎和麥克，她常常去他辦公室，他們每天晚上一起走出去，她還會誇耀麥克的司機會載她回家。

當我開始和我的「潔美修女」身分共存，我明白，梅莉莎的「蕩婦」標籤可能讓她很不好受。我在想，我們為何就得被貼上標籤？我開始發現這是一個同質性極強的群體，幾乎所有人都是白人，每個人不是壓迫另一個人就範，就是正在這麼做。但男人看來並不像是硬被丟進來的，反之，他們一向就是這麼過日子，在他們的世界裡女性就是得接受不同的待遇。我是「修女芭比」，梅莉莎是「蕩婦芭比」，在男性世界裡，我們都是供他們隨意擺弄的娃娃。雖然我跟梅莉莎不是好閨密，但我知道，她不只有「蕩婦」這個標籤，就像我也不只是「修女」。

◇◇◇◇◇◇◇◇◇◇◇◇◇◇

我的工時讓我在工作之外沒有什麼生活可言。我多數的分析師同事都住在市中心，有時間出門和朋友見面。在某些日子，市場收盤後一切歸於平靜，我心裡期盼著再過一個小時就可以回到家了，然而，布萊恩收拾好東西要下班時又會丟一疊厚厚的報告到我桌上並說：「這些盤後交易要輸入。」我會微笑並點點頭，但心裡真的是超難受的。我每天就是上班、通勤回家、睡覺，然後重來一遍。我爸爸提醒我要「看看你的獎品」：進了一家好公司，找到一份可以好好過日子的工作。但在此同時，我沒有生活、沒有朋友，人疲倦到週末時什麼都不想做。

還好生活中總是有點慰藉：我的薪水。短短幾個月，我就存了一小筆錢。大學時我打過很多工，當過服務生、數學家教，也當過鋼琴老師，去蛋黃區的有錢人家教小孩，這些都比不過這幾個月我存的錢。而且我很少花錢。我付一些租金給父母補貼家用，把其他賺的錢都存起來。外婆把我教的很好，就像她說的，我永遠也不知道何時需要錢。每次去查銀行帳戶餘額時，我都覺得頭暈目眩。花了這麼多時間，至少留下了一些證明。這些不是社工賺得到的薪資，幫忙強化了我要在高盛工作的決心。

假期季很快來臨，交易室一片興高采烈鬧哄哄。這是發獎金的時節，我知道我的獎金有多少，所以沒什麼好興奮的。身為新進人員，合約上已經載明我的獎金是四萬美元。我計畫動用一部分的錢，換掉我高三那一年自己買的一九八七年款本田喜美汽車（Honda Civic）。發獎金那天，所有合夥人一一把每個人叫進會議室，告訴他們可以領多少獎金。我用眼睛餘光看著每一個走進走出的人，像是一個偽裝的偵探，試著從他們的表情判讀出一些什麼來，但大家臉上都一副空白鎮靜。我聽說，在發薪日表現出任何情緒都是大忌。

等到這一天快過完，麥克站在會議室門口，叫我進去。

「潔美，」他一邊說，一邊瞇著眼看手上的文件，「你的合約說你第一年的獎金是四萬美元。」風呼嘯吹過他背後的落地窗，遠方的世界貿易中心（World Trade Center）塔樓構成了他身側的兩條邊界。之前才剛開始下雪，奔放的雪花在深灰色的天空裡打轉。「但你的合約裡也說可審酌發放獎金，」他說，「我沒有一定要發給你。」我一口氣堵在喉嚨裡，覺得自己好像當面被人搧耳光。我不記得合約裡有「審酌」這個詞，但我也沒有仔細察看就是了。我真不敢相信我居然疏忽了這麼重要的細節，我真是個笨蛋，竟然指望可能根本不存在的東西。

「好，我明白了。」我說。我希望我的回答聽起來很誠懇，我不想看起來是不知感恩的人。就算沒有獎金，我光是領薪水就拿很多錢了。我在臉上貼上一個堅定的笑容，咬緊牙根，但願這可以掩蓋我胃裡翻攪的失望。

「但布萊恩說你的表現很傑出，」他繼續說下去，「所以你今年的獎金是八萬美元。」

我往他的方向前傾，然後呆住了。這一定搞錯了。合約說四萬，這個金額已經翻倍了。這是開我玩笑嗎？麥克笑的很燦爛，我還看得到他粉紅色的牙床。「地球總部呼叫潔美，」他說，「你還在嗎？」

外面交易室的電話聲此起彼落響了起來，聲音在我腦子裡迴盪，在我耳朵裡迴響。「還在，」我說，「但我不明白。」

麥克搖搖頭，笑了。「沒什麼需要明白的。」他說，「我發給你雙倍獎金，因為你是我們最好的分析師。歡迎來到華爾街。」

我第二次聽到這個消息時，眼睛睜的大大的。這不是玩笑。這就好像我和家人在玩大富翁遊戲，我的公園區房地產剛剛收到一大疊的過路費。

「我不知道該說什麼。」我嘶啞地說，聽起來像個笨蛋。我覺得喉嚨後面有一隻笨重的青蛙蹲坐在那裡。

「說謝謝就夠了。」麥克輕笑。

「那當然，那當然。」我說，「我很感謝你。」他站起來握了握我的手，當我感覺到他的手溫，才發現我的手那麼冰。

我走向洗手間，我知道我不能像這樣回到交易室。我的太陽穴裡脈搏在爆衝，我的臉熱辣辣的，但手指和腳趾都沒有感覺。我站在洗手台前，在臉上潑些冷水，然後照照鏡子。或許，我終究還是可以和這些人一較高下。就算只有短短一時半刻，我也信了高盛宣稱的用人唯才主義。

我抓了紙巾，拭去從臉上滴下來的水，也抹掉了一些去年這些人給我帶來的挫折與沮喪。現在我有東西可以證明我的犧牲值得了，我甚至可以看出，這可能根本不是犧牲。我媽說過，她第一次抱我們的時候，就忘了生產的疼痛。我也就像是生出了這些獎金，那些為了得到成果而經歷的所有痛苦，都煙消雲散。我不確定這是好事還是壞事。

當晚，我迫不及待下班回家，告訴爸媽和外婆我領了多少獎金。兩個小時之後，當我衝進前門，我看到他們坐在起居室裡看電視，外婆一如以往坐在安樂椅上編織，我爸媽則坐在沙發上。我擋在電視前面，對他們微笑。

「我有事要報告。」我大聲宣布。我的心跳的很快，在胸口呼應我。「今天發獎金，我應該會領到四萬美元。」

「我依然想不通搞不懂。」我爸說。他身穿牛仔褲和T恤，坐在沙發上往後靠，雙臂在身前交抱，嘴角叼著一根點燃的菸。

「嗯，」我說，「麥克說我的表現很好，所以我可以領八萬美元獎金，我今年的總收入是十三萬五千美元。」

他們的下巴一起掉了下來。我外婆的金屬勾針掉到木地板上，在起居室裡滾來滾去，我後方的電視機裡傳來大笑聲。

「你一定在開玩笑。」我媽說。她用手把嘴闔起來。

「我真不敢相信，」我爸說，「聽起來像是你中了樂透。」我媽從沙方上跳起來，擁抱我，後來我爸和外婆也一起加入。

「我們非常以你為榮，」我媽說，「我們家的女兒，征服了華爾街。」她抓著我的手，緊緊捏住。

我覺得自己像是拋出最後一顆球達陣、贏得比賽的美式足球四分衛，被同感光榮的隊友圍住。我們用擁抱慶祝之後，都坐了回去。我爸爸關掉電視，捻熄了香菸。

「你知道，」他說，「我跟你媽媽，這一輩子從來沒有一年賺過這麼多錢。」我爸從我身後的窗戶看出去，我看見他疲憊雙眼下的黑眼圈。捻熄的菸在他眼前升起冉冉煙霧。我的父母快六十歲了，工作了近四十年，爸爸的嘴角上揚，變成了一個若有似無的笑容，但我也不知道他是不是真的在笑。

我感覺到一股很奇特的現實感。我的父母工作幾十年了，養起一個家，還照顧我，包辦我所有的健康問題。他們白手起家，透過努力工作打造出美好人生，而我一夕之間就超越了他們。我知道我們是一家人、一個團隊，我讓他們覺得很光榮，他們在我身上的投資現在回報了豐厚的紅利。但我也覺得，我這個新手四分衛剛剛讓領導這個家幾十年、受人尊敬的老兵退下來了。

第三章

慶功宴杯觥交錯，赴姊約初識丹恩

發獎金之後的隔天晚上，公司宣布要在世界之窗（Windows on the World）舉辦年度假期派對，這家餐廳在世貿中心一號塔樓的一百零七樓，可以俯瞰整座城市。我這一輩子都是從遠遠的地方看這一對塔樓，從來沒進去過。

我們搭上電梯，電梯爬的很快，爬高上千英尺的氣壓讓我的耳朵塞住了。我摸摸我的耳朵，彷彿要用手指揉散所有不適。電梯服務員是一位清瘦的男子，穿著黑色西裝還打了領帶，坐在電梯控制面板旁的一張凳子上，和我對到視線。「用力吞口水。」他微笑地說。我微笑地感謝他，我感受到「啪」一下，壓力解除。我注意到他眼睛下方的黑眼圈，皮膚從他的兩頰往下垂，應該是被疲憊拉下來的吧。

電梯叮了一聲，門打開了。「歡迎來到世界之窗。」電梯服務員一邊說，一邊用手指向寬闊的接待區。他對我眨眨眼，我點點頭，報以微笑。這是一個圓形的空間，掛著一盞水晶吊燈，一位穿著燕尾服的鋼琴家在中央演奏一台小型平台鋼琴，一位穿著大紅長禮服的女高音站在他身邊，演唱聖誕頌歌。

我剛走出電梯沒幾步，一位穿著燕尾服、戴著白手套的男子就迎了上來，接過我的公事包，幫著我脫下外套。我因為尷尬而臉紅，我覺得自己像是走進電影場景的臨時演員。

我尋找和我一起過來的同事，但他們已經消失在人海裡。我獨自一人，沒辦法躲在辦公桌上的成堆文件後面，身邊有一群一群湊在一起聊天的人，各個自成一國。忽然之間，我好像又回到六年級，我一個人孤零零地站在學校的停車場上，一群受歡迎的女孩瞪著我。他們都留著柔順長髮，穿著Gap的衣服，膚色透亮。我知道她們在看我的背架，這很難讓人視而不見，因為這個背架從我的腋下一直包覆到我的臀部。這一群帶頭的人瑞貝卡（Rebecca）對我揮手，我也揮回去，並試著不要笑的那麼燦爛。「你是個噁心的怪物。」她說。這些女孩的笑聲灌進我的耳朵，我真希望我可以溶進水坑，流入附近的下水道柵欄。

「小姐？」一位很高的男士用低沉的聲音叫我，讓我從恍惚中回過神。他端著一個銀製托盤，上面放滿一杯杯的香檳，他遞給我一杯，然後離開了。香檳杯上鑲著金邊，還刻著鑽石菱形紋路，握在手裡沉甸甸地像石頭，比我爸媽在聖誕節晚餐上用的杯子沉多了。玻璃上凝結的冰冷水珠把我的手指弄濕了。

我轉身，差點撞到另一位服務生，他拿著一個珍珠白的托盤，上面放著扇貝培根捲。這些小點心看起來超美，讓人捨不得吃，但我嘗了一口之後就克服了不捨，我從來沒吃過這麼好吃的東西。我掃描會場動態，熱心的服務生帶著燦笑露出潔白的牙齒，一邊接過外套、一邊提供食物酒水，動作一氣呵成，看起來就像電影《安妮》（*Annie*）裡的畫面：女主角安妮第一次進入沃巴克老爹（Daddy Warbucks）的豪宅時，僕人圍在她身邊起舞，照應她的每一項需求，她則唱起「我想我會喜歡這裡」。

燈光忽明忽暗之間，我們被引導進入主宴會廳，那裡有一盞我生平所見過最大的水晶吊燈閃閃發光，並反射出很多小小的白光束，照耀整個陰暗的會場。套上清新白桌巾的圓桌旁擺上了椅子，可容納幾百人，餐巾摺成扇形，椅罩上打著皇家藍色的蝴蝶結，那是高盛的企業標誌色。桌子中心的擺飾堪稱藝術品，玫瑰花和百合堆的很高。會場裡還有一組十人樂隊以及幾名歌手，在舞台的一邊表演柔和的背景音樂。我是來參加婚禮，還是公司的假期派對？走進宴會廳，就像是跨過門檻進入另一個世界，我不確定我是否已經準備好走進去。我知道公司裡不可能只有我一個人不知富裕為何物，但是我還沒有見過其他人。我認識的人都知道有錢是怎麼一回事，而且他們都很輕鬆看待這種事，他們很清楚慣例是什麼、該怎麼打扮、要怎麼做事，舉手投足間展現出他們與生俱來的氣勢。但我不同，我對於每一個字、每一個動作的意義都要仔細一想再想，彷彿我人在異國，不是說當地母語的人，說錯一個字意思就差了十萬八千里。

我的內心感受到一股拉力。這個世界有可能和這些扇貝一樣美妙，這是我的機會，品嘗一下這幾個月一直聽到的鄉村俱樂部生活的滋味。我想要用我的平價鞋換一雙玻璃鞋，扮演灰姑娘，看看這些年自己錯過了什麼。

在我們這個部門分到的桌旁，我挑了最後一個空位。厚實的米色紙上以花體字印出菜單，就放在我的餐盤上。上面寫的是英文字母，但我只認得一半。服務生過來問我「請問要雞肉、魚肉還牛肉時」，我大大鬆了一口氣，幾乎想要親吻他了。菜單有一道「langostinos」（譯註：西班牙語，意為阿根廷紅蝦），上菜後我往盤子裡一瞧，發現不過就是一種龍蝦，而我點的牛肉在菜單上叫「chateaubriand」（譯註：法文，意為夏多布里昂牛排）。不管叫什麼，都美味極了。

酒水多到喝不完，我喝著香檳，同桌的人則倒著一杯又一杯的麥卡倫二十五年（Macallan 25）威士忌。他們說，一杯要價就超過一百美元。

晚餐時大部分的話題都圍繞在獎金。數字不能講，揭露金額是大忌，但可以講你規劃怎麼花掉這筆天上掉下來的錢。布萊恩說，他要買一支勞力士給自己，買鑽石珠寶給太太；維多說，他想要買一台新的保時捷，週末時可以去賽車。傑瑞端起他的威士忌敬酒，「我還在努力克服『操你媽的錢』的心態，」他說，「但我下一次度假時要租一台私人飛機，我不想再搭客機坐在又肥又醜的普通人旁邊。」餐桌旁的每一個人臉上都掛著燦爛的笑容。傑瑞的優越感有一點讓我覺得噁心，但我必須承認，我的獎金讓我深感興奮。

除了替自己買一部比較新的二手車之外，我也打算給家人一點錢，並替他們買一點聖誕好禮。我替爸媽買了票，讓他們進城聽歌劇，他們會喜歡的！如果不是他們以及他們為我做的一切，我也不會在這裡。我會把剩下的存起來，讓外婆以我為榮。如果有人問起，我決定我要回答：「喔，我還在想該怎麼做。」還好都沒人問。

派對繼續，我很快發現，高盛的正式員工在派對上的表現，和儲備人員在訓練營上一樣賣力。每一小時過去，洗手間的毒品和酒吧的酒精，就讓人們又少掉一些判斷力。大廳裡，部門裡一位新任合夥人坐在沙發上，他的祕書跨坐在他身上。宴會廳的舞池裡到處都是人，看起來比較像是狂歡派對，而非大企業的高檔活動。

「潔美修女，放輕鬆一點。」傑瑞笑鬧道。他在我們這一桌旁邊的舞池裡，和其中一位助理蹦蹦跳跳，把地板磨的嘎嘎響。傑瑞研究她的事業線時，她笑得很開心。他用雙手捧住她的臀部，當他捏她的屁股時，我看到他的婚戒反射出樂團的氣氛燈，閃閃發亮。我想到他太太，同時間她很可能正在哄他們的四個孩子上床睡覺。我點點頭，對他舉起我的杯子，給了他一個軟弱無力的微笑。也難怪這場派對不邀請配偶與男女朋友。這是一個什麼樣的世界？

我或許覺得不舒服，但我必須承認，我也沉醉其中。我看著身邊來來去去的人與事，覺得自己好像是在看一場百老匯的大秀，而且看得很入戲。浮誇的珠寶和毛皮大衣，吧檯旁邊的飲酒比賽、酒精發酵之後引發的笑鬧聲，接下來還有什麼？我在會場不停走來走去，從不同角度檢視，各式各樣的情節在我身邊一一展開。

那晚將盡時，我朝著宴會廳的遠端角落走過去，俯看整座城。以前我沒有上過這麼高的樓。我急急地吸了一口氣，我覺得自己好像坐在一架即將降落的飛機上。下面有小小的計程車和人們在城市街道上轉來轉去，讓我想起小時候娃娃屋裡的小型玩具模型。

宴會廳裡的是高盛諸神，他們從天頂的歇息處俯瞰下面的凡夫俗子。我站在這裡，就代表如今我也是他們的一份子了嗎？

◇◇◇◇◇◇◇◇◇◇◇◇◇◇

「潔美別這樣，你之前答應我你會來的。」我姊姊珍妮（Janine）一直拜託我。高盛假期派對後的隔天，早上六點鐘，我已經坐在辦公桌旁。視線越過交易室從窗戶看出去，天空還是一片漆黑。我不是家裡唯一早起的鳥兒，我姊姊已經起來打電話給我，提醒我當天晚上我們有事：要去參加她公司舉辦的假期派對。

「我知道，」我說，「但我好累。」幾個星期前她邀我時，一起去聽起來是很棒的主意，但歷經了前一晚的派對之後，我累垮了。

「拜拜拜拜託，」她哀求，「我想把你介紹給大家。」珍妮是一家小企業的資深合夥人，這是他們公司第一次舉辦假期派對，他們鼓勵員工攜家帶眷參加。我不記得上一次看她這麼興奮是什麼時候。

「好吧，」我妥協，「我會去。」

當晚的派對地點在紐澤西克拉克市（Clark, New Jersey）的衛理公會（Methodist Church）地下室，當我們走進後方沉重的灰色金屬通道門，沿著水漬乾掉發出一點霉味的米色牆面走下金屬製的樓梯，我已經忘卻疲憊。牆上貼了替主日學、祈禱團體和餅乾義賣做宣傳的捲曲磨損傳單，走道上放了可移動的鏽石金屬外套掛架，賓客紛紛脫下自己的外套掛上去。前一晚我去了紐約最高大樓的頂樓，今晚我則是來到紐澤西的一處地下室，但至少我可以自己掛外套。

派對地點是一處多功能集會場，這裡放了幾張鋪上紅色綠色塑膠桌巾的圓桌，還放了金屬折疊椅。自助餐檯上擺了香腸配彩椒、焗烤筆管麵和綜合沙拉，所有的食物都放在紅色的盤子上，以綠色的餐具取用。房間的一頭有一位ＤＪ，他就在臨時湊合出來的舞池前方放音樂。房間裡到處有一罐罐的啤酒和汽水，還有開了瓶的酒和裝滿的塑膠杯。

我一進來肩膀就放鬆了。雖然派對上我只認識我姊姊，但我覺得很放鬆，想起我們家族每年都會有的大型聚會。我滑入一種很熟悉的安全感，就像滑進一雙舒適好穿的舊鞋一樣。

當晚一開始，公司總裁向群眾發表演說並感謝員工。他宣布，每個人都可以拿到一份假期獎品：一張價值一百美元的Visa禮物卡。室內響起一陣笑聲與歡呼聲。當掌聲淹沒整個房間時，我為他們感到悲哀，想著一百美元是能買到什麼？

潔美！我聽起來像是公司裡的傑瑞，這可把我嚇得半死。獎金一百美元與八萬美元，兩者之間的差異就像是一張用羞愧織成的毯子，把我包裹起來，而我發現，在這張毯子之下，我的獎金讓我覺得溫暖又舒適。我怎麼會同時間對自己感到既羞愧又自豪？

珍妮心情大好，把我介紹給她所有同事。我見到的每一個人都謙遜踏實，我們之間的對話很輕鬆，大部分講的都是最後一刻才去買節慶禮物的壓力。他們不買勞力士手錶和保時捷，採購大宗是毛衣和相框。

當晚過了一半，我姊拉著我的手，把我拉到一旁。她踩著高跟鞋的步履蹣跚，唇間流露出微醺的淺笑，手裡的飲料潑了一點到地上。她俯身到我的耳旁，半是低語地對我說：「我想要你見見一個人。」她帶著我穿過人群，就在這時，我見到他了。我的胃下垂，感覺要掉出來了。我身上的緊身無袖洋裝很緊，頸間的珍珠短鏈讓我不能呼吸。他很高，超過一百八十公分，很帥。也不只是帥，他很漂亮。我從來沒用過漂亮這個詞來形容男生。他有著一頭發亮的金髮和一雙很大的湛藍眼睛，笑起來時眼睛會皺起來，顯出兩頰的酒窩。他伸出手和我相握，但願他沒有注意到我的手在發抖。

「潔美，這是丹恩。」珍妮說。

我姊臉上露出一朵燦爛又驕傲的微笑，我才明白這是她的精心傑作。我看著丹恩的臉龐，想知道他看到我時有沒有任何失望之情。有一部分的我永遠都是背著背架的呆子。

我姊一直在旁邊看著我們，直到丹恩給她一個大白眼，揮揮手對她說再見。珍妮離開了，我知道她在偷笑。

「珍妮說她可能會帶妹妹來。」丹恩說，「很高興認識你。」他又笑了，唉，那對該死的酒窩。接著他臉紅了。他也緊張嗎？我胸口的緊繃放鬆了，臉上也開出了一朵笑容。

「我也很高興認識你。」我說。

我們開始聊起自己在哪裡長大、讀哪所學校、家裡有哪些人。他輕鬆自若，眼神明亮、眼角溫柔，他的態度看起來彷彿無論生命給他什麼他都概括承受。他的雙眼定定看著我，一分鐘都沒挪開，永遠都在正確的時間點頭和微笑。他帶著感興趣的好奇心，讓我源源不絕地說。我們聊的都不是分析師工作時會講的話，我談到自己時一點都不覺得尷尬或羞愧。大學之後，我和同齡的人相處時就不再有這種感覺了。綑綁著我讓我緊張的繩索鬆開了，我滔滔不絕。等我們把個人的歷史都講完之後，我們聊起工作。

「那，你做哪一行？」丹恩問。此時的我們在派對會場中間、舞池的旁邊，我雀躍的心情就好比被一桶水當頭淋下，全都熄了。我不想承認我做什麼，我不想看起來像是那些和我一起工作的驕傲自負華爾街人。我感覺到地板在震動，喧鬧的音樂從我的腳後跟往上爬，一直到我的腳踝。「我在高盛。」我說。

我看著他時，慢慢地啜了一大口白酒。他的頭歪向一邊，眼睛因為好奇心而亮了起來。我咬緊牙關並抱住自己，準備接受即將聽到的一波波批判。「抱歉，我沒聽過。」他說，「高盛在做些什麼？」

喝下的酒燒痛了我的喉嚨，我一方面覺得鬆了一口氣，一方面也很困窘。我是有多自負才會假設高盛無人不知？但，在此同時，這人居然沒聽過高盛，這倒新鮮了。

「這是一家投資銀行。」我說。

「酷。」他說，「你喜歡嗎？」我在高盛工作了好幾個月，居然從來沒人問過我這個簡單、和善的問題。我花了一點時間想了一下，但想不出來如何簡答。我決定用一種不表態的方式來回應，聳聳肩：「我猜，還可以吧。」

聊了一個多小時後，正當我覺得可以一輩子聊下去時，珍妮的一位同事來到我旁邊，在我耳邊輕聲說我姊姊需要幫忙。就像高盛的派對一樣，這裡也有喝到飽的酒水，很多都進了我姊的肚子。她一直在節食，一整晚都空腹喝酒。

我離開丹恩，走到洗手間，看到珍妮跪著，她的紅色高跟鞋脫在一邊。她的手抓著馬桶的邊緣，她在吐，到處都是嘔吐物。珍妮把酒精和膽汁吐出來時，我把她的頭髮往後撥，從她滿是汗水的臉上撥開。等她吐完，她開始哭，嗚咽聲在磁磚之間迴響。

「帶我離開。」她對著馬桶說，聲音嘶啞刺耳，「我好丟臉。」剛剛是珍妮開車帶我們來派對，這一區我不熟。當年還沒有導航這種東西，我不知道怎麼回家。「好，我馬上回來。」我說。

我回到宴會廳，丹恩仍在我剛剛離開的地方。「嘿，我姊不舒服，我們要離開了，」我說，「你可以告訴我要怎樣上高速公路嗎？我要載她回家。」

丹恩看著我，他的眼睛和嘴唇都垮了下來。「很遺憾你要離開。」他說，「我們在停車場碰頭。我開我的車，你跟著我。」

我回去找珍妮，把她弄乾淨，帶著她回到她的車上。她爬進後座，縮成一顆球，幾秒鐘就睡著了。我進入駕駛座，搖下車窗時丹恩正要上車。

「走這條路就可以上高速公路，」他一邊說，一邊窺探後座，看到珍妮。「但你還是跟著我，走法有一點麻煩。」

「謝謝。」我說，「你也看到了，珍妮今天晚上已經掛倒了。」

我們大笑，我開始把車窗搖上來，但丹恩把雙手放上來，所以我停下動作。

「我真的很想見你，」他說，「我可以打電話給你嗎？」

這個可愛的男子，看起來人也不錯，他喜歡我，想要打電話給我。他的眼神看起來充滿期待，雙頰都紅到透出粉紅色了。

「當然好，」我微笑，「我很開心。」

他也報之以微笑，然後進入他的車子裡。他領著我上高速公路，纖細的雪花在空中迴旋起舞。我覺得全身充滿活力，就像有人闖進我內心深處陰冷幽暗的地下室，然後把開關打開。我不記得上一次這麼興奮是什麼時候的事了。我的身體很溫暖，臉上掛著燦爛的微笑，駛過這個冬夜。

第四章

解難題柳暗花明，克難關漸入佳境

新的一年，公司透過高盛女性網絡（Goldman Sachs' Women's Network）指派一位新的師父莫莉．普文莎諾（Molly Provenzano）給我，她是另一個部門的副總裁。某個下午她邀我一起去大廳喝咖啡，於是我跟布萊恩說我要離開一下。

「又來了。」傑瑞偷聽到這件事時說，「師父！這又是公司裡另一件女人專屬、男人沒份的福利。」「傑瑞，」維多附和，「你願意當我的師父嗎？」他做出祈禱的手勢，拼命地眨著眼，像是中學話劇中演過頭的羅密歐。

「好的，年輕人，」傑瑞說，「且讓我為你指出一條成功的明路。」他們大笑，彼此擊掌，我則握緊了拳頭。

我在大廳等莫莉，我希望我們合得來，我在高盛需要一位可信任的顧問。以工作上的具體細節來說，我表現得很好，每天都更加自信，但是公司裡面的人和辦公室政治則讓我摸不著頭緒。

「你一定是潔美。」莫莉從大廳另一邊走向我時對我說。她笑得開朗，顯露出在紫紅色雙唇襯托下更加亮白的牙齒。她的棕色捲髮很短，剪成鮑勃頭。她穿著訂做的黑色套裝，搭配純白色的上衣，她的珠寶很引人注目：大顆的紅寶石和鑽石在她的手腕、頸間和耳朵熠熠生輝。

即便她珠光寶氣，我和莫莉之間還是有很多共通點。她也剛進高盛，比我早一年從競爭對手那邊跳槽過來。我們都住紐澤西，也算鄰居，她住的地方離我爸媽家只有幾英里。她告訴我一條更好的通勤路線：不要搭火車改搭船，這樣單程可以省下半小時。她是腳踏實地的人，而且也是義裔美國人，我們聊到假日時和家人一起做的海鮮餐點與麵食。我們之間的對話很輕鬆，相處的時間飛快過去。等我們喝完咖啡，我們就回頭去搭電梯。

「華爾街很險惡，」她說，「事業剛起步時尤其如此。我們保持聯絡，我想要幫助你成功。」

「我很開心。」我說。

我們分道揚鑣，我覺得身體輕鬆了些。我剛剛可能找到了朋友，一個可以幫助我在瘋狂的華爾街世界裡來去自如的密友。

我的日子也一天一天好過，有新的分析師進來，我可以把輸入資料的工作分給他，我開始有了自己的客戶，不再只是支援我的同事和他們的客戶。到頭來，我終於有機會用我的頭腦，而不只是去做機械性的行政工作而已。

「這是你的客戶清單。」布萊恩一邊說，一邊把一疊紙放在我桌上，「看看你能怎麼用。」我很興奮，就好像第一天上學，空白的作業本上什麼都沒有，只有等在前方的機會。我瞄了一下客戶的姓名與目前的餘額，以及我們向他們借券的市場價值。絕大多數客戶我都沒聽過，檢視表格，我們幾乎沒跟他們做什麼生意。這是我的機會，和他們培養關係，向他們借來避險基金急需的證券。我不再是全世界最棒的配角了，如今我已經走到前面，登上舞台中心了。我有了全新的角色，我是面對客戶的新高盛代表。我開始打電話給他們自我介紹，習慣我的新人設，現在我是「高盛的潔美」。

我知道我一開始沒辦法接到大客戶，我可以接受。我想要的是長期貪婪（long-term greedy）；我是在培訓期間聽到這個詞，有人建議把事業想成是馬拉松，不要當作衝刺賽。我把重點放在盡量利用手上有的客戶，期待自己能得到肯定，未來有更多客戶和更大的客戶往來。

我的新客戶多半是地區性的小型零售銀行，散布在全美各地，從奧勒岡（Oregon）、明尼蘇達（Minnesota）到俄亥俄（Ohio）都有。在這些銀行任職的人，不像傑瑞和維多負責的紐約、芝加哥和舊金山重量級客戶那麼惹人厭。他們比較契合我的速度，我也和他們培養出深厚的交心關係。我們常通電話，聊很多工作以外的事，會談到彼此的生活、業餘愛好和家人。我覺得我對某些客戶的了解還深過我對同事的認識，因為我一整天都在和客戶講話，借來我們需要的股票並協商費用。

我接手之前，他們很多人都不熟借券業務，但他們早已是高盛的客戶，和多個部門往來。高盛或許包下了他們的所有交易業務，但是他們並未涉入借券這一塊。因此我做了一份簡單的簡報，花時間教他們整套流程的運作：他們手上已經有股票，因此我們合作，交易的風險很低。我只是要借股票，把股票借給我們的避險基金客戶，然後付手續費給他們。他們握有標的股票除了賺到增值和股利之外，還有這些額外的獲利。這是雙贏局面：他們什麼都不用做，只要把股票借給我就可以多賺到利潤。我最終簽下很多借券客戶。

對我這樣的新手來說，他們是很好的起頭客戶，之前根本沒人聯繫他們，因此情況只會愈來愈好。我每天都很早進辦公室，研究他們手上的持股：那是他們可以出借的股票。這就好像在一堆塵土石礫裡挖鑽石一樣。

一天早上，維多站在我後面說話了：「你幹嘛要去管這些客戶？」他問，「他們根本就是不知打從哪來的無名之輩。他們手上的股票根本不夠我們塞牙縫，他們幫我們賺到的錢，還不夠支付你花在他們身上的時間。」我淺笑地看著他，聳聳肩。我知道最好不要跟維多聊這事，不管我說什麼，他的態度都不會變。

傑瑞和維多這些人面對的都是大型共同基金和退休金基金，我們戲稱為「大鯨魚」（big whale）。他們有「規模」優勢，持股量很大。他說的沒錯，我的小魚客戶任何一檔股票的持股量都不多，但如果是很難找的股票，一股一股加起來也很可觀。這讓我想到我外婆小時候教我要把零錢存下來。「每一分錢都有價值，」她說，「不要以為這些小錢不值什麼。如果你累積夠多的話，也會有一筆錢。」

在我們這一行，我們會透過兩種方法來顯得自己與眾不同：想辦法幫避險基金找到他們想要的股票讓他們可以放空，以及讓他們可以一直放空。他們想要放空這些股票，是因為覺得價格過高，或者是把放空當成套利交易的一部分，但是他們借不到要放空的股票。這類交易在當下都很「擁擠」，比方說安隆（Enron）和Overstock.com，這是說，每一家基金公司都想要做空相同的股票，每一家券商都想要借到這些股票，但就是沒有這麼多股票。每一股都很重要，就算避險基金是大量交易，我也要一股一股替他們找出來。我就像外婆講的，一分錢一分錢撿起來，希望有一天他們能鹹魚翻身。

某天早上，我在篩選客戶手中的持股時，接到賈姬（Jackie）打來的電話；賈姬和我差不多同年，任職於一家愛荷華的小銀行。我們之前聊了好幾個月，知道我們兩人都愛閱讀，並且從遠端開始組成我們的小小讀書會。「我想我有你要的東西。」她用唱歌似的聲音跟我說，「我們剛剛收到這檔股票，所以你從我們的持股清單上看不出來。我要保證每一股都進到我們高盛女孩潔美手裡。」我興奮到覺得自己要爆炸了。借到這檔股票就像中了樂透，替高盛找來很多避險基金想要的股票。賈姬只把股票留給我，不借給高盛的其他同事或華爾街的其他券商，這根本是錦上添花的好事。

「誰剛好有L＆H（Lernout and Hauspie）這檔股票啊？」麥克幾個小時之後大吼。他站在他的辦公室門邊，眼光掃過交易大廳，他的眼睛瞇了起來，就像是想要解謎的偵探。電話一直在響，但辦公室的嘈雜聲都停了下來，每個人都盯著交易室看，看看誰有辦法找到本月最難找的一檔股票。這是一家荷蘭的電訊公司，市場覺得他們浮報獲利，因此重創股價。避險基金非常渴望放空這檔，但好幾天都沒人能借到這檔股票，因此誰都沒辦法放空。但我剛剛拿到了一些，這表示，避險基金又可以放空了。我感受到頸部的熱氣竄到臉上，我舉起手：「我有。」我說。

每個人都轉頭看我，我覺得自己像恆星般在發光，因為我的兩頰泛紅。麥克的臉亮了起來，帶著笑意走過來，拍拍我的背，很用力。「幹的好。」他說，「你到底從哪裡找到的？」

「我從我最近簽下的幾家小客戶手上集結起來的。」我說。

「大家可以跟你學學。」麥克一邊說，一邊掃視交易室，他的聲音很大，每個人都聽得見。「你求股若渴而且鬥志旺盛，我喜歡。」我看到傑瑞和維多翻白眼，有一小部分的我很愛比他們高了一等。

我很努力善用我的小客戶，而且從中得到很多樂趣。從無到有累積出一些東西，替這些公司賺進一些之前沒有、大家都忽視掉的收入，很讓人開心。我也很喜歡和我的客戶合作，成為和他們接洽時的高盛代表，而他們也仰賴我的指引和資訊。「高盛的潔美」雖然才二十三歲，但是充滿智慧且經驗豐富，我真愛成為這樣的人。

幾個月之後，我寫了一篇報告，簡要提報這些客戶帶來的收入，麥克把我叫進他的辦公室，審閱我的報告。「你知道，我從來沒想過這些客戶帶來的利潤這麼豐厚。」他看了之後這麼說，我忍不住笑了；「這一定是因為和他們合作的人是你的關係。」

「我不知道，」我說，「我認為到頭來總是有人有時間和他們合作。」我希望我可以把這些話收回嘴裡。我為何就不能認可自己的成就？有時候我希望我就像辦公桌旁那些自負的傢伙一樣，他們是自己最熱情的支持者，他們可以接受任何恭維，他們會大肆宣揚自己的成就。但那不是我所受的教養。在我家，我們更看重的是謙遜而非驕傲；然而，在高盛工作可不是這麼一回事。麥克笑了笑，搖搖頭。

「不，潔美，」他說，「理由就是你。你是變色龍，你跟誰都講得上話，到哪裡都可以融入，不管是這些不知道從哪裡冒出來的小鎮銀行，還是紐約的大型機構法人，全都一樣。很多人根本不搭理這些小銀行，但你看到他們的潛力，和他們培養出了絕佳的關係，這讓一切變得不同了。」我的臉熱辣辣的，我覺得很輕盈，我想我都要飄起來了吧。對我來說，沒有什麼比把一件事做好並讓別人感到佩服更棒，如果對方是高盛的合夥人，更好。

◇◇◇◇◇◇◇◇◇◇◇◇

過去一年我和蜜雪兒一直有聯絡，但和蘇菲就很少了，因為她轉調海外。我和蜜雪兒有一晚約在本地的西班牙小酒館吃飯，聊聊我們到目前為止在公司的經歷。

「嗯，在這裡工作跟我想像中不一樣，」她嘆了口氣，「我覺得我不屬於這裡。」我們坐在黑暗角落裡的一張桌子旁，中間點了一根蠟燭，照亮了蜜雪兒藍色的眼睛和金色長髮。

「你這話什麼意思？」我很訝異一個來自高盛鄉村俱樂部那個世界的人居然會有這種感

覺。

「我覺得自己被困進一個角色裡。辦公室那些人把我當成是尋歡作樂的大小姐，有人脈的金髮無腦蕩婦，講的我好像一無是處。他們並沒有認真看待我，也不肯挑戰我，我幾乎什麼都沒學到。」

看著她悲傷的眼神，我皺了眉頭。又一次，我想到了標籤論。此時此刻相聚的是「修女潔美」和「蕩婦蜜雪兒」，這些標籤都是僵化的定義，能選的角色不多，別人給我們貼標籤憑的更是少之又少的事實。我也想到梅莉莎。我敢打賭，高盛多數的女性員工對於自己被貼上的任何角色標籤都覺得很不舒服。

「我要回去念研究所，」蜜雪兒坦白說，「重新定義自我。」

蜜雪兒根本從來沒定義過自己，是高盛定義了她。

那幾年下來我吃過多次這類「終結晚餐」，都是在高盛的女性員工要離職之前和她們聚聚。當所有可以推動事業發展的重要工作都交到男性的手上，女性就知道自己沒機會了。有一位女性主張公司和她的價值觀並不相符：當她檢視資深管理階層有哪些人時，她完全不渴望成為當中的任何一個。還有一位女性被告知，她不夠亮麗，無法負責獲利可觀的大客戶，而她身邊的都是一些講著粗魯玩笑的粗魯男子。講起來就好像高盛的女性有個有效期限，而男性則可以永久保鮮。

對當時的我來說，我看到女性被套入的各種僵化角色（比方說這裡缺乏多元性、充斥著大男人文化以及整個世界讓人覺得很不熟悉），但我把不安先放在一邊，把重點放在我在高盛任職的第一年能夠完成多少任務。我成熟了起來，也強悍了起來，被激發融入這種像大學兄弟會一樣的文化，甩掉最初的天真。面對辦公桌旁的戲謔和粗魯的玩笑，我愈來愈無所謂了。我發現自己很善於做這份工作，我的工作也帶來了一些滿足感。這些日子步調快速、充滿挑戰，感覺上還沒開始一天就過了。我心想，我辦得到，這個完全不懂股票的女孩進了華爾街競爭最激烈的公司裡大展拳腳。

但上班時間實在很折磨，我總是又疲憊又緊張。週末時，我在忙碌的工作日壓下來的想法就會跑出來，滲入我的腦海。我很樂於做一個好的交易員，但我不喜歡做交易。我想成為花仙童子，希望把這個世界變成一個更美好的地方，我無意讓富有的人更富有。我又再一次思考去當社工這件事，想著如果我有膽子挺身對抗雙親的話，現在會怎樣。我在想，我會不會快樂一點，對工作懷抱熱情能不能彌補賺不到大錢的遺憾？接著，我會批判自己不知感激，我已經擁有一份好工作了。到最後我總是覺得困惑又疲憊。

因此，我就想，可以，我辦得到。問題是，我想要嗎？

第五章

至親過世使斷腸，幸福悄悄另開窗

我認識的每一個人，包括我的父母、手足、朋友，甚至是住在對街的女子，都對我的人生和我的事業有意見。但我說的每一個人不包括丹恩。在我姊公司的聖誕派對之後我們就開始約會，他很快就成為我最好的朋友。他永遠都不會直接給建議；他不是解決問題的人，他是傾聽的人。當我對他大吐工作上的苦水時，他會適時點頭或皺眉。他永遠都鼓勵我信任自己的直覺，這讓他直接成為少數份子。

有天晚上，我和高中同學梅迪（Maddie）和莉莉（Lily）聊天，她們對高盛的意見直接了當。

「你離職就好了。」梅迪一邊說，一邊遞給我一杯葡萄酒。她的手腕上戴了好幾條手鍊，叮叮噹噹。「人生苦短，不要不快樂。想想你的生活品質。去做你想做的，追尋你的夢。」

梅迪剛剛離職，因為她受不了長時間通勤。她接受減薪，只為了換得多三十分鐘的人生。我無法接受她的決定。對我來說，為了時間上的不方便而犧牲金錢，那也太過放縱了。梅迪並沒有信託基金，她跟我一樣，出身寒微，我也知道她並沒有賺到大把鈔票。我很好奇，不知道她父母怎麼想。我想，「生活品質」和「追尋夢想」這些話，並不在我家人的詞庫裡。

「潔美，」梅迪繼續說，「會有別家公司要你的。我剛離職，就找到了另一份工作。紐約市裡也不只有高盛一家。」

「我的資歷這麼淺，在市場上沒什麼價值。」我說，「我能去哪裡？我覺得我有任何吸引力都是因為我在高盛任職。」

莉莉透過黑框眼鏡瞪著我。「潔美，我無意冒犯，」她說，「但他們對你施展絕地迷魂心法，讓你覺得沒了他們自己什麼都不是。這很不健康，你一定要離開那裡。」

她看的很清楚，但我很快就駁斥她的建議，我的理由是她家有錢，她的父母還在養她，如果她身在我的立場，感受就不一樣了。

另外就是我家的人。

「潔美，跟大家說你領到多少錢。」獎金發下來之後，有一次在星期天晚上的家庭聚餐上我爸這麼說。我的外婆、爸媽、兄弟姊妹和我，都圍在餐桌旁。我很討厭跟家人說我賺多少錢；錢太多，就像是會讓你牙齒刺痛的過甜巧克力。

「說嘛！」我哥湯尼催促著，「透露一下。」

我吞掉梗在喉嚨裡的疙瘩，大口吸氣說：「我今年賺了十七萬五千美元。」我討厭這句話從我嘴裡說出來，讓我覺得自己很髒。我原本是家裡的小人兒，現在變成這個家裡賺大錢的人。湯尼瞪大眼睛看著我，他的叉子在馬鈴薯泥上面晃啊晃的。他是我哥，他教會我騎腳踏車，教我過生活，他總是為我提供建議，和我分享比我多住在這個地球十年所學到的智慧。我從來沒看過他像這樣看著我，我很開心、害怕，同時也很難過。當你的偶像開始崇拜你，你還能仰望誰？

「如果會讓你好過一點的話，」我結結巴巴地說，「我要說我其實並不喜歡現在做的工作。」

湯尼斜睨我，翻著白眼。「潔美，」他說，「這是工作，不是玩樂。沒有人會熱愛工作。你去工作是為了賺錢，然後用你賺來的錢享受人生。」

「我猜是吧。」我說。所以，人生就這麼一回事？我心裡這麼想。我們去做能賺最多錢的工作，然後用這些錢來「享受人生」。當我們工作這麼辛苦，工時長到根本沒時間去享受，那又會怎麼樣？這聽起來是一樁很糟糕的交易，該死的，我可是個交易員，我應該懂的。

「你聽我說，老妹。」他一邊說，一邊用叉子指著我，「別當個笨蛋走人，很多人排隊等著賺他們給你的那一大筆錢。該死，我會一秒都不遲疑馬上去頂你的位置。」

「聽好了，潔美，」我爸用溫柔的聲音說話了，試著緩頰，「我知道你不愛現在的工作，但這筆錢真的能撐住你。」

他說的沒錯。我想到我每天開車都會經過的喬達徹（Jordache）成衣工廠。有幾十人會走向這棟兩層樓的水泥建築物，他們垂頭喪氣，手裡拿著裝著午餐點心的紙袋，準備開始上班。這些辛苦工作的人很可能只賺到最低薪資，如果他們知道我懷疑自己是否選錯路，可能會從我的頭上巴下去。我現在賺的錢足以改變我的未來，也改變家人的生活。父母年老之後我養的起他們，他們替我做了這麼多，這是我至少可以做的。往返醫院的路途、昂貴的脊椎手術、所有的復健和治療，我欠他們太多。還有，我希望有一天也有自己的家庭，我希望以後能負擔的起小孩的需求，不要像我爸媽這麼辛苦。如果人生真的是一場馬拉松而非衝刺賽，那何不早早把距離拉開，期待比到下半場時能順利完賽？

雖然我媽出身貧窮、很看重金錢帶來的安全感，但對我爸來說，錢更不只是錢。我父親的父親、也就是我的爺爺，是來自義大利的新移民，身為裁縫師的他最後有了成就，讓他的六口之家搬出紐澤西紐華克市（Newark, New Jersey）的小公寓，住進市郊的透天獨棟，還附帶圍起來的院子。他把過去的貧窮拋在身後，在希望的國度成功了。可惜的是，這番成就為時不長，他的業務愈來愈少，但要應付的需求愈來愈多。他做的太過頭，指望從來沒進來的收入。為滿足房貸、水電、食物、衣服等需求的經濟壓力沒完沒了，他覺得，他只能做一件事才能終結所有責任：了結自己的人生。之後，新寡的祖母和他的孩子們（包括當時十歲大的我爸）只好搬回紐華克的小公寓，他們曾經擁有過的大筆財富和我的祖父，彷彿從未存在過。我的祖母在我五歲時過世，她的人生跟灰姑娘剛好相反，她本來過著還算富裕的生活，到後來當一輩子的女傭。對我爸來說，有錢不只是穩定而已，還事關生死。

爸爸看著我，帶著法官要做出明知道會讓人失望判決的表情。「抱歉，」他說，「但你得認命，你要強悍起來，你要感恩。」

要認命，要強悍，要感恩，挺過痛苦，這是我家裡很熟悉的氛圍。在我接受脊椎手術之後他們常常對我說這些箴言，那時我就知道，他們對自己說這些話的次數不下於對我說。沒有什麼比看到自己所愛的人身受痛苦更難受，這是他們的因應之道，是他們試著幫助我強大起來的辦法。

在我這一生，我都覺得家庭是我身後的一陣風，支撐我的同時也推著我前進。但，朝什麼前進？我奉行他們的建議，我很感恩，我咬牙苦撐，我認命，但我現在來到一個我不想去的地方。我是他們的寶貝、我是他們最後的機會、我是他們共同打造出來的傑作。我是一張任何人都有權留下印記的畫布，就算他們就在我身上塗鴉我也要接受。

再來就是外婆，她從第一天就知道高盛給我多少薪水，但晚餐桌上她什麼都沒說。我永遠不會忘記，在我遭遇數學問題大挫敗的隔天，我告訴她我在高盛找到工作時她的反應。我衝進起居室裡跟她說，那時她正在編織最新的毯子。

「你為什麼想去那裡工作？」她問，「你碰到的人都很不友善、很粗魯。」

「但，外婆，」我說，「每個人都想去那裡工作，而他們挑中了我。我在那裡可以賺很多錢。」

她停下編織的手，看著我說。「潔美，我知道那是很多錢，」她說，「但你要付出什麼代價？」

◇◇◇◇◇◇◇◇◇◇◇◇◇◇◇

這場家庭聚餐過了幾個月後，外婆的健康開始惡化。她已經九十多歲了，每次爬樓梯進她的房間都得要大口喘氣。我爸媽找來一張病床，她開始睡在起居室裡。我跟外婆很親，她一直都在我的生活中。我媽懷我時，她搬過來和我爸媽一起住，之後幫忙照顧我。在我童年時期、甚至等我進了大學，每次我做惡夢，都會跑去和外婆擠。對，一個已經長大的健康女子，爬進一個小老太太的床鋪裡尋求保護！但，驅走我的恐懼的並非她的體型，而是她的力量。她的知識、自信和智慧，都是她為我編織的安全網裡的紋理。

如今我睡在她旁邊的沙發上，蓋著她編的一張毯子，毯子聞起來有她的香粉氣味。「外婆，晚安。」我說。我看著她的胸口起伏，柔軟的毛線拂著我的臉。我想像著，隨著她離去，這張床消失，這個起居室會變成什麼模樣，不禁胸口一緊。「晚安，寶貝。」她說。幾個星期之後，她的呼吸非常不順暢，我爸媽說得送她去醫院了。我幫忙打包她的東西。「不管發生什麼事，」外婆說，「你要記住我非常愛你。」我們坐在起居室裡她的床上，她的聖人蠟燭在我們身邊發著光。我握著她的手，手上布滿老人斑，關節腫脹、青筋暴露。我把重點放在她的觸摸有多溫暖，拼命把這種感覺烙印在我的腦子裡。有一滴淚滑落她滿是皺紋的臉頰，我親吻她的手，把頭埋在她的膝上。她用手指梳了梳我的頭髮，唱起一首義大利搖籃曲，這是她唱了幾十年的歌。「永遠替自己選擇幸福，」她說，「沒有什麼比這更重要了。」

外婆進醫院的第一晚我睡不著，等太陽升起，我慌了。我不想去上班，我想去陪她，但是高盛把請假這件事講得很明白，我想，為了去陪垂死的外婆請一天假，一定是不妥當的舉動。我打電話給莫莉。這幾個月來，她不只是我的師父，更已經成為我的朋友。

「不用多想，」她說，「去醫院。」這是我在事業生涯中得過最好的建議。

等我到醫院，我發現外婆的情況嚴重惡化，她已經昏迷了。我守在她的床邊，一整天都握著她的手，看著她漸漸衰弱。她的呼吸每過一個小時就慢一點，皮膚愈來愈蒼白，嘴唇愈來愈乾。我希望她不要死，我希望她一輩子都陪著我，我希望自己的心臟夠強健，跳動起來足以讓我們兩個人都活下去。我雙眼緊盯她的心律監視器，我感覺到她的手愈來愈冷。最後，當晚九點鐘，高頻叫個不停的蜂鳴聲迴盪在整間病房。

我走向醫院大廳準備離開，我忍著不哭，我的身體在發抖，眼淚從臉上流下來。我聽到有人叫我的名字，我看到丹恩在醫院的大門口。他穿著一件灰色連帽運動服和牛仔褲，雙手插在口袋裡。

「我需要見見你。」他說，「我很遺憾。」他的臉很蒼白，雙頰滿是淚痕。她一過世我就打電話給他，他一定是掛電話之後馬上就趕來醫院。我衝進他懷裡，埋進他的胸膛哭了起來。我們都沒開口，但我知道我愛他、他也愛我。我在想，是不是外婆把他帶來，要他頂替她的位置？

隔天早上我準備上班，滿心悲痛，眼睛因為哭泣而腫脹。我走出門走到車道上的車裡，我聽到引擎聲。此時還很早，天色還是暗的，看起來反而像是三更半夜。我從未在這個時候看過附近有誰也起來活動。我踩著遲疑的腳步走向我的車，接著我就看到丹恩在他的車子旁邊，他帶著禮車司機的禮貌，拿著一張牌子上面寫著「Fiore」（費洛），就像是高盛請來的司機會做的事。

「你在這裡幹嘛？」車頭燈照亮了他的臉。他的眼神很明亮，是大白天時會有的清醒狀態，我不敢相信這是真的，因為之前我跟他聊了很久，害他熬了一夜。

「今天一整天，我想要為你做一些事。請進，我今天會載你去渡船頭。」他用他特有的甜蜜對我微笑，豐滿的嘴唇笑成一個小小的弧形，還附帶了梨渦。我走進車子裡，吻了他。

「但，等一下，」當他把車開出來時我說話了，因為我注意到後面自己的車。「我要怎麼回家？」

「這是一趟來回的服務。」丹恩說，「你一定累壞了。閉上眼睛，睡一下。」

他在路上很專心開車，我看著他的側影，我的胸口充滿了感激，覺得都快爆開了。事實是，我根本無法想像自己要怎麼做才能撐過這一天。我必須隨時都維持在「啟動」的狀態。我在開車上班路上必須很警醒，面對客戶的交易時必須很警醒，因應辦公室政治動態時也要很警醒。我沒有犯錯的空間，也沒有休息的時間，但有丹恩在身邊時，我覺得很安全，可以暫時「關機」。

外婆見到丹恩的那天晚上，她就知道會怎樣了。我的父母請他來吃晚餐，我應門時，媽和外婆都在我身邊。丹恩站在門邊，手裡捧著三束花，我們一人一束。我媽嘆氣時我臉紅了，外婆則笑得很開心，假牙閃閃發亮。我媽把丹恩拉進客廳，外婆拉住我的手，攔著我。「潔美，我喜歡他，」她說，「他有一張溫柔和善的臉孔，笑起來也很好看。」

外婆說要選擇幸福，和丹恩在一起時，我知道自己正在這麼做。

第六章

九一一生死劫難，與丹恩互許終生

「這是什麼鬼東西？」我說。我聽到爆炸聲，整個交易大廳好像都在震動，燈在晃，正在和我通話的客戶也斷了線。我從座位上抬起頭，想看看以玻璃牆面隔開的會議室裡有什麼動靜。落地窗面向北邊，我們人在四十八樓，這讓我們視線不會被遮蔽，一眼就看到世貿中心。雙塔其中之一著火了。早先萬里無雲的九月晴空，現在則被煙霧染成灰色。

整個辦公室的人都衝進會議室，擠到窗戶前面瞠目結舌地看著火勢。窗景就彷彿是電影畫面，看起來很不真實。會議室裡的電視發出刺耳的聲音，記者湯姆・布洛考（Tom Brokaw）敘述著有一架客機撞上了塔樓。我聽見身後有嗚咽聲，於是轉頭過去。

我們新來的交易助理莉亞（Leah）坐在會議室外的地上哭。她把雙膝抱向胸口，紅色的長捲髮披在紫色的上衣上面。我趴在地板上，把手放在她的肩膀。

「莉亞，」我說，「你還好嗎？」我聞到了她的香草香水味。

「我爸在北塔工作，」她說，「九十五樓。」她的話讓我喘不過氣。

「喔，莉亞，」我大喊，「我很遺憾。」我用雙臂緊抱著她，她的顫抖傳到我身上。

「你有打電話給家裡人了嗎？」

她的嘴巴癟了下來，我可以看到她的雙唇在發抖。「我很怕，不敢打。」她說。

我站起來，伸出手臂。「來吧，我們一起去試著打電話給你媽媽。」

她跟著我，我們走到交易區那一排最後一個座位。我站在她旁邊，看著她戴上耳機。她看到的是西邊的景色，我可以看到陽光照亮了自由女神。這感覺起來很不真實，從這個角度看出去，你根本想不到會發生什麼壞事。

但接下來我就看到了。我甩了甩頭，但願這只是我想像中的片段，但願這只是一場噩夢，但願這會消失。但事實俱在，窗外真的就有一架飛機。我看它飛得很低，這不對勁。飛機飛過時，我還看到機身上聯合航空（United Airlines）的標誌，這幅畫面牴觸了所有邏輯以及我心中的秩序。飛機往北朝世貿中心飛去，我衝進會議室，飛機愈飛愈近、之後撞上南塔被扯得四分五裂，我聽到尖叫聲。

我嚇呆了，一個字也講不出來，極度震驚，完全發不出聲音。我再也無法在現實中站穩腳步，我變成一根隨風飄落的羽毛。這不是意外，這不是失誤，一切都是計畫好的。

我搜尋整個交易室尋找莉亞的蹤跡，我看到她快速跑開。整個面就好像炸彈在辦公室裡炸開，到處都很混亂，人人充滿恐懼。我這些通常有條有理的同事現在像是野獸，在辦公室裡一邊跑，一邊尖叫哭泣。我坐回座位，先打電話給我媽，然後打給丹恩，兩人都懇求我回家。

裝在牆邊的緊急擴音器拚了命大喊：「保全部門報告，我們這棟大樓很安全，建議各位待在原地。」交易台一片混亂。沒什麼人坐在自己的座位上，椅子都是空的，大家都擠到中間去。有些人離開了，有些人在辦公室各處聚集成一個個的小圈圈。垃圾桶翻倒了，丟掉的早餐散落在辦公室地毯上。到處都有手機在響或有人在打電話。我的主管麥克的大喊聲從他的辦公室門後傳出來。他的聲音冷靜有序，就像是每一個星期二早上一樣。之前擦鞋的人在他旁邊擦他那一雙翼紋皮鞋，因此他沒有穿鞋，腳上只有一雙亮紅色的襪子。「大家冷靜下來，」他說，「幾分鐘後我們要開一個團隊會議。」

我坐在辦公桌旁，深呼吸、咬緊下唇。我不想留在這裡，但我覺得要主管同意我才可以離開。我太膽小，不敢為自己挺身而出。我擔心自己的生命，但也同樣非常擔心被高盛處罰。

之後莫莉打電話給我。「聽我說，」她建議，「你東西收一收就走人，不要等到跟麥克講，離開就對了。」她說的正是我想聽的話，但我並沒有被說服。

「但我不想惹麻煩。」我坦白說了，同時感覺到眼淚開始流下來。我非常想離開，但也很擔心我出去的話不知道要面對什麼情況。我好想從這場噩夢中醒過來。

「潔美，你要相信我。」她說，「如果你因為離開了而引發任何問題，我來受。」

我掛掉電話。我的四周圍充滿了不確定性，有了計畫之後，我覺得鬆了一口氣。我抓起我的東西，衝向電梯，但願沒人看到。我考慮過走樓梯，但與走下五十層樓相比之下，我下定決心要搭電梯快速離去。如果電梯還在運作，我就會搭。我需要趕快離開高樓層，離開這棟建築，讓我真正能腳踏實地。我走進電梯時心臟在胸口砰砰跳，聲音大到都能聽到。只有一個人與我一起搭電梯，那是接待櫃檯的女士；她全程都抱著頭在哭，但至少我覺得是她。

外面是另一個世界。一度澄清的天空，現在煙霧瀰漫，空氣中飄著細灰。紙片如下雨般落下，有些完好無缺，有些燒焦了、碎了，就像是遊行中用的歡呼彩紙出了錯。整個地方聞起來像是化學用品起火、焚燒塑膠和金屬的味道。我試著打電話給丹恩和我媽，但手機撥不出去，街角的公用電話已經排滿了人，隊伍占據了整個街區。人們衝過街道，大聲喊叫、悲嘆呻吟。他們看起來像是恐怖電影裡的臨時演員，被身後的連續殺手或野獸追著跑。

過去我覺得市中心高聳入雲的建築物很強大、可以保護我，現在卻彷彿柵欄般把我圍了起來，讓我覺得自己像是動物園裡的動物。我的幽閉恐懼症嚴重發作，於是我趕快往河邊走去。我需要看到最大片的天空，這樣才能看到有沒有更多飛機飛過來。

我沿著小徑快快衝到渡船頭，汗水從我臉上滴下來。我往渡船的方向走，通道已經擠滿了人，於是我放慢腳步，看了一下手錶。前往紐澤西的渡船很快就來了，希望我趕得上。當我走到碼頭時我愣住了，我從沒見過這麼擁擠的碼頭，好像所有曼哈頓人都趕著搭船離開一樣。

我在心裡快速盤算替代方案，想著如果搭不到船要怎麼回家。我在想，我應該沒辦法游泳回紐澤西，於是我加入人龍，排隊等著回紐澤西的船。人很多，大家幾乎是人堆人的狀態了。碼頭旁邊有另一班開往霍布肯的船開始登船，隊伍裡有一個男子正在和甲板上的工作人員爭論，工作人員說這艘船已經滿了。我看到這名男子推著工作人員，對方跌坐在金屬登船板上，男子把他當成被丟掉的船票就這麼跨過去，逕自上船。

我的呼吸又快又淺。我抓著手機，試著打給丹恩，但打不通。我數著在自己前面還有多少人，猜想等一下來的船可以載多少人，祈求船上能留個位置給我。

大家開始登船，船口的工作人員拿著計數器計算乘客人數。我跟著前進，每走一步我的身體就輕鬆一些，知道再過幾分鐘就可以回到紐澤西了。正當我的腿要跨上船時，工作人員放下手說：「抱歉，我們的船滿了。」他說。我的雙肩垂了下來，感覺最後的一點精力也從身體裡逸出了。我想要逃出紐約，想要安全，想要回家。

「胡說八道。」我後面的男子發話了，我的耳朵可以感受到他灼熱的呼吸，「還有很多空間，讓更多人上船。」我蜷曲著，不想夾在爭論當中。我轉向他，兩眼瞪大看呆了：他看起來像是剛剛從一堆灰裡被拖出來，唯一還乾淨的部分是他無神的藍色雙眼。他讓我想起《歡樂滿人間》（*Mary Poppins*）裡煙囪清潔工伯特（Bert）。不知道他經歷了什麼樣的千辛萬苦才來到這裡。

「跟我走。」他一邊說，一邊抓著我的手，拉著我越過工作人員上船，沒多久之後船長就從碼頭把船倒出來。工作人員瞪著我們，咕噥了幾句，然後把雙手舉起來作投降狀。

這名男子拉著我上了樓梯，登上渡船的上層開放甲板。我握著他的手，這位陌生人全身都是煙灰，但我不想放開。

我們肩併著肩，沉默地站著，靠著甲板的柵欄，一路回到紐澤西。我們繞過曼哈頓島的頂端，來到雙塔的前方。我無法不去看那些建築物，很多東西從塔上掉下來，一開始我不知道那是什麼，後來我明白了，心裡也跟著掀起洶湧波濤：那是人。身在那一棟樓裡是多可怕的事？身邊都是火焰和煙霧，無法呼吸，什麼都看不到，什麼都不敢想。他們面對的是多麼悲慘的局面，才會做出跳樓的決定？如果我和客戶約在世界之窗吃早餐談公事，如果我在雙塔裡面的別家券商工作，現在掉下來的人就是我。我摀住嘴巴，我的胃一下伸一下縮，後來我弓起背，一下子吐了出來。我吐的到處都是，我的球鞋上、那位男士的平底鞋上和渡船白色的甲板上都有。這位男士用手摩娑著我的背，我繼續把早餐都吐出來。空氣聞起來像是酸掉的牛奶加上煙霧。

我在紐澤西下船，看著船駛遠。我環顧碼頭，想尋找這位男士的蹤跡，但他和人群都離開了。我坐在堤岸上，雙腳在河面上晃啊晃。我心裡充滿了放鬆，充滿了恐懼，充滿了哀傷。接著，我聽到響亮而絕望的喊叫，就像受了傷的動物為了生存而戰時發出的哭嚎。這個聲音塞滿了我的耳朵，撞擊著我的腦袋，幾秒鐘之後，我才發現是自己發出的聲音。

我朝著我的車狂奔，彷彿後面有什麼在追我。我不記得自己是怎麼開車或怎麼回家的，只記得我蜷曲在起居室的扶手椅上，瞪著米色的牆壁。我聽到電視播報新聞，厲聲痛斥「九一一事件」，我聽到電話響起，我聽到我媽媽求我吃一點，但我只是盯著牆壁，看著從窗台一直往上延伸到天花板的裂縫。以前我沒注意到，但如今我日日夜夜盯著看。我變成這道裂縫的專家，知道哪裡寬哪裡細，在哪裡讓石膏板破掉一大塊，在哪裡隱入天花板消失。接下來幾天我反反覆覆研究這條縫，直到我覺得我了解這條縫的程度超過了解自己為止。

那個星期剩下的時間股市都休市，這是史上交易中斷時間最長的一次。我不用去上班，於是我把起居室的扶手椅當成避風港。一天又一天，我盯著牆壁，輕輕搖著自己。

我媽守著我，給我吃、給我喝，跟我講話。我不想吃、不想講話，我什麼都不想做。丹恩下班後過來，坐在扶手椅上抱著我，他就像人形救生衣，丟給我要救我一命。

「跟我講話。」他說，但我頑強抵抗。我的沉默就像是膠布一樣，封住我這艘船底部的破洞。如果我拿開了，我會沉下去，必死無疑。「我沒辦法，」我說，「還不行。」

睡眠變成大敵。我的夜晚充滿了驚恐：我衝出辦公室的窗戶，玻璃碎片砸在我身上，我渾身是血的身軀掉了下來，落入死亡的深淵。或者，毒氣讓我窒息，我用雙手掐著自己的脖子。或者身上著了火，被火焰包圍，我跳進港口好把火熄掉。我會在半夜醒來，渾身濕透，讓我誤以為自己尿床了。

有一天早上我媽進來我房間，我還躺在床上起不來。「你需要跟誰聊聊。」她說。她的手放在臀後，俯視著我。我聞到洋蔥味，但我發現其實那是我身體的臭味。「我幫你約好今天去看塔芙（Taft）醫師。」

◇◇◇◇◇◇◇◇◇◇◇◇◇

塔芙醫師是我的家庭醫師，我從小就認識她。我感冒或是需要物理治療時，我會去找她，但不是像現在這樣。我媽的眼皮底下出現黑眼圈，臉色很蒼白。我明白了，不是只有我一個人覺得自己身在地獄。「好的。」我答應了。

我在約診的時間出現，來到醫師的辦公室，坐在她對面。牆上貼的是繁雜的花朵壁紙，診間聞起來有香料大雜燴的味道，我一進去就頭痛。

「你覺得怎麼樣？」塔芙醫師問我。她的眼睛睜的很大，彷彿見鬼了。

我面無表情，我也沒有力氣微笑。「不太好。」我說。

她咬了咬下唇，彷彿我生的是一場她不知道怎麼治的病。「跟我說說怎麼了。」她鼓勵我。

我跟她說我看到什麼，把一幕一幕的畫面講出來。雖然我頑強抵抗不想說，但是這些話自動從嘴裡流了出來。塔芙醫師給了我一盒面紙，往前傾看著我，把我當成上《六十分鐘》（*60 Minutes*）節目接受訪問的來賓。我講完之後，她的眼睛垂了下來，抿著嘴唇。她給了我一個擁抱，我認識她這麼多年，她從來沒這麼做過。

「我寫一張處方箋給你，」她說，「會有用的，尤其是你剛開始回去工作的前幾天。」

我聽到她的筆沙沙作響，在厚厚的處方箋單子上寫字。我在想，她能給我什麼呢？現在有可以消除記憶的藥丸了嗎？

「你需要一步一步來，」她說，「先把重點放在你可以做點什麼事讓自己再度感受到安心。」

我看著她，滿心困惑。沒有什麼事情能讓我覺得安心到可以回去工作。「好。」我說。

我帶著處方箋回家，打開我的包包，急切地想讓自己覺得舒服一點。藥包裡有贊安諾（Xanax），這是我從沒聽過的藥。我把一顆藥丸丟進嘴裡，乾吞下去，苦味瀰漫口腔，我就這麼等著。

半小時之後魔法發生了，我的身體和心智全都慢了下來，整個放軟，就像用砂紙磨擦我，磨掉我的銳角，磨掉了我的碎裂。

我想了想塔芙醫師的建議，也思考做什麼能讓我覺得安心一點。我判定，唯一的答案是預作準備，對付我最可怕的噩夢。

我和丹恩去找防毒面具，本地每一家軍用品店都銷售一空，我們長途跋涉兩小時才在紐約上州找到一副。我在那裡順便買了一組防火毯。我也在找有沒有個人用的降落傘，以防我需要從大樓跳下來，但找不到。我很懷疑到底有沒有這種東西，如果沒有，我會快快去找人發明出來。

要回去上班的前一晚，我打電話給莫莉。她知道我九月十一日當天回家了，但之後我們就沒有再通話了。

「我不知道自己能不能辦到。」我說。感謝贊安諾，我已經不會心臟噗通噗通跳，也可以冷靜平順地把話講出來了。但光是聽到她的聲音就讓我又回到紐約和辦公室，就算有藥品、有緊急備品，我仍然不知道我有沒有辦法成功。

「主動因應，不要被動反應。」她說，「被動反應是一種膝反射，是逃或戰這類本能反應。因應則有想過，長期你要根據思考做決定。」我只想聽到她叫我離職，因為我根本不想回去。

「我不會說你應該要回來或是永遠都別回來，」她繼續說，「我是說你應該試試看，因為你一旦離開，故事就結束了。你只能從高盛離職一次。」

跟她講完電話之後我坐回床上，她的話就像是鐘聲一樣迴盪在我腦海。你只能從高盛離職一次。這會是我在事業生涯中不斷聽到的副歌。

我忍不住想像，當我有一天回首人生，發現我是因為恐懼而離職，那會怎麼樣。這不是我家的行事作風，他們向來教我要撐過恐懼與焦慮，不要被這些擺布。無論是小時候生理上的挑戰、大學時對考試的焦慮或是我對飛行的恐懼，他們總是叫我要深入挖掘，直接面對困難。我不會躲起來回應恐懼，我要勇敢堅強，化身成惡魔向上天祈求。我不要我的人生因為這場事件而走偏方向，我不想就這樣倉促地逃走。

隔天早上，我梳妝打扮準備上班，在臥房裡的鏡子中看到自己。鏡中映射出的面容還是一樣，但我這個人已經不同了，就像用過的錫箔紙，不再閃亮，到處都是裂縫和皺褶。我把防毒面具和防火毯塞進公事包，把兩邊拉緊，拉起拉鍊。我配著咖啡吞下一顆贊安諾，拳頭裡緊握著我的玫瑰念珠，前往下曼哈頓。我只能從高盛離職一次，我對我自己說，但不是今天。

我在紐澤西的碼頭等渡船，我看到本來是塔樓的地方現在變成了冒著煙的大坑洞，整個天際線因此改觀，看起來像是掉了門牙的小孩。我一進到紐約，就感覺空氣很污濁，我覺得我吸進了灰燼。整座城聞起來焦焦的，我伸出手去拿我的軍用級防毒面具，但後來發現這實在很蠢，因為沒有人戴面罩。這是一副可以用來應付化學戰的面罩，我不想浪費濾網。我改為拿出我也有買的外科用口罩，這是醫生在醫院裡佩戴的口罩。這沒有用，幾分鐘之後，我的頭開始抽痛。

每一個街角都有大型武裝車輛，兩邊有武裝士兵駐守。這讓我想起播報被戰爭蹂躪的中東新聞時會出現的畫面。士兵的站姿看起來像白金漢宮（Buckingham Palace）的守衛，一動也不動，眼神越過我，彷彿我不存在。他們每個人都手握機槍，身上背著一串子彈。

我希望回去工作是回復正常，這番期待本身比實際情況更糟糕。整個下城的景象讓我的所有噩夢合乎邏輯、看來確有其事，但我準備好的所有用品全都幫不上忙。

辦公室裡還是這些人，但也都不一樣了。沒什麼人打趣，沒什麼笑聲，沒什麼生氣。他們都盡可能快速完成工作，然後揚長而去，彷彿身在下曼哈頓是不祥的預兆。九一一事件中大約死了三千人，然而，生靈塗炭當中也出現了一些奇蹟。我後來知道，那天早上莉亞的媽媽請她爸爸去藥房拿處方箋，這趟差事讓他晚一步到塔樓，因此救了他一命。即便如此，那天之後莉亞就沒有再回來工作。事實上，很多人也都沒有回來。

我剛開始回來的前幾天神經很衰弱。樓上辦公室移動家具的無害聲響，我聽起來像是引爆炸彈；某個人熱騰騰的午餐飄出的不知名氣味，聞起來像是空戰開打；大樓頂樓飄出的煙霧，則是大規模毀滅性武器；只要有人帶著太大的袋子上渡船，裡面裝的一定是炸彈，準備把我炸成碎片。我覺得我有兩份全職工作：一份是原本的，另一份是擔心成為恐怖攻擊的受害者。

靠著血液裡的贊安諾，背著身後的黑暗陰鬱，我辛辛苦苦撐過了接下來的數個月。丹恩是我唯一的光，我期待和他共度星期五的夜晚，我會拖著一身的疲憊出現在他門口，他會用外帶中餐和搞笑電影讓我重新充飽電。

有一晚，我站在丹恩家廚房的流理檯前，一邊洗碗、一邊往窗外看。這個冬夜裡，漆黑的天空已經飄著厚重的雪花。我沖乾淨最後一個盤子，轉身把毛巾拿開，我看到丹恩在我面前單膝跪下。

「那天我差一點失去你，」他說，「這讓我明白我不能沒有你。」他的藍色眼睛閃耀著，我一點都不感謝九一一事件對我的人生造成的影響，直到這一刻為止。他拿著一個黑色的天鵝絨盒子，裡面有一枚單鑽戒指。「你願意跟我結婚嗎？」他問。

九一一之前我想過幾百萬次這一刻，但之後就沒了。經歷過那天之後，很難想像還有什麼會讓人感到歡愉。但，看到丹恩，看到他甜美的酒窩和揚起的眉毛，改變了一切。「我願意，」我大喊，「我願意！」

第七章

喜懷孕竟遇流產，升主管卻難人和

——四年後（二〇〇六年）

「我們應該等個三分鐘才對。」丹恩說。他拿著說明書，俯視著我，我拿著驗孕棒揮來揮去。「那設定時。」我指示他。我們站在浴室裡，手牽著手面對洗手台。我赤著腳，感受到米色地磚的冰冷。白色的驗孕棒不過是一片毫無價值的塑膠製品，但蘊藏著無價的答案。丹恩手錶的計時器叫了。「你看，」我說，「我不敢看。」丹恩恩手伸過來，拿走驗孕棒，翻過來放在掌心，然後看著我。我屏住呼吸，試著從他的藍色雙眸中判讀資訊，然後，他臉上綻放出燦爛的笑容。

一想到我們有了自己的家庭，就彷彿吃進永遠不會融化的糖球，有一層層的興奮，但外面也覆上了一層層的恐懼。想到要和丹恩生個小孩，讓我心頭陽光閃耀，但我也擔心自己的身體。我在想，小時候我照了那麼多脊椎X光，會不會毀了我的卵子？背上的支撐桿能不能支撐一個寶寶在我身體裡長大？我在想，自己這副殘破的身軀是否夠安全強壯到可以孕育另一個人？我也很擔心工作，因為我的職場不會給我多少餘暇。我不確定，有沒有可能以在職媽媽的身分在高盛待下去；我們部門裡很少資深女性員工有小孩，我在想，不知道這背後的理由是什麼。

幾個星期之後，我們去照了超音波。我等不及從螢幕上看我的寶寶，我拿到一張小小的照片，貼在我剛剛買的懷孕日誌上。我們被領到診療室，我換上袍子，跳上一張鋪著紙墊的診察台。

「終於來了。」我一邊說，一邊看著手上的雞皮疙瘩。診療室裡很冷，聞起來有消毒酒精的味道。

「我不敢相信真的實現了。」丹恩笑著說。有一位名叫蓋比（Gabby）的超音波檢驗師進來，她笑得很開心，酒窩很深，伸到你可以把手指伸進去。

「我們來看看你的寶寶。」她說。我輕笑著，在診察台上往下挪一點，把腳放在腳蹬上。

「你一開始會覺得有點壓力。」她一邊說，一邊把陰道探頭拿起來，我點點頭，抓住丹恩的手。探頭的觸感讓我牙齒打顫，但我仍張大眼瞪著螢幕。畫面很模糊，就像有線電視問世之前三經半夜時的電視螢幕，但傳出來的聲音是天籟。噠、噠、噠的聲音，讓我熱淚盈眶。「這是寶寶的心跳聲。」蓋比說。丹恩抓緊我的手，我感到一陣放鬆，我的身體做到了。

我們正要離開時，蓋比叫住我們並說：「柯恩（Cohen）醫師想在你們離開之前和你們談談。」柯恩醫師是放射科的主任，我並沒有預期要和他碰面。他的辦公室有點潮濕發霉，裡面的木板已經很舊了，不太敞亮，我覺得好像走進了一九七五年。柯恩醫師坐在辦公桌旁，我們在他對面坐了下來，我手裡緊緊握住超音波照片。

「我們來看看你的掃描結果。」他說。他指向牆上的一個畫面，我看到我們家寶寶的身影。「就我來看，」柯恩醫師說，「我不敢保證這次懷孕會順利。」我的眼睛仍盯著畫面，因為我無法面對他。

忽然之間，我又變回十二歲，在達拉瓦（Delaware）的兒童醫院裡看著脊椎的X光片，而不是超音波照片。「我們沒辦法再做什麼了。」我當時的整形外科醫師薛佛（Schaefer）說，「如果不趕快動手術，潔美的脊椎會壓垮她的心臟，她會死。」我聽到媽媽的哭聲，我把嘴唇緊緊往嘴裡咬，咬到我的牙套都撞到肉。雖然動手術已經是多年前的事，手術也很成功，但我從來甩不掉自己有缺陷的陰影。

「我不懂，」丹恩開口了，把我帶回診間裡，「我們都聽到心跳聲了。」他的聲音分岔了。

「對，已經有心跳了，但是胚胎幾乎沒有成長。」柯恩醫師說，「我們需要奇蹟，才能守住這個寶寶。」我們走進車裡，丹恩抱著我讓我哭。剛剛柯恩醫師在我身體裡點燃了一顆炸彈，開始倒數寶寶的死期。我一直活在恐懼中，每一次的痛楚和不適都像是結局的開端。即便我心裡一直重播柯恩醫生的負面說法，但仍期望寶寶能活下來。

幾個星期後，某天早上我醒來去浴室梳洗，我看到內褲上沾了血。我的醫生要我再去做一次超音波，我和丹恩直接被帶到一間診察室。診察室裡有抗菌液的味道，感覺像是準備好等著誰來，頭上的擴音器傳出嘩啦嘩啦的流水聲。超音波檢驗師進來操作超音波機器，聚焦在螢幕上，背對著我們。我和丹恩沉默地坐著，讓她從我的身體裡拔出探頭。

「寶寶還好嗎？」我開口問，丹恩握緊我的手。他緊咬住下顎，我看得到他頸部的青筋。超音波檢驗師站在診察台後方，她手上的探頭沾滿了血。「很抱歉，」她說，「寶寶沒有心跳了。」

我不太記得之後怎麼了。他們帶我們去搭貨梯離開醫院，因為我哭得太大聲，他們不希望我讓候診室裡其他狀況絕佳的孕婦難受。

那是星期二的事，醫師安排了隔天要進行子宮刮除術，這是一種門診手術，要把其他的部分從我的子宮裡刮乾淨。我很感謝我有一個週末可以休息，我發了電子郵件給布萊恩，請他轉告麥克我因為健康因素要請幾天假。我沒有詳細說，但我知道一定會流言四起，新婚的年輕女子請病假，「生育問題」的標籤就會一直烙在她身上。

回到家，我爬進扶手椅開電視，但根本看不下去。這或許是老天爺要告訴我我並不適合當母親，或者是要我把重點放在事業上的徵兆，工作是我的拿手絕活。我在衣櫃抽屜下找到了贊安諾藥瓶，我不記得上一次吃藥是何時的事，但見到藥就像看到老朋友一樣。我丟了一顆進嘴裡，接著昏昏欲睡。等我隔週的星期一回去上班，我收到麥克的電子郵件叫我去找他。我祈禱可不要跟我談這幾天請病假的事。麥克坐在他的會議桌旁，我手裡帶著筆和筆記本也坐了下來。

「我有好消息。」他笑開了，就好像今天是我生日，而他要給我一份大禮。「我要升你當法人業務的經理。」我的嘴張的開開的，眼睛也跟著睜開，我太震驚了，一個字都說不出口。「希太，你鴻運正當頭。」麥克說；我結婚之後，他就替我取了個綽號叫「希太」。「這會是第一次升遷，以後還有很多。」大家都知道麥克很嚴格，不太會誇人，因此我笑了，興奮的泡泡在我肚子裡發脹。我多希望那是我的寶寶，但聊勝於無。

「艾瑞克（Eric）會在你手下工作，但我還沒跟他說。」我瞇著眼睛，有點困惑，因為艾瑞克管理這個小組已經很多年，是這項業務的老將，我本來假設他高升到更高的職務上了。

「如果你好奇想知道艾瑞克發生了什麼事，」麥克說，「我們這樣說吧，他沒有把事業當成一回事。」麥克的雙唇形成微微的弧線，很不明顯，不太可能是微笑，比較像是鬼精靈的壞笑。「當他開始為了去小孩學校的樂樂棒球隊當教練而早退，」他說，「我就知道他不是當經理的料。」

我點頭，現在我知道為何這裡沒有太多在職媽媽。有一剎那，我慶幸自己沒有懷孕，但之後這樣扭曲的想法讓我連雙眼都充滿憤怒，我想要甩掉這個念頭。

「但我也不能丟掉他，」麥克解釋，「我不能失去他在高爾夫球場的人脈。」他靠回椅子，雙手抱在後腦，手指透過他濃密的棕髮交纏。在他肩膀上面一點的位置有一幅高爾夫球果嶺的裱框照片。艾瑞克有一項勝過在哈佛拿滿分的優點：他是一位能打出平標準桿成績的高爾夫球手，也是康乃狄克州業餘高爾夫球賽的冠軍。他和全世界的職業高爾夫選手都有聯繫，讓麥克到哪裡都有球可打。麥克笑了，笑到他的大肚子都抖動了。

「你可以應付艾瑞克吧？」麥克說，「他可能不太合作。」聽起來艾瑞克是一匹需要人馴服的野馬。

「好，我懂了。」

「我需要你全心投入，」他說，「不可以因為私事分心，懂嗎？」他的棕色大眼視線落在我的腰部，彷彿在對我的子宮發送訊息。我想用雙臂抱住腹部，假裝我沒有腹部，保護我的肚子不受麥克的瞪視，並安撫我的肚子承受的失落。「好，」我說，「我懂。」

「我要你今晚去參加一項客戶的活動，見見一些人。艾瑞克當然也會去，但是他還不知道自己被降職，你要不動聲色。」

當晚我去了一家大飯店參加這場產業界的活動，我們有幾百位客戶都來了。我跟著很快就將成為我手下高盛團隊的人一起，但其他人都不知道這件事。當酒保宣布開放點最後一輪酒時，艾瑞克買了幾十瓶啤酒請大家。我整個晚上只喝了幾杯酒以保持清醒，四處社交，不要喝醉。後來大部分的人都走了，連麥克也離開，餐廳裡剩下的人主要都是高盛的人，圍在幾張桌子旁。

艾瑞克坐在我旁邊，開始在啤酒罐上開獵槍（shot-gunning）（譯註：在啤酒瓶的底部開個小洞，把嘴對準洞，然後打開易開罐拉環，借助大氣壓力快速擠壓啤酒下肚，是一種年輕人間流行的喝啤酒方法）；上一次我看到這種事是大學時某一場兄弟會派對上。他一次又一次在啤酒罐底部鑽洞，並以極高的效率把啤酒倒進嘴裡，連喉結都沒動一下。

室內的燈都打開了，這表示飯店員工希望我們離開，擴音器播放的罐頭音樂迴盪在宴會廳裡。艾瑞克喝完最後一罐啤酒，用充滿血絲的眼睛看著我，並舔著他的嘴唇。接著，我感覺到他的手在摩擦我的膝蓋，他靠近我想索吻。

「艾瑞克，夠了。」我用唱歌般奇怪的聲音說話，並慢慢推開他。我掃視餐桌，還好每個人都醉到不省人事。

「潔美，你才夠了。」他含糊不清地說，「我有東西要給你，等好幾個月了。我們今晚來找間房吧。」他微笑，露出歪斜泛黃的牙齒，我得穩住自己，才能做到別齜牙裂嘴。

「抱歉，艾瑞克，沒有這種事，」我說，「我想我也該走了。」艾瑞克又把手放在我的膝蓋，很用力捏了一下，我覺得他的指甲刺進了我的肉裡。我大力吸了一口氣。

「你真的應該重新考慮一下。」他說。

我快速起身，他的手放開我的腿，我走開了。我想要當面甩他一巴掌，但我並不想製造事端，我升遷在即時不想。我根本不想跟誰道別，希望沒人注意到我們剛剛發生的事，我快閃鑽進一輛在外面等候的禮車裡。當晚我在回家路上不斷重播事情發生的經過，我不敢相信會有這種事，而我也明白，這樣一來，要艾瑞克在我手下工作會更尷尬。我希望他醉到完全不記得這事，我也沒有膽量跟誰提起。我已經跟麥克說我可以應付艾瑞克，我會做到。我把這事當成他犯下的一個愚蠢錯誤，但願等他知道我變成他的主管時，他會搞清楚狀況。

隔天早上，麥克把艾瑞克叫進他辦公室，我透過玻璃牆看到艾瑞克的表情，清清楚楚知道他在哪一刻得知自己被降職了，因為那時他蒼白的臉脹紅，顯現出豬肝色。

他們談過之後，我升遷的消息如野火一般傳開。沒有人來恭喜我或跟我握手，只有虎視眈眈的怒視。我在他們的眼睛裡看到自己的影子，彷彿我變成了另一個人。沒多久之前，潔美修女還是在背後默默埋頭苦幹的人，現在我走到前面的中心舞台來，現在我是經理，現在我是威脅。

當天稍後，我去茶水間倒咖啡，維多和傑瑞站在角落，擠著手上的紙杯，掩飾兩人的耳語。我走進去時他們都抬頭看。

「恭喜。」傑瑞咕噥說了一句。他盯著我的腳，語氣聽起來就像被媽媽強迫道歉的小孩。

「謝謝。」我回。他很快走出茶水間，我不確定他有沒有聽到我回答。

維多留著，我倒咖啡時感受到他的瞪視帶來的壓力。「經理應該是傑瑞，不是你。」他說。我的手指因為手上的熱咖啡而變的溫暖，我想把這杯咖啡潑在他嘲弄的臉上。「你之所以拿到這個職位，」他說，「唯一的理由是你有陰道。」

我還來不及反應他就走了，但我也不知道要說什麼。我啜了一口咖啡，喝起來很燙。我在想，維多是對的嗎？我得到經理這個職位，是因為有女性保障名額嗎？但我拒絕讓這些疑惑使自己失去判斷力。這些男人，包括維多和傑瑞在內，多年來一直想扳倒我。他們只是忌妒現在我升經理了，比他們的級別更高。不管我為何得到升遷，我會證明這是我該得的。

隔天，我安排了和團隊同仁一對一會談。我先從艾瑞克開始，因為我想趕快結束。我可以想像他有多火大：他本來管理一個團隊，現在要在一個年齡只有他一半的女性手下工作，而且他向我調情時還失敗了。我們在會議室裡見面，在一張木質圓桌的兩側坐了下來。

「艾瑞克，感謝你和我碰面。」我說。我笑的很熱情，但我的胃揪成一團，但願他不要提到酒吧的那件事。

「我會讓你好過一點，」他說，「我不能離職。因此，我會把工作做好，照規矩來。」我點點頭，放鬆了一點；他可能完全不會讓我日子難過。艾瑞克的臉很蒼白，眼睛下方的皮膚都垂了下去。麥克說我鴻運正當頭，那顯然艾瑞克就是開始走霉運了，我很同情他。「但我要講清楚，」他補充，「大家都站在我這一邊，我們不會幫你。」

艾瑞克走出會議室，用力甩上門，力道之大，辦公室的牆面都為之震動。我透過玻璃牆面看出去，外面沒人，讓我鬆了一口氣，我在會議室的桌子上趴了下來，很高興有冰涼的木桌抵著我的熱臉。每個人都在他這邊，團隊裡大部分都是他的好老弟，就算艾瑞克不再是他們的主管，他們也會對他忠心耿耿，我怎麼樣才能在大家都針對我的環境下經營業務？我要怎麼管理不想在我手下工作的人？我像是一名四分衛，艾瑞克是我的接球員，他穿上了全套運動服，他人在場邊，但，就只有這樣了，我不能指望他接到球，我不能指望他跑陣，我不能指望他達陣得分。

麥克會批判我的團隊表現和獲利能力。這是我第一次擔任管理職，如果我交不出成績、如果麥克認為我應付不來，我很可能就要跟未來的機會和升遷告別了。

我一邊等著下一個人來面談，一邊想辦法放輕鬆。艾瑞克的講法可能只是虛晃一招的威脅，隨著時間過去，我可以贏得其他人。接著是團隊裡的另一名成員克里斯（Chris），他進來會議室，在會議桌旁坐了下來。他有一頭棕色的細髮，眼睛周圍的眼紋很深，我發現，我不只比艾瑞克年輕，我根本是整個團隊最年輕的人。

「克里斯，」我說，「我很開心能與你共事。」我對他展現了迷人笑容，就好像光這麼笑就能確保這場會議會比上一場好。克里斯看著我，瞇著棕色的雙眼，噘起嘴唇。「你和艾瑞克談過，」他說，「現在你想知道我站哪一邊。」

我很用力咬了咬嘴唇，我的腳趾就好像根莖植物一樣，深深嵌入辦公室的地毯裡。我拒絕任由他刺耳的話擊倒我。「嗯，我聽到艾瑞克的說法了，」我坐直身體開口說，「但我想聽聽你怎麼說，看看你有什麼想法可以讓我們的業務愈做愈好。」克里斯的臉一片空白，只有他脹紅的鼻子旁邊的雀斑顯出一點生氣。

「他們大可說你是我的經理，」克里斯說，「但我永遠效忠艾瑞克。」他的語調很平淡，彷彿是艾瑞克設定的機器人。辦公室裡只有掛鐘的滴答滴答聲，我希望這樣的安靜能突破他的防線，軟化他的決心。「那，我可以走了嗎？」他聳聳肩問。

「當然可以。」我無力地回答。

他離開後，我的眼淚灼傷了我的眼角。我之前對麥克說我應付得來，但如果每個人都要對付我，我就完了。會議室門口有人敲門，把我從極度的恍惚中搖醒。來者是在團隊裡比較資淺的成員比特（Pete），他一進來，屁股還沒碰到椅子就開始講。「我必須要說，我很開心能在你手下做事。」他說。他明亮的笑容和他講的話很搭，我阻止自己去檢查室內有沒有隱藏攝影機，因為我很確定自己被捉弄了。「你會用我的工作表現來評判我，」他說，「而不是我用開獵槍的方法能喝多少啤酒。」

我一定一臉困惑，因為比特繼續說：「在艾瑞克手下工作就是這麼一回事，看起來，重點只有我懂不懂美式足球跟我能喝多少酒。」

我笑了，輕鬆坐回椅子上。「這方面的話，你就不用擔心我了。」我說。

「還有別的。」他一邊說，一邊往桌子靠近，就像要講什麼祕密一樣。「我知道這個團隊看起來像是球隊的更衣室，到處都是艾瑞克的同伴，但，有些人很樂意在專業人士手下工作，做點改變。」我深吸了一口氣，放輕鬆了。這個新團隊或許還有點希望。

「很高興聽你這麼說，」我說，「談談你自己吧。」

「嗯，我三年前進來，」他說，「我從聖母大學（University of Notre Dame）一畢業就進來了。」比特有張娃娃臉，但是他濃密的銀髮讓我覺得他年齡比較大。「我家已經有一個幼兒，另一個也快出生了。」我挑眉。他看起來很年輕，應該還沒有小孩。比特的手舉起來，比一比他戴婚戒的手指。「我和大學女友結婚，」他說，「我們一結婚她就懷孕了。」

「哇，那太棒了。」雖然我心裡很忌妒，但我還是這麼說了。

「我希望你知道，」他說，「我把我的工作做得很好，我會竭盡全力，但在高盛創出一番事業並非我的長期計畫。」

我心想，要開始了。我等著聽他說夢想，看他要怎樣用老爸的錢成立一家避險基金公司。

「我一直想當諮商顧問，」他說，「但我還不能拋下這裡的薪水。我希望有一天能離職，回到家鄉印第安那實現我的夢想。」這裡居然有人像我一樣對金融毫無熱情，他還有膽子像新主管坦承這件事，我不知道哪一點比較讓我吃驚。

「這很了不起。」我說。

「我還要在這裡多待幾年，才能存夠錢去做夢。」他說，「養小孩不便宜，因此，我暫時不會去別的地方。」

我們多聊了一會兒，比特就回到他的位置上去了，我等著下一個人進來。比特的話，在我心裡點燃之前早已經熄滅的火花，我都已經忘了我也曾經有過。現在用我的生命去做一些有意義的事，或許還不算遲。我回想之前和家裡人一起吃晚飯的事：要把人生當成馬拉松，而不是衝刺賽。我也不過才三十歲，也許我可以像比特一樣，用我的時間在高盛跑人生前面的路，然後接著換做點有意義的事，朝向比賽的終點跑去。

我的師父莫莉已經退休，搬到佛羅里達去，她讓我看到什麼叫高盛之道，我很感謝她。但，碰到像比特這種人更好，他和我有志一同，他夢想著有一天能做更有意義的事。

我新官上任擔任經理的前幾個月遭遇很大挑戰，但在比特協助之下（或者說，尤其是在他協助之下），一切順利。艾瑞克、克里斯和很多其他人都只做能留下來不得不做的最少量工作，我和比特不斷加班，推動業務。現在我是四分衛，場上有一個球隊，但只有我和比特在打。我傳球給他，他負責跑過場，盡一切可能達陣得分，其他球員則抱著雙臂站著，呆呆望著天空。我和比特打造了新科技、改善了工作流程，也培養出更強韌的客戶關係。比特現在不僅是我的員工，還是我的左右手兼密友。

有一晚，我們為了業務提案熬到很晚。「我有事想跟你說。」我開口。我們並肩坐著，檢視我電腦上的試算表。這件事我打從認識他第一天起我就想說了，但我又很擔心要在高盛的高牆內講這件事。我要先確定比特是正直忠實的人，過去幾個月來，他長時間在我左右，證明了這一點。我信任他，這也是我第一次覺得在工作上和別人分享我的價值觀與夢想是很安全的事，因為這些跟比特自己的很像。在這之前，我因為害怕被懲罰而不敢說，因為，在工作上，唯一重要的價值觀是麥克的價值觀。我的辦公桌上到處都是空的洋芋片袋子和汽水罐。「我也有一個離開高盛的夢想，」我透露，「我一直想當社工。」

他轉向我，臉上掛著開心的微笑。「這太棒了！」他宣告，「而且我一點都不訝異。且讓我們面對事實：我們都不是華爾街人。」

「絕對不是。」我同意。那時，我覺得和比特之間有一種隱形的連結，當中的黏著劑是我們的抱負。

「我們來個協定，」他建議，「我們先努力在這裡工作，存下最多錢，然後離職去做自己想做的事。」他伸出手，我微笑著握了握。然後他撿起他的低卡可樂，我拿起我的，「讓我們敬有一天能離開高盛重獲自由！」我們拿著汽水罐相碰時他說。

「對，」我說，「敬自由。」

這協定不是隨口說說，我們很認真。在接下來幾個星期，我們都各自製作了一張「財務自由試算表」，這是一份Excel文件，追蹤我們想達成的財務目標，比方說要存多少錢才能付清房貸和退休。我們希望有些實在的東西為我們的夢想做後盾，試算表展現了我們的努力，也顯示出進度。這成為一股動力，讓我們度過一天又一天。我很興奮有個可努力的目標，還有一個可以一起達成目標的夥伴。

幾個月之後，我的電話開始響個不停，但不是客戶找我，而是艾瑞克的妻子戴娜（Dana）。之前我只見過她一次，她先過來辦公室找艾瑞克，然後我們大家一起出去吃晚餐，那次我和她聊得很開心。

「潔美，我是戴娜，我需要你幫忙。」她說那是她第一次打電話過來，她的聲音都要哭了。我從辦公桌往艾瑞克的方向看，他正在和克里斯一起笑鬧。「怎麼了？」我問。我先確定我這支電話是專用的，因為我們辦公室裡用分機，線路是開放的，任何人隨時都可以插進別人的電話裡。

戴娜告訴我，艾瑞克和他一位客戶有婚外情，對方剛剛從大學畢業，任職於總部位在芝加哥的愛國者銀行（Patriot Bank）。我不意外，因為我早就聽到交易室裡的人說長道短。他們的關係是最差勁的保密範例，就連比特都說，去芝加哥出差時看到他們走進同一個旅館房間。雖然和客戶鬧緋聞違反公司政策，但除非我很確定真有其事，不然不適合上報給麥克。

「你要幫我，」她說，「我只能找你了。他一直否認，我需要證據。我覺得我要瘋了。」我聽到後面有寶寶在哭。戴娜和艾瑞克育有兩名幼子，我還聽說她之前流產，這讓我的心一緊。但我能做什麼？監視她的丈夫、我的員工嗎？我不想參與，但我不能掛掉一個正在哭泣的女子打來的電話，於是我聽她說，對她說我很遺憾。

後來她愈來愈常打電話來，一天要打好幾次，開始影響到我的工作。她聽起來愈來愈歇斯底里，講到後來變成不知所云。我很確定她喝醉了，我很擔心她和她的孩子。

一個星期之後，我再也無法應付這些干擾，於是我和麥克碰頭，跟他說整件事的始末。當我重述這件事時，我的臉脹紅了，好像我應該連坐也跟著羞愧。我對麥克說我可以應付艾瑞克，但我沒想到這裡面居然也包括他出軌的問題。我替戴娜難過，但我不想再看這些了，尤其是我才新官上任沒多久。麥克看著我，雙臂交抱，眼睛瞇了起來。「我不能開除他，」

他說，「但我可以叫他控制一下他太太。你可以把他調離那一家客戶，那就沒有利益衝突的問題了，但不要提到婚外情。」

應該要有人叫艾瑞克結束婚外情或開除他，但顯然並沒有。這種事應該提報給我們單位的人力資源部門，但我認為麥克不會這麼做。反之，麥克去跟艾瑞克講（或者說，我假設他有講），因為戴娜沒有再打電話來了，我鬆了一口氣，但還是擔心她和她的孩子。有天下午，市場收盤之後，我把艾瑞克拉進一間辦公室討論誰要負責哪一家客戶，並把他調離愛國者銀行。我已學到，在高盛，要在快下班時宣布壞消息，因為如果對方發火或是讓場面很難看，也沒有人會看到。

「我剛剛接手團隊，」我說，「我決定要換一下大家負責的客戶。」我不想明白說我只是針對艾瑞克和愛國者銀行，因此我把所有客戶都混在一起。我們在會議室裡比肩而坐，我逐一審視新的客戶清單，上面寫著讓他負責我們幾家最大的法人。對，他要調離愛國者銀行，但他會有另一家規模相似的客戶取而代之。

艾瑞克低頭看客戶清單，我看到他的下顎緊繃，他把清單揉一揉，朝我丟過來。逃或戰的反應啟動，我站起來，朝著門口走去，但他抓住我，把我釘在牆壁上，用手捏住我的下巴。「你他媽的以為你是誰？」他對著我的臉大吼，口水噴到我的鼻子和臉頰上。「如果可以的話，我要把你他媽的臉撕爛。」他的嘴唇上都是口水，還滴到他的下頦。我的心臟怦怦跳，我確定他也聽到了。他一直把我壓在牆邊，我的腳趾摩擦著地毯。血液衝出我的臉，我屏住呼吸；我想我要昏過去了。他的眼神狂野，好像要當場殺了我那樣。

保持冷靜，對他說他想聽的話，那他就會放你走，我心裡這麼想。我看著他，低低地說了幾句話，我的雙唇顫抖。

「好的，艾瑞克，我不明白你為什麼這麼生氣。」我冷靜地說，「我絕對會好好思考，想出另一個辦法。」

他眼睛睜的大大地看著我，臉上恢復了冷靜，就好像被麻醉槍射中一樣。他變成另一個完全不同的人，我好像是在演電影，聽到導演剛剛喊了「卡！」他把我放回地上，打開門，朝著電梯走去。

我回到我的座位上把東西收一收，心裡覺得幸好沒有別人在。我回家的路上身體一直在發抖，等我鑽進停在紐澤西市的車子，我打電話給丹恩，把事情來龍去脈說一遍時大哭了。

我跟丹恩長談此事，但我不知道下一步該怎麼走。高盛不喜歡「製造麻煩的人」，比方說興風作浪和搞出戲劇化場面的人。他們希望大家埋頭苦幹，替公司賺錢。此外，因為艾瑞克在高爾夫球界人面很廣，所有資深管理人員都與他為友，如果陷入各說各話的場面，我不覺得自己會贏。我已經跟麥克說過我可以應付艾瑞克，但我不確定處理這次攻擊事件算不算。我覺得很髒，艾瑞克種種骯髒行為污染了我。但即便如此，到頭來，我決定我還是要說些什麼。

隔天，我看著艾瑞克走進交易大廳。他走到他那一排座位時還是在笑、跟大家擊掌，彷佛什麼事都沒發生過。在此同時，我寫電子郵件給麥克要求會談時，手指在發抖。

「抱歉，潔美，」我跟他講完發生什麼事後他對我說，「公司裡有管道舉報這種行為。但請記住，我不會開除艾瑞克，所以，請想一想，如果你像人力資源部門舉報他之後要怎麼管他。」他的鼻孔撐得很大，他透過銀絲邊的眼鏡看著我。之後他向前傾，雙手撐在桌上。「我告訴你，我一定會讓他遠離愛國者銀行，那你不要舉報他，可以嗎？」聽到他講的話我的胃一緊，麥克的嘴唇又露出那種幾乎算不上微笑的微笑。他正在拿根本不應該妥協的事來跟我協商。我很驚訝，但有一部分的我卻一點都不意外。麥克把場面弄得我好像有選擇一樣，但我和他都知道，我沒得選。

我當下就想打給人力資源部，但我知道我不會打。這會終結我的事業，曝光艾瑞克和麥克的所作所為要付上很大的代價，不值得冒風險。我剛剛才升職，我也記得，你只能從高盛離一次。九一一恐怖攻擊之後我撐過了，我也可以撐過魔王艾瑞克。我吞下喉嚨裡一大團的噁心感。

「好。」我說。

艾瑞克這件事在之後的幾個星期逐漸平息，他看來也平靜接受失去愛國者銀行的事實。我們從來沒有講到那件事，我們之間的對話簡短又專業。就像出色的演員一樣，我們假裝從來沒發生過那件事。

幾個月之後又到發獎金日，現在我是經理人，我很急著要聽到我能領多少。我和麥克在他的辦公室碰頭。「潔美，」他說，「今年你的總薪酬提高百分之百，從五十萬美元變成一百萬。」

一陣冷颼颼的氣息向我襲來。我的薪酬加倍？他要付我一百萬美元？天殺的一百萬美元？我無語，就像剛剛贏得威力彩的感覺。我知道華爾街的人賺很多錢，但七位數字？我立定，我的嘴巴因為震驚而大開。麥克發出一個中氣十足的笑聲，樂見我表現出來的反應：就像鹿被車燈照到時一模一樣。「恭喜，潔美。」

我沒有太多時間整理好自己，因為我是經理，現在我得告訴我的屬下他們領多少獎金。由於我剛升經理，我並沒有參與得出目前金額的薪酬討論，這是第一次我看到他們決定的數字。麥克給了我一疊紙，團隊裡的每個人都有一張，上面寫著我要跟他們說的總薪酬。

我注意到團隊裡的男性和我之間的薪資並不平等。現在我是經理，我知道我是大家眼中的高績效人員，因為被拔擢的人是我。但，在我當上經理之前，克里斯這些人是我的同儕，去年他領走七十萬美元。當然，我有聽到流言說在高盛男性賺的比女性多，現在我看到白紙黑字的證據了。就算領這些薪水，就算最低薪的人用全世界的標準來看都很高，但薪資不均的狀況仍惹毛了我。

最後進來的人是艾瑞克，我拿起他那張紙。我看到他領的數字時眼睛瞪得很大，我唸出來時差點被自己嗆到了。

「艾瑞克，你今年的總薪酬提高百分之十一，」我說，「從九十萬美元提高到九十九萬九千九百九十九美元。」艾瑞克淺笑，點頭，很快地道謝，然後走出去，他的態度好像從星巴克（Starbucks）接過一杯拿鐵咖啡，而不是一張差一元就湊成一百萬美元的支票。麥克後來下班了，我獨坐在安靜的辦公室裡，一切都很清楚了。

我會說那天我領到一大筆錢，因為我把新團隊管的很好，簽下了很多新的借券單位，讓我們帳上的價差（spread）提高了百分之二十以上，發展出可以省時並提高團隊生產力的新工作流程，還優雅地處理了所有和艾瑞克有關的問題，但這些都不是我領到高薪的理由，真正的原因是他們想要付高薪給艾瑞克，此人和客戶有婚外情，還攻擊他那個領到百萬美元的主管。他們替我加薪只是為了配合他的薪資，多加一美元，是因為屬下領的錢不能比主管多。

這筆錢讓我很開心，也讓我很憤怒。我覺得，我的獎金只是一大筆的封口費，好讓高爾夫球手即便胡作非為也能保住工作。我不敢相信，一個人在週末時的休閒嗜好對於生計居然有這麼大的影響力。

—第八章—

討好上司成例行，主持實習憶往昔

我們不會每天在交易大廳裡分裂原子，但當我在高盛往上爬時，這也是我要會的技能。我每天早上六點進辦公室，搜尋新聞以預測避險基金接下來要瞄準哪一檔股票。之後，我的部屬和我會從借券客戶（他們會告訴我們手上有哪些股票可以出借）的持股裡去找，確認我們能借到必要的股票，接著我們媒合兩邊，把我們借來的股票借給避險基金，在每一筆交易中都賺一點（稱之為「價差」）。我們每一筆借券交易收取的手續費用不高，但借出借入的證券價值幾十億美元，加起來就很可觀了。我一整天都在做這些業務，只有在吃飯喝水和上洗手間時才會起來走動。除非出去見客，不然我們早餐午餐都在辦公桌上解決。市場收盤之後，我會打電話給我的營運團隊，確認所有交易都結清了，這是指，我們真的有收到客戶答應借我們的股票。在這之後，我要做一點準備工作以迎接明天。

晚上大部分時候我們會出去和客戶吃飯喝酒，因為和這些法人客戶維持良好的關係對我們的業務來說很重要。這些機構法人有時候會把股票給他們最愛的股票經紀人，但比較常見的是借給招待他們牛排晚餐和昂貴美酒的人。我們常說我們和客戶吃晚飯是「以牛換股」，因為招待他們美食美酒之後，隔天早上我們就會拿到股票，數量還超過我們想借的部分。我都半夜甚至更晚才到家，然後早上四點半起床，所有事情再重來一次。我原本以為我拿的薪水是因為我在證券帳上創造出來的價差，以及我和客戶培養出來的深厚關係，但現在我開始覺得，這些薪水大部分是補償我為了工作應付讓人疲憊的生活方式，以及辦公室裡一些莫名其妙的事，我說這是我的「高風險工作津貼」。某天早上，就在我們公布當年的獎金金額之後，麥克走進我們這個組裡，手裡拿著一籃香蕉。他開始分送，一人一根，臉上帶著甜膩的假笑。每個人從麥克手裡接過香蕉時都對他尷尬一笑，之後我們彼此交換了困惑的眼神。沒人敢問為何我們會收到這份禮物，但大家都知道這絕非什麼善舉。

麥克把最後一根香蕉拿給我，但他把香蕉握在手裡，看著我。「我只想提醒大家，」他說話的聲音很大，整個團隊都聽的到，「對我來說，你們全是猴子。各位都領過高的薪水，而我隨時可以把你們換掉。你們在我的世界裡占走了黃金地段，所以請你們要確定自己有努力掙得這個位置。請記住，我的期望會一天高過一天。不是高盛很幸運能請到你們，而是你們很幸運能進高盛，沒有我們，你們什麼都不是。」

然後他掃視整個團隊，大家都在他身邊立正站好，彷彿他是將軍而我們是步兵，隨時準備上戰場，就只差在我們手裡拿的是香蕉而不是步槍。

我們剛剛收到的獎金，是獎勵我們前一年的努力，憑據的是我們對公司獲利的貢獻度。麥克是決定我們拿多少的人，而過了一個星期之後的現在，他覺得我們拿太多錢了，整個場面就像是很糟糕的「買家悔恨」（buyer's remorse），付錢的人事後覺得給太多了。他希望我們都得到「冒牌者症候群」（imposter's syndrome），覺得自己不配。他之前透過獎金為我們打氣、認可我們的努力，現在他要盡力貶低我們、把我們踩下去，讓我們覺得領到獎金純粹是走狗屎運，和能力與成就無關。每個會計年度之始，我們在高盛的個人價值重設為零，要再度從一無所有開始。我們的個人銀行帳戶裡剛剛存入幾百萬美元，但麥克覺得我們一文不值，而且他希望我們知道這一點。不是高盛幸運請到我們，而是我們很幸運能進高盛。

在高盛，總會有人講到「文化傳承人」（culture carrier），這是指體現幾十年前高階主管辦公室精心擬訂企業原則的員工。這十四條原則很感性，聚焦在誠實、正直和團隊合作。這些企業文化特質，代表的是高盛本來應該要有的用人唯才。但，在麥克的世界裡，我們要先獲得他的肯定，要做到這一點，我們要體現的不是公司的文化，而是麥克的文化，兩者截然不同。我們要像他一樣思考、行事，我們必須追蹤他愛的運動隊伍，要喜歡喝波本，熱愛航海。我們每天都要第一個到、最後一個離開。就算我們本來可以回家享受天倫之樂，也必須弄得看起來很忙，沒日沒夜。整個部門的員工都要努力向麥克看齊，外表、講話、思考、行為都要像他，不這麼做的人就會變成邊緣人，沒有人會注意到他們的成績，因為根本沒人會注意到他們。

我活在恐懼當中，深怕自己沒有資格在交易室裡占有一席之地，我每天早上進辦公室時都很努力掙我的地位。即便我已經是經理，再加上我累積了這麼多資歷，但我覺得每天都像是決定我能不能留在高盛的面試。童話故事裡小孩會被催眠跟著吹笛手走，我也跟著麥克走；他不是以吹奏優美旋律當成武器，而是保證金錢、地位和成功。我開始接受麥克的某些價值觀，當我覺得有必要時，也一腳踩進他的文化池裡。我還不算太極端，我認識一個其他部門的女性，她買下一輛和部門合夥人（不是麥克，但也差不多了）同款的保時捷（Porsche），週末時就可以跟他一起去賽車。但我開始關注綠灣包裝工隊（Packers）季後賽的表現，也知道派比・范・溫克（Pappy Van Winkle）波本有多貴、多罕見。我很感謝丹恩小時候常常航海，他教會我相關的術語和細節，讓我和麥克聊天時可以講一點。我成為「露臉時間」女王，就算我可以早點回家，但我也要時時守在辦公桌旁，讓麥克看到我。

麥克監看每個人的動向。他就像哨兵，一大早和晚上都在辦公室裡走來走去，看看每個人在哪裡。有時天候險惡，尤其下暴風雪時，就是麥克的田野調查日。他會在門口站衛兵，如果有人因為火車誤點或交通大打結而遲到，他們第一個看到的人就會是他。「早安，雪花。」他會大喊，然後開始拍手，辦公室裡的其他人也會跟著起立鼓掌。我站起來拍手時，對於剛進門的可憐蟲真是感到萬分抱歉，但也非常慶幸還好不是我。

而我最明顯的改變，是成為落實麥克文化的執行者。我確保大家都知道他訂的規矩，不管那在我眼中有多愚蠢。我的部屬尼克（Nick）開始在下午四點市場收盤後準時走人，因為他要去看小孩。他剛剛才離婚，沒有拿到主監護權，因此他想要盡可能多見見他們。當時是績效評鑑期，是我們每年評估專業表現的時候，評估結果會影響獎金。我很擔心，不希望他因為提早走而影響考評結果、從而影響薪酬。

「麥克注意到你早走了，」我站在辦公桌旁對他說。收盤鐘剛打，他就把電腦關掉了。「你需要多多露臉，事關你的獎金。」

他看著我，噘起嘴，鼻孔大張。我痛恨成為麥克的信差。尼克是我組裡生產力最高的員工之一，避險基金和機構法人客戶都愛他，我對他的任何交易從來都沒有意見，他拿到的價差也很大。我不在乎他幾時離開，但這不重要，因為麥克在乎。

「事關我的小孩，」他說，「我才不管獎金。」他站起來，把椅子推回去，力道大到撞到後面的辦公桌，他就這樣走了。我對他感到失望，就好像我任憑一個喝醉的人爬進車裡開車回家。他會出嚴重車禍，但我阻止不了。

幾個星期之後，麥克把我叫進辦公室一起檢視獎金。他交給我一張列有每個人總薪酬的試算表。

「尼克的獎金我不同意，」我說，「太超過了。他的加薪幅度應該像其他人一樣。」尼克被減薪百分之二十，我組裡的其他人都加薪百分之十。去年我們事業興隆，每一位交易員名下都有他們的獲利能力表現：他們創造出來的平均價差，這是我們為了借來股票支付的手續費與我們借券給避險基金時收取的手續費之差，尼克的價差在整個辦公室裡最高，所以說，他是對我們的獲利貢獻最大的人。

「他是兼職員工，」麥克反駁，「等他開始做全職，我會付給他全職薪水。就算是這個金額，他也拿太多了，他還能去哪裡？」他看著我，等我回話，我只是瞪著他。「那裡都不去，他哪裡都不會去。」他答，「沒了高盛，他什麼都不是。」

我看著試算表上尼克那一欄，想著。身為經理，我應該捍衛自己的同仁，替他們戰鬥。我們之間只有一片沉默。

「那麼，你現在是想要為了這件事和我抗爭嗎？」麥克直接了當地問道。他從他的銀絲邊眼鏡上方盯著我，他的眼睛因為怒氣而撐開了，瞪著我。我不會去打一場不可能會贏的仗，畢竟，決定我的獎金的人也是他。我開始反胃。

「沒有，」我承認，「我不會。」

尼克發現自己領多少錢那天，事情不太順利。我告訴他獎金數字之後，他走了出去，大力甩門，辦公室每個人都聽到了。即便做決定的是麥克，大權獨攬的也是他，但尼克只怪我。我不過是信差，但這也不重要了。幾個星期後，麥克把我叫進辦公室，想要知道尼克的反應。

「他沒事，」我說，「但他對薪酬金額還是不太高興。」

「但，潔美，難道你沒看出來嗎？」他說，「尼克沒有離職。就算他覺得他少領了，他還是在這裡，這表示我們付給他的錢還多了，就像我之前跟你講的，他已經是我們的人了。我們把他的薪酬省起來，這些錢可以分給別人，比方說比特，比方說你。」我覺得很噁心。對，我很享受這份工作的財務報酬，但我不喜歡工作對我這個人造成的影響。如果麥克擁有尼克，那他也擁有我，因為我也覺得我走不了。我當然希望我和比特能領到大筆獎金，但我希望那是我們賺來的獎金。我不願看到這變成一場零和遊戲，我們能贏，是因為尼克輸了。但對麥克來說，這一切就是一場大型賽局，我們都是他棋盤上的旗子，他很樂於拿我們彼此較量，玩弄我們的生活和生計。

◇◇◇◇◇◇◇◇◇◇◇◇◇◇

隔年春天，麥克把我叫進他辦公室。「人力資源部要我提名一位奮發有為的副總，負責管理暑期實習方案。」他說，「我選你。不要讓我後悔，懂嗎？你代表我，要讓我看起來很稱頭。」

我笑開了。雖然我已經是副總，但那也沒什麼了不起；如果你在高盛工作六年或以上，就會得到這個職銜。高盛有成千上萬的副總裁，對多數高盛人來說，就只能做個萬年副總裁了。能再爬上去成為常務董事的人極少，僅約百分之八。本次獲得提名是一個信號，代表我是被考慮的人選，有一天能擔任這個職務；這也是我證明自己的機會。

「我不會讓你失望的。」我說。

方案開始當天，我在我第一天報到的大會議室裡對兩百名充滿希望的大學生發表開幕演講。我掃視這一群人，他們看來熱情洋溢，穿著新的套裝、閃亮的皮鞋，眼睛睜的大大的，笑容燦爛。他們聽進我講的每一個字，就好像我講的是可以幫他們在華爾街創下一番事業的必要通關密碼。我忍不住為自己感到驕傲。我覺得自己很棒，我覺得自己是別人的角色典範。

我想到湯姆・懷特，這個聲音宏亮的高大男子，在我還是儲備人員時把我嚇得半死。有點讓我意外的是，我竟然把他的某些花招用在實習人員身上。我對自己說，我這麼做是為他們好，我的責任是向他們灌輸高盛拚個你死我活的殘酷割喉文化，不然他們要怎麼活下來？我發現我甚至還蠻喜歡這麼做的。我走進門後反手把門鎖起來，我看到他們眼中的恐懼時還蠻有快感的。我收到他們請部門合夥人簽過字的道歉函，心裡沒有一絲同情。幾個不知道英鎊兌美元匯率是多少的實習生被我踢出開放討論會時哭了，我完全無感。

每天晚上我們都會出去參加社交聯誼，在這之前，我會先和一些實習生一對一會談，針對他們的表現給點回饋並提供建議，幫助他們在公司裡謀得一職。

「可轉債部門對你讚譽有加，」我聽到自己對一名從史丹佛大學過來的實習生派蒂（Patty）說，「但你不能擦這種指甲油。這裡是高盛，不是夜店。」當我的聲音傳到她耳裡，她滿臉通紅，趕快把放在桌子上的手收到膝上。雖然我壓力大到胃已經揪成一團，但我看到她垂頭喪氣，我還是稍微努力把身體坐直了一點。

我還是有腦的人，我很清楚她擦什麼顏色的指甲油和她的智慧、或是她有沒有能力在高盛功成名就，一點關係都沒有。湯姆・懷特的爛把戲無益無用，那我為什麼還要有樣學樣？

整個方案期間，我都對自己的所作所為感到噁心，但也為自己辯護。我非常痛恨自己這麼做，但我認為，這一切都是為了實習生好；少了這些恨鐵不成鋼的愛，他們在高盛絕對活不下去。在遊戲場裡總是被霸凌的孩子最後也成為霸凌者，我也成為高盛施暴循環中的一分子了。還有，事實是，在開放討論會上改站到另一邊、也就是大權在握的這一邊，真是很棒的事。

麥克要我每天針對實習課程做簡報，尤其是那些最犀利、最聰明孩子的進度，這樣我們的部門就可以搶先聘用他們。我像是育苗人，而他想要萬中選一的人。

「我真心喜歡米德柏立學院（Middlebury）的譚美（Tammy），」我說，「雖然她並不是非常了解商業，但她極為聰明，而且潛力無窮。我和她合作過很多次。」我們坐在他的會議桌旁，我給實習生排序的表格就在我們眼前。麥克丟了一份他排的順序給我。「德蕾莎修女的廢話就省省吧，」他說，「這是一個人吃人的世界，你不吃人，就會被吃掉。不要為了幫她活下來做太多事，不然她就會一直需要人幫忙。我們在聘用新人之前，要先把最弱的淘汰掉。」

我咯咯笑了，現在我又變成德蕾莎修女了；好吧，與潔美修女相比之下，至少升級了。譚美是很出色的人選，她常常讓我想起自己。她剛來時對華爾街一無所知，但她讀了每一本我推薦的書，用很快的速度追上了。我想聘她加入我的團隊，但我不確定我是不是有顧到她的最佳利益。當然，我認為她在高盛會成功，但我也在想，我是不是只是想要另一個跟我很像的人，想找個同伴來分擔我的苦難。

我認為譚美和過去的我一樣天真，一進來就跟著我的腳步，但她又比我認為的更加世故。實習方案的最後一天，她過來我的位置上道別。「今年夏天我從你身上學到好多，」她說，「我真的萬分感激你的支持。」

我笑的開懷，一點都不想收斂，因為她下星期就會拿到我們發的就職通知了。我很想告訴她這件事，但我不能說，說了就違反公司規定。

「但我學到最重要的一課，」她繼續說，「就是華爾街不適合我。我要去申請讀法學院。」

我一臉驚訝，她解釋：「這是因為我明白了我對金融沒有熱情，我在這裡這段期間，覺得自己好像是一顆硬被釘入方孔中的圓頭釘那般格格不入。」一旁邊到處都有電話在響，我聽見傑瑞、維多和艾瑞克對著彼此丟泡棉橄欖球並爆出大笑。我能做的，也只有點頭，並給她一個緊緊的擁抱。我為譚美感到開心，但我因為忌妒而覺得胃好痛，譚美很明智，現在就學到這一課，完全不會太遲。

第九章

次貸風暴危機現，金融產業淪標靶

我和丹恩想生小孩，但，現在身為經理壓力太大，我很怕會再度流產。我也知道升遷期快到了，我有可能成為候選人，晉升為常務董事。我想起麥克盯著我的腹部看、警告我「不要分心」的事，我無力承受任何會讓我無法做好工作的併發症。我想懷孕，生個健健康康的寶寶，但我沒有時間做別的事。我和丹恩跟我的婦產科醫師約診，討論有哪些選項。

「我們怎麼做才能防止再流產一次？」我詢問我最近剛開始看的婦產科卓珂（Drake）醫師。我們坐在她的辦公室裡，她手上拿著我們的生理狀態圖表，看著我，厚重的黑框眼鏡框住了她的棕色眼睛。

「健康的卵子和健康的精子結合可以懷個健康寶寶，」她說，「但也沒有一定。如果你做試管嬰兒，我們可以確保卵子確實受精。」

我聽過很多試管嬰兒、注射、手術、驗血以及費用的事。就我聽來，在實驗室裡而非床上做一個寶寶出來，是很冷酷而且也不太自然的事，但如果這樣可以讓我免於流產，這就是可同時讓我保有事業與健全身心的必要條件。後來我才發現，高盛也希望我這樣做。我的凱迪拉克等級保單支付八輪的試管嬰兒相關費用，完全免費，無自負額。醫院裡管財務的人說，她從來沒有看過這麼慷慨的保單。顯然，這是高盛的快速為人母之道；在這方面，高盛的作法跟做業務一樣，效率極高。

看起來，試管嬰兒對我們來說是想都不用想的好選擇：我們可以根據我的職涯規劃來設定孩子報到的時間、降低流產的風險，而且還不用花半毛錢。這家診所甚至早上五點鐘就開門了，我可以把所有該做的掃描和療程都做完，還一分鐘不差地進辦公室。

我們第一輪就懷上了，是雙胞胎。

我好愛成為孕婦，經過一次又一次的約診之後，當醫師向我們報告好消息時，我簡直不敢相信。從我小時候就經歷了這麼多辛苦掙扎的身體，也能留住兩個正在長大的人兒，我鬆了一口氣，滿懷感恩。

雖然我懷孕很順利，但可惜的是，市場並不然。

二〇〇八年一開年就很辛苦，失業率節節上升。到了三月，聯準會（Fed）出手干預，拯救我們的對手之一貝爾斯登（Bear Stearns）。貝爾斯登的不動產抵押貸款證券（mortgage-backed security）和其他有毒資產的曝險部位太高，資產的價值正在大跌。雪上加霜的是，該銀行還用槓桿操作買進資產；所謂槓桿，就是借錢的花式講法。但市場到了五月之前已經反彈，我們都鬆了一口氣。

接著，到了夏天，房利美（Fannie Mae）和房地美（Freddie Mac）的股票開始跌。他們的主要業務是住宅貸款，房價開始大跌，他們也沒其他收入來源。他們的房貸業務虧損近五百億美元，必須動用儲備資本，而這口井也開始乾了。美國政府憂心房市崩盤，於是接管房利美和房地美，交由新成立的聯邦住宅融資管理局（Federal Housing Finance Agency）監管。道瓊工業指數持續下跌，所有人都緊盯著市場。

有一天早上我在辦公時，聽到「希太，現在來我辦公室！」麥克站在他的辦公室門口，他的臉成緋紅色，龐大的身形擋住了整個門口。我睜大雙眼，快速瞄了一下比特。我懷孕五個月，但因為懷的是雙胞胎，我看起來像是快足月，我自己也這麼覺得。夾在懷雙胞胎的高風險與市場風險之間，我覺得自己快要瘋了。

「放輕鬆。」比特用嘴形安慰我。我抓起筆記本和筆，搖搖擺擺走進麥克的辦公室。

麥克背對著我，盯著ＣＮＢＣ有線頻道和他的彭博社（Bloomberg）畫面，一次又一次揉著太陽穴。

「我收到和流動性有關的消息，」他說，「我們要加總一些項目，而且要快。」全世界的金融體系都像房利美和房地美一樣，急需流動資金，也就是老派但實在的現金。由於房貸相關的投資組合價值不斷下滑，投資銀行界也很擔心自家的資金。雖然我們的生財之道是借來證券給避險基金放空，但我們也會出借帳上持有的證券，這是我們各家客戶持有的多頭部位。我們把證券借出去時，會收到現金當作擔保。公司需要取得現金，這就要靠我的團隊出借大量證券給券商，換一點現金回來。

「好，麥克，我們會去算。」我說。我走出他的辦公室，肩膀很沉重。麥克仰賴我的團隊，而且，看起來，整家公司都靠我的團隊。我回到座位時整組人都瞪大眼睛看我，他們在等消息，並等我指示。這是很重要的時候，挑戰很艱鉅，但我發現，有一部分的我還蠻沉醉於其中。我有點像是士官長，即將領著部隊前往戰場，我說明了我們的策略，並把各種不同的角色指派給每一個人。接著我們就上工了，打電話給所有機構客戶，接下來幾天，我們整理好大量的證券出借，收到我們急需的現金擔保。

但是，這項任務不是等我們把交易登入帳面就結束了。現在我們得透過按市值計價法（mark to market）來維持這些合約。按市值計價法是一種決定出借品價值與計算收到擔保品價值的方法。借券交易一完成，我們就會根據股票當天的價格收到現金擔保，如果我們出借的股票價值二十美元，就會收到約二十美元的現金。但股價會波動，隨著各檔證券每天價格上上下下，我們的借券交易就會需要多收一點或退回一點現金擔保。那年夏天股市大震盪，股價大起大落，我們要一直維持借券交易，以確保每天都有必要的現金。我開始在早上四點十五就出門，直接開車到紐約市，五點就進辦公室，通常一直要等到晚餐時間都過了很久才下班。

「潔美，這樣對寶寶不好。」有一天早上，鬧鐘響了之後丹恩這樣說。我還躺在床上，很辛苦地對抗地心引力跟疲憊，想辦法起身。我知道他說的對，但我別無選擇，我要有表現。這是華爾街幾十年來都沒有過的情況，危機期間是我脫穎而出的機會。麥克要靠我。失敗的話或許會讓我賠上事業，但我也擔心，萬一我的一切努力都成功了，可能會害我賠上胎兒。我推著自己下床。

「丹恩，我知道。」我重重地嘆了一口氣，「我知道。」

九月中，雷曼兄弟銀行（Lehman Brothers）宣告破產。隔天，聯準會出手拯救金融鉅子AIG（American International Group）。在接下來幾個星期，多數企業安頓隔夜現金的貨幣市場基金蒸發了將近兩千億美元。

我們活在恐懼中，害怕高盛是下一個。我的團隊做好自己的份內事，我能掌控的也只有這些了。這幾個星期以來，我都緊盯著身在玻璃牆面辦公室裡的合夥人，判讀他們的肢體語言。當他們微笑或大笑時，我會在心裡暗自祈禱感謝。

高盛終究撐過了這可怕的一年，但遺憾的是，很多同事都撐不過。一直到秋天，麥克不斷地把我和其他經理叫進辦公室。我們圍坐在橢圓形的胡桃木會議桌旁，每個人看著他時大氣都不敢吭一聲。

「公司要精簡成本，」他說，「所以，請迎接第一輪的裁員行動。」

他給每人一份報告，在我們這個兩百人部門中挑出二十個，上面有他們的薪資以及最後一次的考核分數。「這些本部門表現最差的員工，」他說，「我們要從中挑出第一輪的四個名額。」

就像號稱「瘋狂三月」（March Madness）全美大學籃球聯賽排名表一樣，這些人也被並列、分析，唯一的差別就是最後那四個人不會去打全國冠軍賽，他們會被開除。第一個討論的人是凱爾（Kyle），他也剛好是我們這裡少數幾個黑人之一。

「嗯，我們不能動他。」麥克聳聳肩，「因為他的身分。」講到這裡時，他在空中比了個引號。

「有趣的是，」避險基金團隊的經理傑克（Jack）說，「這傢伙是個Oreo餅乾呢！」（譯

註：Oreo餅乾意指外表是黑人、內在是白人）我積極主動參與招募新人事務，我很清楚公司會從歷史上以黑人為多的大專院校找新員工。聘用黑人、原住民和有色人種，尤其是在基層，向來是高階主管的優先考量。事實上，在我離職之後，二〇一九年時高盛訂下目標，聘用的新人中要有百分之二十五的黑人與西班牙裔／拉丁裔。回首過去，我在高盛任職二十年，真正密切合作的黑人、原住民或有色人種同仁，用一隻手就能數完。就算公司聘用的員工背景很多元，高層也不會真的留任這些人；然而，以這種環境來說，我一點都不訝異。

以性別性向多元（LGBTQ+）社群來說也是一樣，差別在於公司並未在二〇一九時訂下量化目標，反之，他們的說法是公司「正在探索新方法以提高代表性」。身為經理的我，也簽署協定要成為公司的「盟友」，我也收到一張可以放在辦公桌上的桌上型立牌，以彰顯我對這些政策的支持。但，從我拿到立牌的第一天起，就有人開始耍弄它，會被翻倒在一邊、會被藏在我的電腦後面、會被丟進我的辦公桌抽屜裡……任何不用偷走卻能讓它消失的方法都有人試過。我沒證據，但我想是傑瑞和維多幹的好事。我拿到立牌幾天後，公司要求所有員工都要參加性別性向多元敏感度訓練。我去參加培訓課程時，這對哥倆好走在我前面，兩個人拿同性戀開玩笑講個不停，從頭到尾還搭配抹黑同性戀的用語。這些年，從來沒有任何一個性別性向多元的人來找過我。辦公室裡有可能有人或有很多人都是同性戀，但沒有任何人正式出櫃。這些心胸狹窄、食古不化的同事，讓他們噤聲不語。

討論該裁掉誰的會議繼續，我們減縮清單，最後在班恩（Ben）和喬瑟琳（Jocelyn）兩人之間爭論不下。班恩三十五、六歲，是有兩個孩子的萬年副總裁，在布萊恩手下工作。喬瑟琳是新進助理，單身，二十五、六歲，是我的屬下。從數字來看，班恩的考核分數比喬瑟琳低太多了，但喬瑟琳的薪資比班恩低很多。就我來看，這是很明確的決定。寶寶很用力擠壓到我的膀胱，我以為我尿失禁了。

「我認為該走的人是班恩。」我說。

詹姆士（James）搖搖頭，「要走的是喬瑟琳。」他駁斥，「班恩的太太是家庭主婦，還有兩個小孩，喬瑟琳單身，不用養誰。」

我瞪大眼睛，嘴巴開開。高盛向來打著用人唯才的旗號，員工的成敗完全取決於能力，而無關乎他們的婚姻狀況和是不是為人父母。我的眼神掃過整個會議室，除了我之外全都是男的，他們面無表情，全都看著麥克。

「你是對的，詹姆士。」麥克同意地點點頭，「我們不能開除有家要養的男人，喬瑟琳該走。謝謝各位。」就這樣，他從會議桌旁站了起來，走了出去，每個人都跟在他後面，匆匆回到自己的座位。我很需要去上廁所，但我起不來，也不理解剛剛發生了什麼事。我生自己的氣，因為我沒有更奮勇抵抗，但顯而易見的是，麥克想要做什麼就會去做。我回想起尼克的薪酬事件，不管我為了這件事多努力挺身對抗麥克，都無關緊要，當麥克心意已決，就不會動搖。雖然我可以提出我的疑慮，但他也不會改變。要說挑戰他會怎麼樣的話，那就是他會火大，然後把我當成下一個目標。我想要和他保持良好的關係以保住自己的飯碗，所以，就算我痛恨自己的態度，我也閉緊嘴巴。

我在想，如果喬瑟琳有小孩要養的話，她會得到什麼樣的待遇，但我知道答案。雖說公司裡大約有一半的新進員工都是女性，而且公司有意提拔女性，但到了二〇二〇年時，常務董事裡只有百分之二十五是女性，合夥人裡則只有百分之十八。無怪乎高盛的久任女性員工這麼少，就我來看，公司總是保護男性。當我走進洗手間，看到喬瑟琳站在洗手台旁，我們互相微笑，稍微聊了一下。當我想到另一項現實時，懷孕而引發的火燒心又發作了：我是要裁掉她的那個人。

一個星期之後，我們開始裁員。離職會談都在辦公室後方的會議室裡進行，遠離交易室，就在電梯旁邊。這是絕佳的地點，萬一會談以歇斯底里告終，也能保有完全的隱私；而此地距離電梯很近，警衛可以快速請被裁的人離開這棟大樓。

我辦公室上的電話響起。「換你了。」麥克說。他人在會議室，要我把喬瑟琳帶過去，裁員最難保密，每個人當天早上都忐忑不安。我掛掉電話，瞥一眼喬瑟琳，她瞪著電腦螢幕，看著新聞。每個人都在看著我，我像是會走路的颶風。我走到她的座位旁，拍兩次她的肩膀，她的頭往胸口的方向下垂。這個無須說出口的信號，當天只代表了一件事。她抬頭看我，眼裡已經蓄滿眼淚。

「喬瑟琳，我很抱歉，」我說，「但我們得一起走一走。」從交易大廳到會議室這條長長的走廊被暱稱為「綠色通道」（Green Mile），取自一九九〇年代的一部電影，裡面監獄執行死刑時犯人走的路就叫這個名字。我和喬瑟琳一起走，她強忍著不哭，「我實在不懂這個地方。」她說。我不發一語，我什麼都懂，但我不能和她分享。

接下來幾個月，公司裡又進行好幾輪的裁員行動。員工前一分鐘還在座位上，下一分鐘麥克的助理就幫他們打包好私人物品，裝進儲物箱裡。幾個月以來，我想到外婆的一句智慧之語。「有兩種方法可以讓你有錢，」她說過，「你可以省錢，你也可以賺錢。」高盛在這些艱難的時候，公司靠的是裁員來省錢。現在也該多賺點錢了。

在我們讓避險基金可以放空之後，我的工作是要讓他們繼續放空。這表示，我們要一直去借避險基金想要放空的股票。避險基金會支付手續費給我們作為回報，費用以交易市值的某個百分比來計算。愈是難找的股票，手續費就愈高昂，客戶願意支付高額費用（上看市值的百分之百）。做空的手續費並非公開市場，你不能像查股價一樣，去交易所查手續費。券商在初始交易時報出手續費，但他們可能每天都會改價。

我必須隨時監看我們向避險基金收取的手續費，有必要時做調整。麥克會涉入的，都是市值最高的放空股票，因為手續費稍有變動，就會大大影響我們的獲利。

「這些再拉高兩百個基點。」有一天下午他在檢視放空報表，上面列出了避險公司最大的放空部位，看過之後他做出了指示。他用紅筆圈出幾檔證券，把報告丟回給我。當中有很多股票我們收取的手續費已經達兩位數，比方說百分之二十、百分之三十，他還想要再提高百分之二。

「但我們才剛剛調高手續費。」我說。我知道他的要求合法，但我認為太過分了。我們已經從這些股票賺得高額價差，而且前一天才調過費用。我們不是唯一一家收取高額手續費的券商，整個華爾街都這樣。這是做生意的成本，但隨意抬價感覺不太對。避險基金都卡住了，他們唯一的選項是出脫部位，不要再做空了；但對其中很多公司來說，他們從交易賺得的錢不夠，因此只好維持空頭部位。我覺得我們是在占形勢的便宜，市場經歷了艱辛的一年，我們有壓力要多賺點錢，而避險基金完全無力對抗我們的定價措施。

「是啦，我知道我們剛調過，」麥克說，「但客戶還能去哪？」他笑開了，紅通通的兩頻看來像是兩顆成熟的蘋果。我們的避險基金客戶一直以來都在抱怨放空的手續費，但麥克知道他們在別的地方找不到這些股票。

「他們哪兒也去不了，」我同意，「他們走不了。」他們在別的地方找不到股票放空，因此，他們別無選擇，只能留在我們這裡並支付手續費。我低頭盯著報表時覺得胃下垂。我想起尼克，當麥克砍他的薪水時，他並沒有離職。尼克卡在這裡，我也是。即便有一部分的我知道此地對我而言是一個有毒的所在，我真心覺得自己不能離開。我和高盛世界緊緊糾纏在一起，連我的身分認同都和高盛綁在一起。我接電話時會說：「高盛您好，我是潔美。」客戶認識的我是「高盛潔美」，彷彿高盛是我的姓氏，麥克是我老爸，我任職於家族事業，沒有離職這種事。就在此刻，我體會到，雖然理由不同，但我和這些避險基金有很多共同之處。

另一方面，很多借我證券的機構法人客戶市場敏銳度並不高，通常他們都不知道自己手上的股票多特別，有多少人急切地想借。這些客戶很多都不知道自己可以調高把股票借給我們時收取的費用，就像我們借股票給避險基金時所做的那樣。我和一些比較小型的客戶培養出絕佳的關係，他們指望我告訴他們高盛借股票時支付的手續費合不合理。畢竟，這些股票屬於退休金基金和共同基金，市場一片混亂時，他們會很高興有更多機會替客戶多賺點錢。

「別想告訴客戶他們的股票多寶貴。」麥克有一天這樣對我說。在這之前，我剛跟他說，當天早上我在一家小型借券戶的庫存中找到一批很難找的股票。「如果他們笨到不知道借股票給我們要收多少錢，那是他們的問題。」最後我借到了這些股票，支付的費用低於我覺得應該付的金額。這些讓我覺得很可恥的伎倆，害我的孕期火燒心症狀變得更嚴重。

國會通過《二〇〇八年穩定經濟緊急應變法案》（Emergency Economic Stabilization Act of 2008）、也就是一般說的《二〇〇八年銀行紓困法案》（Bank Bailout of 2008）之後，金融業的名聲跌落谷底。二〇〇八年以伯尼・馬多夫（Bernie Madoff）的醜聞案劃下句點，這讓世人更嫌惡華爾街。全美各地抗議聲起，有些人直接來到高盛的大門口。過了幾年之後，這些抗議行動變成了「占領華爾街」（Occupy Wall Street）運動。

有一天，市場收盤後我和比特一起出去喝杯咖啡，第一次和抗議人士正面交鋒。他們大喊「高盛爛透了」，一邊把手寫的標語推到我們眼前，上面寫著「你們被紓困，我們被出賣！」（YOU GOT BAILED OUT, WE GOT SOLD OUT!）以及「撒旦控制了華爾街」（SATAN CONTROLS WALL STREET）。我們完全不回應，一直走到對街。

「我痛恨我的身分包裹在高盛的名下。」我們在等咖啡時他說，「現在大家用不同的眼光看我。他們知道我在高盛工作後就做出了奇怪的假設，我根本和那些胡搞的人完全無關。」

我成為某家俱樂部的會員，但我一點都不信服這裡的價值觀。然而，這裡給的薪水太好，現時全世界分崩離析，人們流離失所，破產到一文不名，我完全沒有辦法離開這裡。」

但我們有很多同事誇耀自己跟華爾街之間關係匪淺，就有一個人在萬聖節時打扮成牛奶盒上面寫著「百分之一」，趾高氣揚走過號稱占「百分之九十九」的抗議人士，抬頭挺胸，下巴抬的高高的。我希望有人在他進來的路上痛毆他，但是他毫髮無傷地走進座位。感謝老天，人力資源部門還有人很清醒，要他回家去換裝，但他已經在交易大廳這邊獲得眾人起立鼓掌。

我很困惑，我覺得我和抗議人士之間還比較親近，勝過對我的同事們。我不捍衛金融業，我帶著極大的懷疑來看這一行，有時甚至很嫌惡，但，我是其中的一分子。而隨著金融世界正在崩潰、失業率節節攀高，以及很多房屋遭到法拍沒收，我充滿著憂慮。看著他們付給我的薪水和我肚子裡要靠我養的寶寶，我非常害怕，不敢離開。

第十章

工作育兒難兩全，升董事遺憾未果

我們的雙胞胎艾比和貝絲足月出生，健健康康。我有好幾個月都在讀懷雙胞胎要注意的事項和所有相關風險，我真不敢相信我居然沒有併發症，他們也不用進新生兒加護病房，真是讓我太感恩了。

在最初的幾個星期，我對於我和丹恩創造出來的小生命感到萬分驚奇。他們這麼小，好像我小時候玩的洋娃娃，手指和腳趾都好纖細。我發現自己可以抱著他們，花上好幾個小時就這樣看著，但我也擔心會不會我沒注意到的什麼事出了錯。我讀到的資訊說雙胞胎常會出問題，發展也比較慢，有時候差別非常細微，一開始不會有人注意。我就像老鷹一樣銳利地看著他們，把他們的睡眠模式、大小便和喝了多少母奶繪製成圖表。

「潔美，」丹恩說，「親愛的，寶寶很好，正常的不得了，你要放輕鬆。」他當場逮到我用手指上上下下摸艾比的脊椎看看有沒有彎曲。我根本不確定年紀這麼小有沒有辦法偵測出脊椎側彎，我只想要預作準備，不要像我爸媽過去那樣被壓垮。

十二歲時，醫生就告訴我們如果要保我性命的話，就要動脊椎手術。我們要從德拉瓦的醫院返回紐澤西時，我爸開車，我媽一直在看她拿到的醫囑。

「親愛的，你戴上耳機吧，」我媽說，「那會讓你忘掉這一切。」我坐在後座，椅子聞起來像是我爸的香菸加上冬青樹空氣芳香劑的味道。我戴上耳機，但沒有按下播放鍵，反而是往前傾，想聽聽我爸媽說什麼。

「沒事的，湯尼（Tony），」我媽說，「我們有點保險。」我盯著爸爸的後腦，他的脖子曬傷了，上面有一些亮亮的紅色區塊。「我知道，安姬（Angie），」爸爸說，「但這只是開始，光是自付額就好幾千美元，之後我們還需要請假陪她動手術和復原，到時候我們沒有收入，還得外食並付旅館費用。動完手術之後她要做物理治療，花錢花個沒完沒了。除此之外，還有湯尼和珍妮的大學學費。」

我蜷曲成一顆球，嗅著已經滲進絨製椅墊的煙味。「請記住，這是脊椎手術，」我爸補充，「跟割掉扁桃腺不一樣。」

我父母不僅懷抱美國夢，他們就是美國夢的具體實現。他們靠自己念完大學，努力工作，帶著整個家族脫離他們一出生就面對的貧窮。之後，由於壞ＤＮＡ的隨機分布，我的脊椎側彎，讓他們很可能失去一切。我俯視艾比和貝絲，如今我更懂爸媽犧牲了什麼，以及為什麼要這麼做。寶寶好脆弱、好依賴別人，也好信任這個世界。我會竭盡所能地保護他們、養育他們、照顧他們，包括吞下一切痛苦繼續留在高盛。

我和丹恩檢視我們的「財務自由試算表」，雖然我們存了很多錢，但我還是怕不夠。我自己在表上加了很多要存的項目，使得最後的總目標值更高。我很害怕結束這場高盛競賽，因此一再把終點線往後挪。多年來，我一直聽到別人說進高盛是一輩子只有一次的機會、我再也賺不到這麼多錢、我只能從高盛離職一次、沒有高盛的名號我什麼都不是。我已經接受這些說法，喪失了出走的能力，擔心前腳剛踏出去就後悔了。我要養這兩個女兒，新的家庭責任也鞭策著我，我的興趣與夢想擺在女兒的後面。

我可以休四個月的家庭照護假，但這當中我大部分日子都有和麥克通電話。公司的政策是，工作不應該「插入」育兒時間，根本就是假話。我女兒出生也沒有擋下金融危機，因此我登入系統處理工作、參加視訊會議，每天都和比特聊一下業務。我覺得，如果我想保住自己的工作和地位，必須這麼做。其他女性也是這樣。我想到有一名女性員工分娩當下還接到公司來電，另一位生完好幾個星期之後感受到壓力返回工作崗位，她剖腹產的傷口才剛剛癒合。她們不想做，但覺得自己不得不，因此對經理說沒問題。還有麥克，他因為尼克每天早一個小時離開就把他視為兼職員工，並扣他的薪水，我這一年有三分之一的時間都不在辦公室，他會怎麼想我？

我準備重新回去上班時，最重要的事就是托育我的女兒。丹恩剛剛才開始創辦自己的資訊公司，無法照顧他們，我媽媽剛剛退休，我們拜託她來照顧孩子。我當然有付錢給她，我賺的錢夠請保母，已經退休的她也需要多賺點錢。此外，從前，外婆是我的全世界，我媽工作時是她來照顧我，我媽來照顧我女兒感覺上是最自然、也最適合不過的事了。雖然我不想離開女兒，但我很高興能把她們安全地交託在她手裡。

接著考量的是餵母乳的問題。我從第一天就知道自己想餵母乳。高盛有哺乳室，占地一整層樓，有醫院等級的擠乳器、私人置物櫃、全套廚房用品，以及二十四小時提供服務的哺乳顧問。我會想念兩個女兒，只要我去擠乳，我知道我會感受到和她們心心相連。

我復工之前幾天，麥克打電話來。「人力資源部通知我說你登記要使用哺乳室。這會有問題。」他說，「你難道不想成為常務董事了嗎？你要在辦公桌旁努力工作，而不是擠乳。」我坐在我家起居室的扶手椅上，兩個孩子在我旁邊的雙人旅行用嬰兒床上睡著了。我的四肢很沉重，好想爬進去和他們一起睡。潔美，其他人想要你的工作想死了，我咬著唇對自己說。「好，當然，」我說，「那是我想要的。」

「你會想要盡早回家，」他說，「如果你還要花半天擠乳，那就得補足這些工作時間，那你就看不到女兒了。」他說的對。順利時，我要到晚上七點才能到家，如果我還要補上擠乳的時間，我可能要到八點之後才能到家，這表示我一整個星期都看不到女兒醒著的樣子。我注視著家裡的玻璃滑門，什麼都沒說。

諷刺的是，人力資源部門的人之所以告訴麥克我的餵哺計畫，最可能是因為他們希望他支持我，但卻適得其反。麥克的來電最讓我灰心的是，我知道我在擠乳時也可以做事，因為我可以打電話也可以收發電子郵件。他做的這些決策憑的並非理性或常識，而是高盛的價值觀系統。如果你的價值觀契合玻璃牆面辦公室裡的那些男人，你就沒事；但如果你的興趣、利益不同，那就看著辦。離開辦公室去請人擦你那雙翼紋皮鞋，是值得做的事；那替家裡的嬰兒擠乳呢？沒那麼有價值。這些大辦公室裡的男人緊抓著他們的老男孩俱樂部價值觀，拳頭緊握到關節都泛白了。只要他們有權有勢，像我這樣的人、興趣跟我一樣的人，在這裡就不可能成功。

「那我們算達成協議了嗎？」麥克問，「不擠乳？」

淚水模糊了我的視線。「對，麥克，」我說，「不擠乳。」

我把擠乳裝備收進塑膠箱子裡，丟進地下室。我買了配方奶，泡奶的時候眼淚又流了下來。都還沒踏進辦公室，我就已經讓女兒失望了。我提醒自己，我工作的目的是要在經濟上供養她們，能達到目的的是獎金，而不是母奶。

我離開期間辦公室裡有了一些變化。高階主管辦公室肯定麥克在危機期間的表現，又升了他的職，監管更多業務。之後，麥克聘用一些常務董事替他效命，包括一個來自芝加哥的傢伙瑞奇（Rich），現在我有兩個主管了。瑞奇重組部門，傑瑞和維多努力這麼多年之後，終於成為經理。

第一天回歸，我覺得自己好像新進員工。我成為非正式的典範人物，獲得「高盛在職媽媽」的名號。我好像是磁鐵一樣，資淺的女性員工紛紛靠過來，請我當他們的師父。我想起我第一天和莫莉會面的情況，我很驚喜自己也成為了她。現在我有機會傳承下去了。

她們有數不盡的問題：「我要如何才能升遷？」「我要如何面對難纏的主管？」「我要如何才能表現勝過同儕？」「我要如何兼顧事業和家庭？」隨著時間過去，我和這些女性愈來愈熟稔，她們就好像我在高盛姊妹會的小妹妹。我很愛領導她們，告訴她們如何在這個環境下優游自得，分享我這一路走來犯下的錯誤和觀察心得。幫助她們成為我一天中最棒的時光，理由明顯之至：這是我工作內容中唯一和社工相似的部分。

回歸幾個月之後，輔導指引成為高盛的新流行用語。看起來，每一個人都被分到師父，麥克也在我們部門裡制定正式的輔導指引方案。他會在乎輔導指引這種事看起來不像他，他可是主張「不是你死，就是我亡」的那種人，但謠傳說部門主管有財務上的誘因去制定這類方案。方案中每一位經理都會分到一名分析師。

有一天早上我在茶水間碰到傑瑞。「我現在正在指導一個你家的女孩兒，」他說，「莉西・道布森（Lizzie Dobson）。我們今天要見第一次面。」他說「你家的女孩兒」的那種調調，好像在說一種疾病。莉西精力充沛且努力工作，傑瑞說的也沒錯，我跟她很親。我很擔心他會因此欺負她，因為他對於我比他早升經理一直耿耿於懷。

「很好，」我說，「她是很出色的分析師。」

他點點頭，嘴角出現微微笑意。「你這麼想嗎，嗯哼？」他說，「我們等著瞧。」看著他走遠，我的胃開始痛了。我多希望我剛剛有閉緊嘴巴；現在我很擔心他對我燃起的憎恨之火會延燒到她身上。果不其然，在他們見面之後的隔天，傑瑞就過來我的位置。「出色的分析師莉西？」他說，「她根本是一個為所欲為的賤人。」我還來不及開口，他就走了。

之後莉西很快就來找我喝咖啡。「我碰到問題了，」她說，「傑瑞叫我的客戶把業務交給高盛之外的券商，就是不要給我，維多也參了一腳。」她棕色的大眼垂了下來，嘴唇抿的很薄。我不意外傑瑞想要弄垮莉西，但我不敢相信他竟然不惜拿高盛的業務來祭旗。莉西的客戶都是「好老弟」，他們在這一行也很多年了。他們喜歡莉西，但他們超愛傑瑞，不管傑瑞說什麼，他們都會照做。沒什麼比一起去脫衣舞酒吧更能強化客戶關係了；傑瑞做得到，莉西不行。

「我們不要太快下結論，」我小心翼翼地回答，「我們繼續注意，追蹤幾個星期看看會怎麼樣。」

我覺得自己像是二手車的業務員，賣了一輛剎車失靈的爛車給老太太。我應該成為典範的，我結了婚有小孩，還正在前往成為常務董事的路上。我證明了像莉西這樣的人在這裡也可以成功，但我知道，如果傑瑞要跟她過不去，這些都不重要了。

兩星期之後，莉西把她的交易量圖表放在我桌上。傑瑞開始當她的師父之後，她的交易量出現墜崖式下跌。很快的，那天下午的經理會議上，我們討論到裁員。公司每年春天都會裁掉績效最差的人，這套流程要開始啟動了。

「我不喜歡莉西，」傑瑞提到，「她的交易量很低。我試著指導她，但沒用。」我們坐在麥克的辦公室，會議桌旁有十位經理，除了我之外都是男的。維多坐在傑瑞旁邊，彷彿老夫老妻，他們圓胖的面孔、結實的手臂和漸禿的頭頂，看起來好像是從同一個模子印出來的。

「我也不喜歡。」維多說，「我們應該開除她。」

我好想像影集《紐澤西貴婦的真實生活》（*Real Housewives of New Jersey*）裡演的那樣，大吼然後翻桌，但我要有策略，因此我當下什麼也沒說；反之，我決定去找部門新任的常務董事瑞奇談談。他不是其他傢伙的那種「兄弟」，他比較知性，是在對話時會和你聊政治或哲學、而不是大談美式足球的人。「我需要聊聊莉西的事，」我挑他單獨在辦公室時去找他，「她的交易量很低，但我想是傑瑞拉走她和高盛的交易。」

「潔美，你確定嗎？」他探問，「可能莉西的績效真的很糟，刻意替自己找藉口。」

「你在開玩笑，對吧？」我開口，每說一個字聲音就大一點。希望在我眼前破滅。「這是怎麼一回事明顯之至。我們要幫助她。我們要阻止這類胡作非為。」

「聽我說，我知道你很關心這些分析師，」他說，「但你無法拯救每一個人。你要多花點時間想想自己跟你的事業。」

瑞奇轉過去看他的電腦，我盯著他後頸的髮根。我不想垂頭喪氣地走出去，但我覺得被打敗了，我什麼也做不了。角色典範的行事作風都是一場騙局，我是個假貨。

隔天，莉西跟我說她開始找新工作了。我本來應該阻止她，因為高盛需要好姊妹。很多年前，在我的大學演講的那個女人吉娜維芙，不就是這樣承諾的嗎？我還是覺得有可能，我們可以想辦法打造出由吉娜維芙們組成的團隊。但，在這種情況下，除非像我，覺得自己可以接受、容忍且不去改變騷擾和暴虐，不然的話，好姊妹計畫不可能成功。就算莉西不自己走，我知道她也會被趕走，這讓我更受不了。

幾個星期後，莉西辭職，麥克把我叫進他辦公室。

「莉西在離職面談時說，本部門對女性很惡劣，」麥克對我說，「傑瑞和維多把她害得很慘，這是真的嗎？」我們坐在他辦公室裡的橢圓桌旁討論。「對，她很慘。」我承認，「而且，對，是傑瑞和維多害的。」他點頭，彷彿陷入了沉思，我在想，莉西是不是提起了訴訟。

沒多久之後，麥克又找我談。「法務部門會打電話，問你身為女性在這裡的狀況如何。」他說，「我相信你不會有負面說法。希太，你是我的明星，我很快就會升你當常務董事。這哪會有什麼負面的？」

我聽到身後的交易大廳電話聲響，在此同時，我在咀嚼他所講的每一個字。常務董事很稀罕，每兩年才升一次。雖然常務董事裡面還是有很多不同的階級，有些董事還管其他董事，但常董之上只剩合夥人了。我的競爭心態又冒出頭了，我想升職。歷經這麼久，我想爬到這個很少人能爬到的位階，在職母親尤其難。這可以塞住我在接受新人培訓時那些亞隆、以及之後所有看壞我的人的嘴，他們不認為像我這種人可以辦到。對於我人生中所有對我說過「你絕對無法這樣那樣」的人，這是我一貫的回答。我也盼望隨著升職而來的加薪，我可以把錢存起來，滾出這裡。

「當然了，麥克。」我說，「我才不會說什麼負面的話。」麥克點點頭，笑了。我走出他的辦公室後直接走進洗手間，我已經厭倦說謊，我好想相信我對那些資淺女性員工講的話。這個地方正在扼殺我，我的道德先陣亡。當水嘩啦嘩啦流出製造出背景聲音，我開始哭泣。

◇◇◇◇◇◇◇◇◇◇◇◇◇◇

當年稍晚，常務董事升遷評鑑期開始，過程很隱晦，就像祕密社團。瑞奇叫我要做好準備，就這樣而已。如果我在這三個月的評選過程中被淘汰，會有人通知我；如果沒被淘汰，十一月的第二天早上我就會接到部門主管的電話，恭喜我加入常務董事的行列。

這幾個月我工作時間很長，也很辛苦，比特盡可能幫我的忙，瑞奇也花了很多時間提出回饋意見並鼓勵我。我撰寫業務計畫、預測和預算，瑞奇一直都陪著我，檢視我的工作、聽我的簡報，把我介紹給部門裡的高階主管。晚上我多半會和客戶吃飯，有整整一個月，我只有在週末時才看得到女兒。

有一天晚上我終於能早點回家，丹恩抱著艾比在廚房，貝絲坐在她自己的高腳椅上。我抓過艾比，親的她透不過氣，我的鼻子埋進她粉紅色的長袖棉衫，深深吸一吸她的嬰兒乳液氣息。「要爸爸，」她說，「不要媽媽。」她的臉都皺了，伸出手要找丹恩，他把她拉進懷裡。

我接著靠向貝絲，從上方親親她的臉頰，她藍色的大眼睛看著我。她噘著嘴，用手摩娑自己的臉頰，我親不到她的臉。我心碎了。我可是一路倒數著時間，想著趕快親到她們、抱到她們、見到她們。我覺得很挫敗，我不知道自己受不受得了。

「不要覺得那是針對你，」丹恩說，「他們現在只是習慣了我而已。」我長時間投入工作，不過才幾個星期，他們居然就已經習慣沒有我的生活。等我回家孩子早就熟睡了，我累得不得了，和丹恩幾乎沒話講，更別說擁抱和親吻了。我們討論過在某個時間點要再生個孩子，但現在看來是不可能了。

十月中，我和瑞奇以及比特一起去佛羅里達參加一場大型研討會，這是我讓高盛諸神驚豔的最後機會，因此我排滿了和客戶的會議和餐敘，想要展現我們之間的強韌關係。

最後一夜在旅館的酒吧畫上句點。我決定要上床睡覺時，已經過了凌晨兩點。比特幾小時之前就走了。我穿了幾個小時一身剪裁得宜的黑色晚禮服和漆皮高跟鞋，極不舒服。深夜的酒吧依然人聲鼎沸，大家都在熬過漫長的一週之後跑來發洩一下，就連我都比平常多喝了兩杯，下肚的白酒讓我頭昏眼花。痛快的笑聲和語焉不詳的演講在整個酒吧裡喧騰著，香菸的煙霧從露台飄送到隔壁。

我在酒吧逛了一圈準備離開，剛灌下肚的酒精在發酵，現場的其他人也比平常更溫馨、更友善。等我快走到酒吧出口時，我看到瑞奇，他獨自一人，穿著藍色西裝和白色襯衫，就算已經這麼晚了，還是清爽俐落。他喝著純威士忌，一邊搖、一邊看著酒杯。

「瑞奇，我要去睡了，」我說，「感謝你這個星期幫我很多忙。」他抬起頭，笑了。

「晚安，潔美。」他說。我走過去，想要快快擁抱他一下，他的雙臂圈住我的後腰，把我拉進懷裡。我的下巴擱在他肩上時，我瞪大了眼。他的髮根搔著我的臉頰，我可以聞到他身上的麝香古龍水。我的心臟在胸口的兩邊撞來撞去，勉強從嘴巴擠出氣。我想著不知道有沒有人看到我們，別人看我們是不是像我感覺到的這麼親密。我想推開，但讓我很震驚的是，我也想看看之後會發生什麼事。

我一直覺得瑞奇很有吸引力，他很自信，他帶有一本正經、機敏睿智的幽默感，他崇尚理性主義。他和職場上的其他男人不同，他是那種會讓別人停下手邊工作、看看他在做什麼的人。瑞奇有一種很輕鬆的權威感，會吸引到其他人，而此時此刻，我的雙手環著他的脖子。瑞奇把他的頭轉向我，他的皮膚拂過我的臉頰，他的唇挪到了我耳畔。他的氣息中放出一種電波，傳到我的脖子上。當他用環繞著我的雙臂抱緊我，我的憂慮一掃而空，不再顧慮別人怎麼想。

「你好美，」他深深地低語，「我願意放棄一切換得和你在一起。」

我閉上眼睛，吐氣，我的氣吐到了他的脖子上。我覺得不管是他放在我下背的手、他抵住我臉頰的西裝布料紋理，還是他壓在我身上的熱氣，我們倆身體每一次相接，就好像是兩條通電的電流相觸。

之後，我彷彿如夢初醒，我離開了他。瑞奇淡褐色的眼睛定定地看著我，有著金色雀斑的淡咖啡色痕跡，我之前沒有注意到他的眼睛顏色如此獨特又好看。他的眼光中有一股電流，讓我的胃下沉到腳趾。我轉過身，離開酒吧。一到大廳，我就奔向電梯。

我覺得我的心切成了兩半，分成了好的一半與壞的一半。好的一半鬆了一口氣，因為我逃走了，並在腦子裡播放起了丹恩在家照顧小孩的畫面。壞的一半覺得憤怒與遭到背叛，想要留下來被瑞奇擁在懷裡，聽他的呢喃。

三小時後，我和比特一起站在大廳，宿醉而且疲憊不堪。我們在等計程車前往機場時，我跟他說了發生什麼事。

「真是隻豬！」他一邊說，一邊翻白眼，「他應該覺得丟臉！你們兩個都已婚。又是另一個想要玩弄眼前所見好東西的卑鄙小人。」

羞愧讓我熱了起來。我算哪門子的人妻？哪門子的人母？我不能告訴比特，我竟然在那一刻感到深深的渴望。倒也不是說丹恩沒能讓我有這種感覺，但和瑞奇在一起時完全不一樣。我不再是那個揹著背架的女生，也不是在工作上因為智慧而出眾、但外表乏善可陳的女人。一個像瑞奇這麼聰明、自信且有權有勢的男人覺得我很有吸引力，這在我心裡點燃一把沉寂已久的火。

此時的我變成了大家講到爛的模樣：一個育有兩子、累到不行的在職媽媽。我三十三歲，有著一副包覆著脂肪、妊娠紋和皺紋的身體。我愛我的丈夫，但我們已經好幾個月沒有親密了。家裡面有兩個幼兒，再加上工作壓力，浪漫早就不知道排到哪去了。我人生中最美好的歲月，好像已經過去了，我很後悔二十幾歲時沒有過的更精彩刺激一點。我大學畢業、住在家裡、遇見丹恩、出來工作、結婚然後生子。我跳過了我的某些朋友們經歷過的篇章，我不曾跟朋友一家夜店跑過一家，在黑暗的酒吧裡調情。

星期一上班時，我的胃因為緊張而攪成一團，我期待發生這些事之後再見到瑞奇。我一走到座位上，電話就響了。「來我辦公室。」他說。

我不敢相信我們居然要先處理這件事。我往比特那邊靠一點，說道：「瑞奇想見我。」

他翻白眼說：「我希望那隻豬會道歉。」

當瑞奇看到我來到門邊，他揮揮手叫我進去。「請進，」他說，「我有事要跟你說。」我走到他的會議桌旁，做好心理準備。

「聽我說，」他一邊說，一邊從椅子上起身去關門，「今年你沒辦法升上常務董事，這是麥克決定的，我很抱歉。」

我的眼睛瞪得很大，困惑地搖搖頭，彷彿是忘了自己在劇本裡應該走位到哪裡的演員。

「不要反應過度，」他說，「下一次會是你。」

在我做了這些之後、在我經歷了漫長的十二年職業生涯之後、在我支持與保護整個部門而不是莉西這些人之後、在我和黑暗面做了這麼多交涉之後，看起來，我還有更多事要妥協。我必須再等兩年。我真是個笨蛋，竟然以為他想要談一談我們在酒吧裡無意義的擁抱。我想要衝進洗手間痛哭一場，但我只能深呼吸。

「我懂了。」我說，「謝謝你告訴我。」我生氣了，但我知道就算他拒絕拉下我也改變不了麥克的決定。就算我升上去會危及瑞奇自己的地位，他也還是支持我。我聽說過高盛有一條「一進一出」的不成文規定。為了緊密控制常務董事的人數，賦予這個位置尊榮感，每當有一位新人升上來成為常務董事，就會有一位現任董事會被要求離職。只有麥克知道我為何沒有升上常務董事，但我不會去問他。

我要出去時瑞奇跟著我。

「你要記住，大家都在看你有什麼反應，」他說，「你要表現的很專業。」

我轉過身，我們兩個人的臉相距只有幾吋，我聞到他的古龍水，我的胃又一緊。

「專業，嗯哼？」我說，「這就是你的建議？」

「是的，」他說，「你要整理好自己，不要哭，不要反應過度。」

我真不敢相信事情這麼諷刺。他是我的主管，幾天前才和我調情，現在他建議我要表現的很專業。我擠出一個笑容，「那當然。」我一邊說，一邊走了出去。

第十一章

同床異夢現裂痕，意亂情迷陷泥淖

「潔美修女。」我差一點就相信自己的稱號了：一個對辦公室裡各種瘋狂行徑感到憤慨的天真女子。

人們常說，一次失足並不是造成千古恨的原因，那是許許多多小小的錯誤累積出來的結果。威脅到我的婚姻的婚外情，起點並不是生動刺激的場景，而是我家客廳地板上的玩具。

我無望升為常務董事之後的那一年，我和丹恩又生了一個孩子：我們的兒子路克，就這樣憑空出現在我們的人生。我們愛死了他甜美的個性，也愛他那一頭棕色的捲髮。兩個女兒很高興成為姊姊，我們這個家感覺好圓滿。但，帶著三個三歲以下的小孩，日子比我們預期中更艱難。小孩的人數也超過我媽的預期，她跟我們說，孩子太多，她應付不了。我和丹恩面試這一區的保母人選，但在我媽替我們照顧過小孩之後，沒有一個人顯得稱職，有的經驗太少，有些無法在我們需要時過來照顧小孩，也有些人招架不住我們家有這麼多小孩。最後，我跟丹恩決定，在我們找到合適的人選之前由他先暫離資訊顧問的工作，和我媽分擔照顧小孩的時段，讓她可以休息。此外，常務董事升遷評選季很快又要開始了，我這次一定要成功。我和丹恩都覺得自己不眠不休，現在的犧牲又更大了，成功升職，我們所做的一切才有意義。

有一天晚上我很晚才到家，發現丹恩坐在扶手椅上，面對著電視，手裡拿著一罐啤酒，茶几上還有很多空罐。起居室地板上散落一地的玩具，我覺得很受不了，於是我跪下來動手清理。我從扶手椅和桌子下面撿起扮家家酒的鞋子、大型樂高積木和填充玩具。我把這些東西丟回玩具箱時，心理的怒氣也跟著高漲。「你的腳能收起來一下嗎？」我跪在丹恩面前，要拿他腳下的洋娃娃。

「你坐進扶手椅前先清理一下會死嗎？」我站起來時這麼說。我已經累到骨子裡了。常務董事升遷評選季剛開始，除此之外我還要應付工作並和客戶餐敘，我有好幾個星期都要等到晚上十點、甚至更晚才進家門。

「你在開玩笑，對吧？」丹恩說，「我下午一點回家來跟你媽換手，我只工作了四個小時，我一整天都在照顧小孩，餵他們吃飯、替他們穿衣服、和他們一起玩，尿布換過一次又一次，好不容易等到上床了，這根本不是只靠一個人就能熬過的生活。我不像某人在享用牛排大餐，比方說你。」我緊緊捏住洋娃娃，我覺得我快要把娃娃的頭給扭下來了。「我一整個星期都沒看到小孩了！」我說，「我願意付出一切來交換位置。我真不敢相信，我一整天都在外面拼命，而你連清理玩具都不肯。」

丹恩的雙眼布滿血絲，一臉脹紅。「你要我清玩具？」他說，「沒問題！」他抓起我眼前可載人的小汽車，拉開玻璃滑門，把車子丟進夜色中。車子撞到露台，鄰居的狗吠了。「如你所願，都清乾淨了！」

「你王八蛋！」我說。電視發出刺耳的聲音，我的指甲嵌入娃娃的塑膠皮膚裡。「我一整天都在工作，回家了還有更多工作等著我。我拚死拚活就為了升遷，這樣我才能替家裡賺更多錢，這就是我得到的感謝？」丹恩坐回椅子，瞪著電視。我們離得很近，但我覺得好孤獨。我把洋娃娃丟進玩具箱，直接上床。

隔天是星期五，還沒到週末呢。我上了一天班要離開時，瑞奇說要搭我便車。這沒什麼不尋常的，因為他也住紐澤西，剛好在我家路上，我也常常載他。評選季現在正如火如荼，他又一次站到了我這邊，幫我做很多特殊專案、把我介紹給公司各處的高階主管，也給我機會和新客戶合作，載他是我至少可以聊表感激的回報。我們到他家時，他邀我進去喝一杯，同樣的，這也沒什麼大不了。瑞奇、他太太蘿拉（Lara）和我有時候會在週末來臨之前一起喝杯酒。但這次不一樣的是，他們幾個月前分居，她走了。這棟房子已經在市場上待售，瑞奇暫時獨居此地。

「敬你。」瑞奇替我們兩人倒酒時說，「今年該換你了，我們要讓你升上常務董事。」我笑了，我們碰杯。

「但願如此。」我說。酒滑落我的喉嚨和胸口，我覺得很溫暖。

「你也知道，雖然我不常說，」他說，「但我很敬佩你。你在工作上表現這麼好，同時又是孩子們的好媽媽。你處理的很好，表現出色。」他眨眼時，我的心都融化了，接著，他向我靠過來。「我真心希望有人好好照顧你，」他說，「因為你值得。」

他拿掉領帶，襯衫上方的扣子鬆了，黑白交雜的胸毛露了出來。

我想要有人照顧我，我想要有人幫我挑起擔子，我想要有人對我說謝謝你，因為我再也撐不了多久。我的手機面朝下放在他的餐桌上，之前已經關成靜音了。「我該走了。」我說。

開車回家路上，剛剛發生的事和我的感受都讓我很困惑。我在腦海裡看到兩年前飯店酒吧裡發生的事。我以為瑞奇喝醉了，什麼都不記得，但不管他記不記得都不重要，因為我忘不了。

隔天，艾比和貝絲要參加幼兒足球比賽。我站在場邊自備的露營椅旁，手抱睡著的路克，他的頭依偎在我的脖子上，早上明亮的陽光溫暖了我的臉龐。我的手機響了，等我看到來電顯示，我很快看了一下在場上擔任教練的丹恩。

「嗨。」我說。我的聲音像唱歌一樣，聽起來一點都不像我。

「嘿，我正想到你，」瑞奇說，「你在幹嘛？」

「無聊的事。」我說，「你呢？」

「我在市內的新家。」他說。他前一晚跟我說過，他在曼哈頓的米特帕金區（Meatpacking district）找到了新的租屋處。

「我有個藝術家朋友今晚在格林威治村有個開幕活動，和我一起去。」

「你瘋了嗎？」我大笑著說，「今天週末，我要和家人一起過。你知道吧，我有丈夫和三個小孩？」

「不用提醒我。」他說話的時候，我的脈搏都加速了，「跟丹恩說你要跟朋友出去。你應該有一個晚上自己出門放鬆。我的司機會去接你。藝廊附近開了一家壽司餐廳，他們有鱈魚西京燒，你的最愛。」

我閉上眼，想像如果旁邊有別的家長在聊棒球選拔賽時偷聽到的話，我的人生會變成怎樣。「我不行，」我說，「抱歉，我要掛了。」我把電話放下，彷彿那是什麼帶病毒的東西。

孩子們下午前就累了，因此我們讓他們提早吃晚餐，哄他們上床睡覺。丹恩坐在扶手椅上喝啤酒看棒球賽，我回房間，帶了一碗麥片配電影。我換上睡衣，開始播《發暈》（*Moonstruck*），我正要舀起一大匙麥片時收到一則簡訊：照片上有鱈魚，旁邊放著一杯酒。「過來這裡吃飯。自己一個。但願你也在。」

我閉上眼，我想著我去了，穿著黑色禮服，吃著鱈魚喝著酒，和瑞奇聊天。我睜開眼，獨自一人，穿著絨毛的米老鼠睡衣，手上有一碗麥片。電影開始播片頭了，紐約市的模樣在電視上閃動。我不確定我想要過哪一種生活，但我知道不是這一種。

◇◇◇◇◇◇◇◇◇◇◇◇◇◇

兩個月之後，也就是二〇一二年十一月，就到了發表新任常務董事名單的日子了。我沒有收到任何壞消息，因此，我帶著謹慎的樂觀來到位子上，等著部門主管連恩（Liam）打電話給我。我很熟標準程序：早上七點半，所有現任合夥人和常務董事會檢視新任常務董事的名單，之後，連恩會撥電話道賀。

我戴上耳機，等著，瞪著電話，希望電話沒壞。八點七分，電話響了，是連恩打來的，他用荷蘭口音說：「恭喜你成為常務董事，你將會收到培訓資訊的電子郵件。」接著他掛斷了，就這樣。

我轉向比特，他坐在我旁邊，笑的像是聖誕節早上的小孩。

「你辦到了！」他說。

「沒有你我也辦不到。」

在公司待了十四年後，我覺得我已經完全變身成鋼鐵人，我和比特緊緊擁抱。之後，大家很快都擠到我辦公桌邊。我指導的孩子們用尖叫聲和擁抱迎接我，其他副總裁（如今他們已經成為我的前同事）則隨便過來握個手，咕噥一兩聲恭喜。傑瑞和維多雖然只坐在隔壁排，但他們都沒過來，兩人都只發出一封主旨寫著「恭喜」、但內文一片空白的電子郵件。他們當然還是經理，但只是副總裁。很多人過來找我、打電話給我或發電子郵件，我一整天都被轟炸，一分鐘不得閒，因此我傳訊息告訴丹恩這件事。我等著瑞奇過來，但一直沒看到他。這天稍晚時他發了簡訊：「抱歉，我錯過你的大日子。我出去辦離婚的事。明天和我以及其他人一起吃晚餐慶祝。」

那天快下班時，麥克要我去他辦公室，也到我謝主隆恩的時候了。他在門邊迎接我，和我握手。

「告訴我，」他說，「身為我手下績效最差的常務董事，是什麼感覺？」

我坐在他對面，他的辦公室很溫暖，聞起來有咖啡的焦香。我以為我聽錯了，因為我預期我們會互相擊掌，慶祝一番。今天應該是我職涯中的大日子，這是我過去十四年辛辛苦苦、忠心耿耿工作的獎賞。

「你是我最棒的副總裁，」他繼續解釋，「但你也是我最新的常務董事，經驗值為零，你的排名是第四個四分位。」

可怕的第四個四分位。在考評期間，每一個人都要拿來和同儕一起評比排序，然後每個人都會列入其中一個四分位群組，第四個四分位是評比最低分的人，多數都會被開除。麥克咳出笑聲，作為回應：「你要怎麼樣才能爬出這個深淵？」他說。

過去幾個月，我的業務計畫已經嵌入我的腦海，因此我像是壞掉的錄音機一樣，又重述一遍。

「聽起來很棒。」我講完之後他說，「姑且期待你會成功。記住，標準愈來愈高了。」

「我知道。」我說完就準備下班了。

當我正要出門口，麥克說：「關於你今年的紅利，問問看你的朋友們什麼叫常務董事稅。」

我去搭渡船時，還摸不著頭緒他臨別時說的這句話是什麼意思。因此，我去找同樣也是搭渡船通勤的麥特（Matt），他是另一個部門的常務董事。「麥克今天講到一個什麼稅，」我說，「你知道他在講什麼嗎？」

「喔，對，常務董事稅，這是另一個高盛傳說，很典型的權力遊戲。」他說，「升遷第一年後獎金可能會大減，這是高盛在告訴你升你成為常務董事已經夠好了，不要再奢望能拿更多錢。此外，他們會多發一點錢給沒升成的副總裁。」

「你說真的嗎？」升遷之後卻同時被減薪，真是沒道理。

「恐怕是。」他說，「他們升我當常務董事那一年減我百分之二十的薪水，但不用擔心，幾年後就回來了。」船從河的那一頭過來靠岸，雖然我從不曾暈船，但我覺得想吐。升遷應該是要加薪，而不是減薪，應該要讓我衝到「財務自由試算表」的終點線。之後我就可以離職，就可以去開創讓人充實的事業，就可以花更多時間和家人相處，然後我就能幸福快樂……但沒有，我反而還得玩一場「抱歉啦」的電玩遊戲，在棋局上被往回挪了一大半。

我回到家時家裡很安靜，然後我聽到樓上傳來騷動，原來是洗澡時間。三個孩子都在浴缸裡，全身都是泡泡肥皂水，丹恩用一個綠色的塑膠壺把水倒在他們頭上。

他抬頭看我並說了：「嘿，我以為我們要叫中國菜一起慶祝一下。」浴缸裡的水滴到米色的磁磚地板上，匯聚在我的高跟鞋下。「你可不可以點餐，然後去拿？我隨便你叫什麼都可以。」

我換上瑜珈褲和T恤，開車去拿晚餐，我全身都陷入失望之中。我知道丹恩每天的行程都塞得滿滿的，我也很感激他在家照顧小孩，但是我期待更有點慶祝的氣氛，可能有一、兩顆氣球，或是自己做的手工卡片。我在工作上所做的一切都是為了這個家，但我連個好好的恭喜都得不到。我知道我講這種話聽起來像是大小孩，我已經是成熟的女人，我不需要派對；但，自此同時，我卻忍不住了。或許是因為我和麥克的對話影響了心情。我覺得自己剛剛才達陣得分，但沒有人站起來替我歡呼。

我帶著食物回家，收拾好桌子，孩子們快快跑下樓梯。我把貝絲的餛飩切開來，給艾比一些炒飯，然後叉了一叉子的撈麵放到路克高腳椅上的托盤裡。丹恩開了一罐啤酒，替自己裝了一些餛飩湯。我不再抱怨，看著大家吃下第一口食物，替自己倒了酒，裝了一盤食物。

接著，貝絲打翻了餛飩湯，灑到艾比的膝上，艾比大叫。

「恭喜我吧。」我喃喃自語，一邊脫掉艾比濕透的褲子，清理桌面，然後把她放回她的位置。丹恩笑了，又喝了一大口啤酒。

「歡迎來到我的世界，」他說，「當你在賺大錢時，我在清理。」他往椅子上靠，我乾掉剩下的酒。

「講到賺大錢這件事，」我說，「我今年的獎金會被砍掉。這是成為常務董事的代價。」

他的眉心皺了起來。「什麼？」

「我今天才聽說這種事，這叫常務董事稅。」我說，「他們覺得，升了你就不用付你這麼多錢。」

「你開玩笑嗎？做了這麼多事、付出這麼多，他們還要少付你錢？」他每說一個字，聲音就大一點，「要減多少？」

「有一個人說他被減薪百分之二十。」我說。

丹恩瞪大眼看我，孩子們彼此在聊天，他的反應讓我實際感受到整個局面有多爛。我成功了，現在我是大常務董事了，但到頭來，我卻沒有辦法把戰利品帶回家。

「白費了。」他一邊說一邊搖頭。

白費，一切都白費了，那些專案、簡報、客戶餐敘、睡眠不足和永遠看不到小孩。丹恩好像擺了一面鏡子在我眼前，讓我看到自己的模樣。我充滿著對自己的憎恨，怒氣從我身上滲漏出來。

「這本來應該是我事業生涯中最重要的一天，」我說，「你不在乎我，你只在乎錢。」

「胡說八道！」丹恩說，「不只是錢而已。我因為你放棄了自己的事業。你最後進了大聯盟，但我們拿到的錢卻比以前少。幼稚園的學費不會減百分之二十，房貸不會減百分之二十。我往後退一步，好讓你可以前進，現在我們都要掉下去了。」

「媽媽，幫忙。」艾比說，她的聲音像鋸子一樣劃破了室內。撈麵纏在她的頭髮上和臉上，是路克剛剛用拳頭揍她的時候一起沾上的。

「我去洗碗，你把艾比清乾淨，可以嗎？」我說。

「當然好，」丹恩說，「這不過是天堂裡的另一天。」

晚一點時，我躺在床上，重播今天的一切，這本來應該是超棒的一天。但，在工作上，我落後了；在家裡，我失職了。我失去了很多，一無所獲：我沒有和孩子們一起製造出來的回憶，我的貸款還沒付清，我也沒存夠孩子們的教育基金。升遷本來應該讓我更接近自由，實際上反而像流沙一樣，讓我陷了下去。這一局注定失敗。我想和孩子們在一起，我想讓他們快樂，我也希望我的事業能夠養的起他們。我想要成為領導者和積極上進的人，我也想要受人感激與喜愛。我想要一個世代以前男人能得到的條件，讓我可以因為專業上的成就而得到表揚，賺到大筆的鈔票，獲得配偶的悉心照料。我逐漸睡去，心裡充滿著憤恨想著為何我得不到這些。

◇◇◇◇◇◇◇◇◇◇◇◇◇◇

隔天晚上我和瑞奇出去吃飯。我知道這麼做很蠢，但經歷前一天晚上和丹恩跟孩子們的晚餐之後，我想要一場全新的慶功宴，我很高興有人想要跟我一起。

「我們要在哪裡和大家碰頭？」我們走出大樓時我問。

「喔，只有我們兩個。」他說，「聯繫的時候有點弄錯了，今晚其他人都不行。」他眨著眼，我的胃在翻騰，之後又被愧疚感重擊。我知道這是錯的，但想到能和他獨處，我的身體又熱了起來。

我們走進由他司機開的凱迪拉克。「路易（Louie），今晚去諾布（Nobu）。」瑞奇說。那是我在紐約最愛的壽司餐廳。

我們一到餐廳，老闆娘問也沒問，就招呼我們到餐廳後方角落的兩人座上。頭上的燈光昏暗，一尊插滿白玫瑰的花瓶周圍點著小小的許願蠟燭。侍酒師帶著一瓶香檳過來，我們舉起了杯子。「敬你完成的一切，」瑞奇說道，「也敬我們未來要一起完成的一切。」他淡褐色的眼睛像雷射一樣鎖定我。

服務生帶著菜單過來，瑞奇揮揮手要他們離開。「我們不需要，」他說著，然後對著我笑，「你的任務就是好好享受，其他我來就好。」

我坐回去，喝著香檳，看著瑞奇點菜。他不用問我想吃什麼；和客戶餐敘這麼多年下來，他很清楚。

我們第一道菜是用冰鎮銀盤送上來的鮪魚和鮭魚，盤邊以白色的蘭花裝飾。服務生離開，盤子就放在那裡，不會有小手過來抓，我不用替誰把食物剪成小塊，全都是我的。

我把一片鮪魚送入口中，醬汁的風味很強烈，我的味蕾備受刺激。我還在嚼著第一塊時就伸手去拿第二塊，但之後我就把筷子放下來，我一分鐘也不想趕。畢竟，我也不用趕。

「一切都好嗎？」瑞奇問。

「太棒了。」我們談當天的工作，取笑會議裡的突發狀況。我們分享很多內部人士才知道的笑話。和他相處輕鬆愜意，不用多解釋什麼。

晚餐結束後，我們去了雅座酒吧，瑞奇要了角落的一張扶手椅。他又點了一瓶酒，我起身去化妝室。我們前面有一張小桌子，喝了這麼多酒之後，掠過瑞奇時，穿著高跟鞋的我有點搖晃。接著，我覺得整個胃裡有一股衝擊，他把我拉到他的膝上，我兩腿一軟。

「你看不出來嗎？」他附耳過來，「現在我們可以在一起了。」雅座酒吧很暗，我們周圍的人都只剩下若有似無的輪廓。我的黑色小洋裝往上縮，露出我裸著的大腿。瑞奇的手指輕撫著，他的觸感又輕又細緻。我不知道那是什麼，但我不想停。被人照顧的感覺真好，不用負責的感覺真好。我在不情不願之下從他的膝上起身，搖搖晃晃地走到洗手間。

我看著鏡子，我的臉變得清晰，我想起他說的話。現在我們是同事了，雖然與屬下發展出關係是大忌，但同事之間則不然。喔，這太瘋狂了，這太糟糕了，這是大錯特錯，我喝醉了，我不想做出蠢事，但我也感受到了渴望並覺得自己很性感，我很久都沒有這種感覺了。我看了一下手機，現在已經是半夜，一個小時前丹恩傳訊問我：「預計幾點回？」我回覆：「我們準備結帳了。」之後我補了眼線和玫瑰色的唇蜜，抬頭挺胸走出去。

等我回到座椅區，瑞奇抬頭看，他咬著下唇，眼神繞著我的身體打轉。他往下滑到一邊，讓座給我，手臂環著我，把我拉的很近，我都可以感覺到他的心臟快速跳動。我們的眼光對上了，他把我一綹掉下來的頭髮撥到耳後，然後繼續看著我。我打斷了他的凝視，依偎在他身邊，把頭靠在他肩上，聞著他的古龍水。我從來沒有靠他這麼近過，當他和我十指交纏，我們的身體抱在一起，就這樣安靜地坐著，我覺得一切都對了。服務生來過第五次之後，瑞奇買單了。

「我要叫車。」我放下酒杯時說。

「不，我們一起。」他說，「先放我下車就好。」

他的司機把車停在前面，他替我們打開後座門，瑞奇把第二排的座椅往前滑，看著我進了第三排。車內的燈一暗，我們就開出去了。「你好美。」他說。他拉起我的手，吻我的手腕內側。那股悸動就像糖漿一樣，滑下我的身軀。接著我們開始親吻。一個不是丹恩的男人的嘴感覺很陌生，但很棒。我們愈吻愈激烈，瑞奇把我抱到他膝上，把我的雙腿打開，我的身體有一面靠著他的胸膛。他在我的洋裝之下探索，把他的手指放到我的內褲裡。

「你太棒了。」他拉起又放開時喃喃地說，內褲的彈性剪裁在充滿張力的空氣中啪啪作響。他的手指跟著我內褲的輪廓走，直到他來到我的兩腿之間。他在車子裡轉動我時，在我的耳邊吹氣，並親吻我的頸子。我的雙唇麻木了、我的心智麻木了、我的判斷麻木了。我知道這是錯的，我必會後悔，但我想要。他的手在我的內褲下方滑動，我覺得背痛，我看到高速公路的路燈從車窗旁呼嘯而過。瑞奇把一隻手指放入我的身體裡，然後又一隻，他不斷進出，一次一次更深入，而我悶哼著。接著我在瑞奇的注視之下拉下我的洋裝，扯掉我的胸罩。他在我上面，用他的鼻子掃過我的乳頭，然後吸吮。

我來到了懸崖邊，我想要跳下去，像鳥兒一樣飛翔擺脫責任，但我已婚而且有三個小孩，我得停下來。我說服自己，我還可以挽救局面，假裝一切都沒發生，因為我們還沒做，而且我是在車子裡，不是在床上。我喝得爛醉的時候發生這種事很合理，於是我在他繼續親吻我的時後慢慢抽開，然後車子急停。看到我們下了高速公路、只剩一條街就到他家了，我鬆了一口氣。我們開進他的車道時，瑞奇坐了起來，我拉起我的洋裝，他的眼裡有傷痛的表情。

「你要留下來過夜。」他說。有一部分的我想要跟他一起走，但此時我的電話亮了起來。現在已經快凌晨兩點，丹恩剛剛傳了簡訊給我，他一定找我找了好幾個小時了。

「我不行，」我說，「你知道我不行。」

「你確定嗎？」他說話了，整個嘴嘟了起來，「那晚安。」

他走了，我把我家的地址給了路易，我的聲音在空空的後座迴盪。我抓起我的手機，看到有十封丹恩的未接來電，簡訊則有二十封。我滑過去，看到丹恩的語氣愈來愈擔心。我還真是優秀，跟我的老闆指交，讓老公到處找我。我瞪著路易的後腦，對於他看見的那一幕感到尷尬。

但，儘管如此，我的身體仍在亢奮，我還沒緩解，我還沒完成，我還沒滿足。我用手指梳順汗濕的頭髮，在此同時，我的心狂跳。

我半夜兩點半進了家門，踢掉高跟鞋，扶著牆壁以穩住自己。我看到丹恩在起居室裡走來走去，電視發出刺耳的聲音。

「你到底跑到哪裡去了？」他問。他的藍色T恤領口撐大了，鬆鬆地掛在他的脖子上。他的金髮很亂，藍色的雙眼茫然無神。我瞇著眼看著起居室明亮的燈光，嘈雜的電視聲劃破耳膜。地毯上有十幾瓶啤酒空瓶，幾張邊桌翻倒了，本來立在旁邊的燈也碎成了一地。

我不知道該說什麼或該做什麼。我們很久沒有好好相處了，但讓他這麼痛苦，我不可饒恕。「我很抱歉，」我說，「我忘了時間了。」

「我找你找了幾個小時了！你向來都會回電。我還以為你死了，我都要報警了。」他的呼吸裡都是酒氣。

「我們很晚才去吃飯，」我說，「上菜上的很慢，回家路上有碰到工程。」謊話從我的嘴裡快速輕鬆地冒出來，連我自己都嚇一跳。

「你和誰在一起？你的職場丈夫比特？」他說。比特的名字引起我的注意，他是認為我們兩個人之間有怎麼樣嗎？

「不，我和瑞奇一起。他想要慶祝我升遷。」我說。

「喔，我懂了。」丹恩一邊說，一邊輕笑，「原來是瑞奇，我倒沒有想到。」

我的胃一緊。他知道我做了什麼嗎？他可能從我臉上就看出來嗎？

「我只是喝太多了，」我說，「我道歉。」

「如果小孩有事怎麼辦？」他看著我的樣子，好像看到我就讓他倒胃。我回答之前，他已經像一陣風一樣走出起居室，走上樓，並用力關上我們的房門。我咬牙切齒地等著，慶幸小孩沒醒。

我進了洗手間，看到我的頭髮亂糟糟，睫毛膏的污漬流過我的臉。我覺得自己像個妓女，而且看起來也像。我還真是老套，和老闆在汽車後座偷情。起居室繞著我旋轉，我坐在扶手椅上，睡著了。

◇◇◇◇◇◇◇◇◇◇◇◇◇

「媽媽？媽媽！」有聲音刺入耳裡，我感覺到眼瞼張開的拉力，日光像子彈一樣射進來。我張開另一隻眼，看到貝絲在我身上，她的捲髮早上總是一團亂，蓋住她的臉。

「早安。」我的頭像是一顆保齡球，我不記得我上一次宿醉這麼嚴重是什麼時候的事了。我站起來時整個房間都在轉，所以我扶住牆壁。前一晚的景象閃過心裡，讓我承受不住，無法呼吸。

「我餓了，」貝絲說，「你可以做煎餅給我吃嗎？」

我靠著廚房流理台。「吃穀片好不好？」

她用下唇把話吐出來：「不要！我要煎餅！」

我煮了一壺咖啡，同時倒了一大杯水吃了四顆止痛藥。之後，我開始做煎餅，煎麵糊的氣味讓我反胃。我不知道我要怎麼撐過今天。我做好煎餅時，嬰兒床上的路克叫人了，艾比也過來了。我在洗早餐的碗盤時，丹恩下樓了，替他自己倒了咖啡。

「昨晚的事我很抱歉。」我說。

他伸出手做出一個停止的信號。「我不想談。」他說，「記住，我們中午前要出門，趕去參加派對。」

我想起丹恩的姊姊要替她先生辦一場生日派對，我的頭垂了下來，雙手陷入肥皂水裡。我連下一個小時要怎麼過都不敢想了，更別說要去離家兩小時車程遠的姻親家參加派對。

「好，」我說，「你今天早上能不能帶著路克去女兒們的游泳課？」我需要一點時間獨處，讓自己覺得好過一點。

「好，隨便。」他說。

他們一走，我就把衣服脫掉，丟在地板上。看到這身黑色洋裝以及內褲褲襠，讓我想吐。我沖了一個熱水澡，但願能幫忙消除身體裡的酒精。

我剛爬上床，手機就響了，是瑞奇傳來的訊息。簡訊上寫著：「感謝與我共度一個美好的夜晚。」我放下手機。現在時機不對。我沉睡了一覺，之後因為我的胃咕嚕作響、不斷扭攪而醒過來，胃酸倒流到了我的喉嚨。我衝進廁所吐。我待在磁磚地板上，慶幸這裡這麼冰涼，抵著我的皮膚，然後又睡著了。小孩回來的聲音吵醒了我。

幾個小時後，我們去了派對，丹恩和他姊夫消失了。我追著孩子們跑，照顧他們，同時和丹恩的姊妹聊聊。我的手機一直響，瑞奇打了很多電話過來，於是我把手機放進包包裡，塞進大廳的櫃子。

晚餐過後，我找到丹恩，他一個人在後院臨時搭出來的南國風情酒吧。我去找他時雙手在顫抖，感覺很奇怪。丹恩應該是我最好的朋友，而不是會讓我緊張的人。

「我們能談談嗎？」

「你跟我開玩笑嗎？」他一臉輕蔑，「你覺得現在是談談的好時機？」

「不是，」我說，「但你一整天都躲著我。」

「現在不行。」他一邊說，一邊離開。我很洩氣，我抓起我的手機，檢查有沒有工作上的電子郵件，但內心身處我想知道瑞奇有沒有再打電話來……他有，還打了四通。我躲進廁所，打開兩邊的水龍頭製造背景音，然後打電話給他。

「我很擔心，」他說，「我的訊息或電話你都不回。」

「我沒事。」我說，「現在不是討論的好時機。」

「好，」他說，「你要知道我一直在想你。」我掛掉電話，坐在馬桶上。瑞奇在想我，我也在想他。我滑過他的簡訊，一陣陣的興奮之情穿過全身，隨之而來的則是羞愧。我的整個生活都要完蛋了；我想要和丹恩聊聊，但他拒絕；瑞奇想要跟我聊聊，但我拒絕。我知道我的所作所為是錯的，但瑞奇緊緊地嵌在我心裡，我無法把他趕出去。

派對很晚才結束，我們還沒上高速公路孩子們就睡了，我們一路沉默地開著車。等回到家，我們把孩子送上床，直接回我們房間。我不知道我想說什麼或想聽到什麼，我只知道一件事，那就是我希望家裡平平安安。

「拜託，我們現在可以談一下嗎？」我坐在房間裡特大尺寸床的床沿，看著鏡子裡丹恩的影像。他的領帶鬆了，他的藍色禮服襯衫釦子沒扣，他也看著鏡子裡的我。

這是我們一整天下來第一次對到眼，但甚至不是真正的對到眼。「我無話可說，」他說，「而你做的事說明了一切。」他換了睡衣，抓著他的枕頭，走了出去。

我關了燈，上了床，不知道該怎麼辦。事實是，我知道我和瑞奇所做的事錯了，但我不確定自己想要停手。

第十二章

懸崖邊及時勒馬，掛念兒女下決心

星期一我走下樓準備上班，廚房一片漆黑。丹恩通常會在小孩起床之前替我們煮咖啡，然後他會先工作，但今天他還在客房。

我到辦公室時，決定試著放輕鬆，假裝我和瑞奇沒怎麼樣，但我知道根本不可能辦到。他的手曾經放在我的內褲下！再見到他，一切都和平常不一樣了，我不確定該怎麼面對，我一整天都要跟他開會。

我在我的座位上，和比特像平常一樣聊著週末的事。我想要告訴他發生了什麼事，一吐為快。他就像我的神父，我需要告解，他是我唯一能訴說的人。我不能跟丹恩說，我也覺得太丟臉，不敢跟我媽說。比特從七年前開始在我手下工作以來，一直都是我的左右手，他很理解高盛這個地方。但我不能跟他說，至少現在不能。我的螢幕上閃過一條瑞奇發來的訊息：「請過來我辦公室。」

我垂頭喪氣。我知道今天一定會這樣，但不希望這是今天的第一件事。我在想，我能不能假裝沒看到訊息，但我知道瑞奇從他辦公室可以看到我。

「請坐，」他下指示，指著他的會議桌。我關上門，選擇離他最遠的位置。「我有話想說。」他說。他的辦公室在部門後方用玻璃圍了起來，沒有人知道裡面發生什麼事，但我覺得所有人都在看我們。我覺得我的背上烙印了一個紅字（a scarlet letter）（譯註：典出小說《紅字》，故事中的女主角因為通姦而被處罰，要在衣服上繡上代表通姦的紅字）。瑞奇一臉緊繃脹紅，我屏住呼吸。「我想我愛上你了。」他說。

我兩眼瞪大，我的心臟怦怦跳。我們之間的調情對他來說有別的意義。但我不確定這對我來說有何意義。我愛他嗎？這代表我不愛丹恩了嗎？我們雖然已經共事多年，但還沒有真正相處過。我的雙眼湧出淚水，但我不知道那是快樂還是悲傷的淚水。

「拜託你說話。」他說。

我把兩肘撐在桌上，支住我的頭。「我不知道要說什麼，」我說，「我已婚，有三個小孩。」

「我們會找到辦法的，」他說，「我會讓你和孩子們很幸福。讓我來照顧你。」我閉上眼，腦海裡閃過一幅幅畫面：瑞奇，他比我大二十歲，有兩個在讀大學的女兒，要再度扮演父親的角色，帶著我和孩子們在紐約市過日子，逛博物館、藝廊，去百老匯看戲。我們週末時不帶小孩，去他位在翠貝卡（Tribeca）的公寓放假，一起在床上玩《紐約時報》（*New York Times*）上的填字遊戲。

然後我看到丹恩跟我交接小孩，我們的小孩會有兩個家庭和兩個家。兩個女兒現在上幼稚園，路克還是學步兒，他們不會記得父母還在一起時候的時光。還有丹恩……我們一起經歷了這麼多事，我能就這樣離開他嗎？我能直接奔赴瑞奇嗎？雖然我和瑞奇都是常務董事，因此有什麼也沒關係，但不管職務，同一個部門是不許有辦公室戀情的。因此，我們當中勢必有一個人要在公司的其他部門找到位置，或是直接辭職。我的心在打轉，我覺得自己要吐了。「我現在不能談這件事，」我說，「我要先離開了。」

我走進洗手間，往臉上潑冷水。我要停手、我要下定決心。我是成熟女性、是人母，我才剛剛晉升成常務董事。我想起以前跟外婆看的肥皂劇劇情。一想到她讓我熱淚盈眶，我知道她會對我很失望。

我回到座位上，比特瞇著眼看我。「你還好嗎？」

「也許等一下我們聊聊。」我盡可能輕鬆地說。

我讓自己忙的不可開交，避開瑞奇，要比特替我去開會，因為我需要有個空檔來處理這一切。丹恩傳訊跟我說小孩的事，他不打電話了，這跟平常不一樣，但我也沒打給他，因為我也需要放空。

市場收盤，比特建議我們一起去喝杯咖啡。我們去部門後面角落的會議室，這樣就不會有人看到，我把一切原原本本告訴他。

等我說完，他在桌子的另一頭瞪著我，捏著他手上裝咖啡的紙杯。我好累，重述這些事好累，去想這對我來說有何意義好累，去想這對其他人來說有何意義好累。我好累，累到我如果趴到桌子上的話，可能就會直接失去意識。比特的臉脹紅，我很怕聽到他的評語，但同時我又希望他打醒我的理智。他的雙眼通紅，眼淚流下他的臉頰。這一幕也讓我落淚，一起流下來的還有壓力、憂慮和反省。

「我快要解體了。」我結結巴巴地說。

「不是你的問題，」他說，「是這個地方。這裡很邪惡。正常的職場不會發生這種事，是這裡的環境、金錢、壓力、工時，勾出了每個人最糟糕的那一面。」

我用手背擦擦眼淚。「你說的對，這個地方改變了我，污染了我。和主管亂搞，不是本來的我。但我受他吸引，我無可自拔，我也不確定我能不能停手。」

「你可能會覺得我瘋了，」他說，「但這就像我抽菸一樣。」他的比喻很荒謬，我笑了。「聽我說，」他繼續說，「我抽菸是因為抽菸能消除壓力，讓我覺得亢奮、放鬆，在那個當下，我不用痛恨自己或人生。菸抽完之後，我就惱火了，因為我知道抽菸對自己不好。但我停不下來。菸是我的癮頭，瑞奇可能是你的癮頭。」

他的話我聽進去了。我心裡想著與瑞奇之間的愛情，說到底，是一個出口。我逃避辦公室政治壓力的出口，我逃避長途通勤的出口，我逃避為人母要承受的辛苦重擔、沒有時間為人妻更別說做自己的出口。我的生活中沒有「潔美時間」，只有「高盛時間」和「媽咪時間」。這麼講也太簡單了，但或許瑞奇真的是我的療癒，一切也不過就只是這樣而已。事情很可能跟丹恩或瑞奇完全無關，很可能只跟我自己有關。

「我從來沒這樣想過，」我反覆思考，「也許你說的對。」

「我想我是對的。」他說，「不要覺得我從道德制高點鄙視你，我雖然沒有陷入你的處境，但我的狀況也很糟。這個地方有腐蝕性，每天都在侵蝕我。我早上醒來時很悲慘，我下班離開時很悲慘，我上床睡覺時很悲慘。我晚上才看得到家人，但那時我會和太太吵架，會對著小孩大吼，他們不想跟我在一起，連我都不想跟自己在一起。我困在這個地方了，我這個人唯一的好處，就是可以在這裡賺很多錢。」牆面上的時鐘在我們頭上滴答滴答想，我查看辦公室的門，還好走廊空無一人。

「我陷入悲慘循環，」他說，「我領到獎金時會享受到一個星期的幸福，我會覺得自己有價值。但在一年裡的其他五十一個星期，我都在想我幹嘛還要活著。」他看起來很沮喪。我之前不明白他怎麼會這麼痛苦，在這一刻，他成了一面讓我看到自己的鏡子。我們兩人都鄙視高盛，覺得像囚犯一樣被困住了，但我們走不開。高盛對我來說已經不只是一份工作了，這家公司已經成了我的身分認同。我成年之後，我人生有一半的時光都是「高盛的潔美」。我對這家公司忠心耿耿，我覺得自己是大家庭的一分子；這是一個讓我自我懷疑的暴虐家庭，但不管怎樣，還是一個家庭。沒錯，進高盛傷害了我，高盛也為我做了很多，離開會讓我心生愧疚。我賺的錢、我的職銜帶來的榮譽以及我讓家人感到的驕傲，已經讓我上了癮。我原本是一個來自紐澤西的孩子，是一個揹著背架的輸家，沒有任何知識也沒有人脈，是一個在華爾街成不了事的孩子，但如今我已經蛻變為聰慧成功的女子了。高盛這些年已經嵌進我們的骨子裡，我們若不依附著高盛的名號，就什麼都不是，在哪裡都無法成功。我很害怕要離開。

「比特，我很抱歉，」我說，「我以前不知道這個地方讓你這麼痛苦，我是說我知道你筋疲力竭、苦苦掙扎，但……。」

「潔美，我們兩個人都在這裡逐漸死去，只是形式不同。」他說，「我們要付出的代價是自己的人生和家庭。這裡給的錢很多，但我們不能為此賠上一切。」

◇◇◇◇◇◇◇◇◇◇◇◇◇◇◇

我和丹恩好幾個星期不講話，但他想盡辦法挖出和瑞奇有關的種種，說什麼像瑞奇這樣在米特帕金區有處單身男子公寓一定超棒，言談之間暗示他知道的比我想像中更多。我們還是共同履行育兒親職，也是室友，會傳簡訊傳達小孩的狀況，但就是不講話。晚上，等我把孩子哄睡之後，我會試著找他，但是他會先躲進客房，把門關起來。我們和孩子們在一起時，我們會微笑，善待彼此。我們連討論都不用就達成協議，我們都不想讓孩子知道或感受到我們兩人有問題了。他們好像沒注意到，我祈禱真的是這樣。我已經毀了自己跟丹恩的生活，我不想也毀掉他們的。

丹恩開始和他的朋友史帝夫（Steve）一起度週末。他們一起長大，二十出頭前都焦不離孟、孟不離焦。丹恩遇見我時史帝夫還單身，老是在戀愛，每一次交新女友都比前一任更年輕。他有自己的顧問事業，開著價值十萬美元的保時捷，住在霍布肯的頂樓公寓，熱愛派對。

丹恩星期六晚上開始在小孩上床後跟史帝夫出去，前幾次我當他是在報復，閉上嘴，就連他到凌晨三點才到家我都沒說話。但後來變成常態，我決定要表達意見了。

「這不會有點過分了嗎？」我鄭重宣告。此時他正在我們的浴室裡整裝，穿上貼身的卡其長褲，搭配一件黑色的扣領襯衫，他瘦了一些，看起來好帥。我們之間已經沒有晚上約會這種事了，我們和小孩一起出門時，他總是穿著T恤和牛仔褲。我想像著他的夜晚，身邊很可能有二十幾歲的女子為伴。這讓我的頭很痛。丹恩的婚戒放在他身旁的邊桌上，我從來沒看過他把戒指脫下來，我覺得肚子被人打了一拳。

「不會。」他說，「你有你的休息時間，我也需要。」我知道和瑞奇共度那一晚是錯的，但除此之外，我晚上很晚回家都是因為工作要和客戶一起。當然，我是在最棒的餐廳裡用餐，但我還是在工作，那不輕鬆也沒有樂趣，更不是和朋友相聚。他今晚要去參加派對，而我要在家裡看著電影頻道重播的爛電影，配著從盒子裡挖出來的冰淇淋。

「我們何時可以聊聊？」我提問，「我想要彌補。」他的臉上沒有表情，我完全猜不透他在想什麼。以前我很了解他，但如今他已經成為陌生人。我已經厭倦了室友，我想要的是夥伴、我想要的是丈夫，我想要回到我們過去的時光。

「沒什麼好談的。」他說。

「談談我們的婚姻、我們的家庭和我們的未來，如何？」

「我說了，沒什麼好談的。」他講完這句話，就走出房間了。

他離去後，我坐在扶手椅上，轉著電視頻道。瑞奇闖進我心裡。那天在他辦公室會面之後，我一直躲著他。但我在想，今晚他在做什麼呢？他每天還是會傳訊給我說「想你」、「希望你沒事」以及「永遠守候你」。我從來不回，但每當我的電話響，我的胃就翻來覆去。有一個男人很關心我，但他不是我丈夫。

我打開他的最後一則簡訊，開始回覆，之後我又把手機丟掉，彷彿手機著了火。我的人生失控了，我需要想一想要怎麼做。我希望我能和比特聊聊，但我不想在週末時煩他。過去幾個星期以來，我想過要向我媽吐實，但我對於自己的所作所為感到太丟臉。我在叫自己住手之前，我打了電話給她，請她過來。

我替我們兩人倒了咖啡，原原本本告訴她過去幾個月發生什麼事。她一直看著我，聽進我講的每一個字，臉上完全不動聲色。等我講完，我們沉默地坐著。我很怕聽到她要說的話。她是我媽，她是虔誠的天主教徒，她在我眼中是聖人，永遠都會去望彌撒，手持玫瑰念珠祈禱，而且樂於助人。

「婚姻很難，」她說，「總有誘惑。你是一個很棒的媽媽，供養了你的孩子。我也是這種媽媽。你記得，我在紐約市工作了好多年。雖然不像你的工時這麼長，但也很辛苦。」我記得她回家時會穿著黑色裙裝套裝，搭配高筒運動鞋，就好像從電影《上班女郎》（*Working Girl*）走出來的那樣。她上廁所時，我會倚在廁所門邊，喋喋不休講個不停，她也從來沒得休息。一直到現在我才體會到她有多理解我的處境，我在想，當時她和爸爸的婚姻狀況又是如何。

「那些年很辛苦，」她說，「我上班、回家，然後又上班，從來沒能喘口氣。我覺得我會瘋掉。你需要挪一點時間給自己。沒有人能給你時間，你必須要偷時間。如果你沒辦法挪出自己的時間，你會繃斷，做出很糟糕的選擇。那就像是飛機上的氧氣罩。你要自己先戴上面罩，然後再替孩子戴起來。如果不是這樣，你們通通會死。」

我才剛剛跟她說我背著丈夫和主管偷情，但是，她沒有用她的道德觀和標準來批判或羞辱我；反之，她聽我說，並且對我展現同理心。我想起比特說過的出口論。瑞奇是我的出口，因為很渴望有時間，而史帝夫也成為丹恩的出口。他和我的處境一樣，我們都做過頭了，精疲力竭，快要發瘋。同在一條船上並沒有讓我們緊密相連，而是讓我們分離。或許，我真正需要逃離的，是高盛。

在工作上，我盡量和瑞奇公事公辦，務必不和他單獨相處。這就像我節食的時候家裡不可以放甜食，因為我不信任自己。如果我們排定的會議只有我們兩人，我會把比特一起叫進來，瑞奇看到他時會翻白眼。在比較大型的會議上，我會遲到或早退，這樣他就找不到只有我一個人的空檔，但整場會議中他都會盯著我，別人跟他講話時眼睛也沒轉開。

有一天，我們剛開完會走出來時，比特說：「夥伴，你一定要叫停。」

「什麼？」

「你看他看你的樣子，」他說，「他一點都不覺得丟臉，他根本不在乎別人有沒有發現。」

我把筆記本緊緊抱在胸前。「有這麼明顯嗎？」

「我覺得是。」他說，「他看起來很渴望你注意到他。」有權有勢、聰明、自信的瑞奇渴望我，這填補了一部分丹恩讓我感受到的空虛。但，我還是希望只有比特注意到這件事。多數的高盛人假設，如果有女性受到提拔，若不是因為有某種保障名額，那就是和某個人胡搞瞎搞。我還是享有「潔美修女」的清譽美名，因此大家把我歸類在「保障名額」這一類；

這已經夠糟的了，我不需要有誰暗示我是因為任何其他理由才得以高升。

隔週的星期六晚上，丹恩在家，我希望孩子睡了之後我們可以談談。等到孩子都上床了，我去客房。走廊的燈熄了，他的房門關了起來，但門縫有光線流出。我附耳在門上，什麼也聽不到。我的胃在翻騰，我鼓起勇氣敲門，之後我聽到一聲喀哩聲，客房的燈滅了。

隔天早上我在張羅早餐時丹恩說：「我兩點要跟史帝夫一起打高爾夫球，之後我們會一起吃晚飯。」孩子們在廚房裡你追我跑，開心尖叫。「你能來一下客廳嗎？」我問，他跟著我，關上我們身後的落地拉門。

「我們何時可以談談？」我說，「我想今晚談。」

他的藍眼睛轉向地板。「我還沒準備好。」

我用雙手摀著臉，一再、一再地揉著眼睛，我揉得很用力，但願等我再睜開時，會看到不一樣的場景。

「你覺得你何時會準備好？」我問，「這樣很難過日子。」我的話裡透露出了絕望。

「我不知道。」我等著，希望他會給我一個時限，但我只等到沉默。

「嗯，我明天要做一場簡報。」我終於開口，「你走之前，我需要一點時間做我的投影片。」

「沒問題。」

我吃完早餐，雖然我很想上樓去，帶著我的悲傷爬上床然後睡一覺，但我不能。反之，我退入書房。這是一場很重要的簡報，對象是我們最大的機構法人客戶信託銀行（Trust Bank），我們的訴求是能獨家取得他們一檔新基金。麥克會在場，而由於他宣稱我是他手下最差的常務董事，這是我證明他錯了的好機會。我多花了好幾個小時整理投影片，一直到該做的工作只剩下實際演練報告為止。

當晚稍後，孩子們都睡了，我在我的穿衣鏡前練習講我的簡報內容，一遍又一遍，直到我都背起來為止。有一張內容不太對，我不知道該如何說明。我希望開會之前能和比特談談，但明天的第一件公事就是這場簡報。就在此時，我的手機響了，是瑞奇傳來的簡訊：

「祝你明天好運。真希望我能在那裡，你一定能讓全場驚豔。」

我還沒有機會叫我自己住手之前，就撥通了他的電話。

「嘿，真高興你打電話來。」他的語調聽起來很訝異，這是當然，因為在他說他愛我之後，這是我們首次一對一對話。

「謝謝你的簡訊。」我說，「我剛剛做完投影片，你能幫我看一下嗎？」

「那當然。」他說，「傳過來吧。」我用電子郵件把投影片寄給他，然後仔細檢視我的簡報重點。他修正了幾處，我們拍板定了案，就連我有疑慮的那張投影片也解決了。

「感謝，」我說，「你救了我一命。」

「這是我起碼可以做的，我又沒辦法到場。」他說。他明天一大早就要飛往波士頓。

「你現在在幹嘛？」

「沒幹嘛，」我說，「就弄這份簡報而已。小孩都睡了，丹恩兩點就去打球，之後就不見人影。」

「啊。我都不知道他也愛打高爾夫。」他說。瑞奇鄙視高爾夫，他受不了愛打高爾夫的那種人，也受不了打高爾夫的人喜歡的文化，這又讓他在高盛的男人圈裡成為少數。

「我已經不確定丹恩是一個怎麼樣的人了。」我被我自己的話嚇到。我正在捅馬蜂窩，違反我自己訂下只跟瑞奇講公事的規矩，但我好累又好寂寞，我不想管了。

「嗯，我很清楚我是一個怎樣的人，」他說，「我絕對不會讓你變成高爾夫寡婦。」我的胃翻攪。

「瑞奇，」我說，「我需要一點時間。」我真不敢相信我聽起來居然這麼像丹恩。

「我哪裡也不去。」他向我保證。

隔天早上，我為了這場重要會議盛裝打扮，穿上我喜歡的長褲套裝和米色上衣。雖然我向來不戴配件，但那天我也搭了一串很沉很搶眼的灰色珍珠項鍊。我從車道倒車出來時，我注意到丹恩的車不在，因此我打電話給他，但電話直接轉到語音信箱。接著我傳訊息給他，但他沒回我。

我衝回家，想著他是不是搭計程車回來，但我去客房一看，裡面是空的。即便他上個月的行徑乖張，不回家都太不像他了，我很擔心他出事，於是我打電話給史帝夫，但他的電話也轉到語音信箱。

我在廚房裡踱來踱去，每走一步就愈來愈恐慌。我在想要不要打電話報警，但直覺要我別擔心，他很可能宿醉睡在霍布肯了。

但我上班不能遲到，這是我的大好機會，我要證明自己，證明自己不是排名最後四分位的常務董事，證明升遷是我應得的。

在接下來的十五分鐘，我打了好幾次電話，每一次聽到語音信箱就愈來愈擔心，愈來愈憤怒。我的電話終於響了，看到是丹恩的來電，讓我鬆了一口氣。「你還好嗎？」

「還好。」他說話了，聲音很粗啞，「我在史帝夫家，我睡過頭了。」我掛掉電話，想要大叫。知道他安全之後的放鬆，很快被壓力蓋過去了。

我完蛋了，就算他馬上回家，我也趕不上會議。我打電話給我媽時我很畏縮，我痛恨要這麼早吵醒她，但我別無他法。

她一到我就出門，我在渡輪上時丹恩打電話來了，但我不接。我之前因為他沒事而放鬆的心情，被憤怒取而代之。現在不是和丹恩談話的好時機，場合也不對。我一小時之內就要做簡報，我需要全神貫注。信託銀行的客戶來了，簡報很成功。我的簡報重點很完美，到頭來，他們同意讓我們獨家取得最新的證券投資組合。

麥克全場都在微笑，我們把客戶送進電梯之後，他要我去他辦公室。

「簡報很完美，你表現的很好。」當我們走進他的辦公室時他說。完成了這場簡報再加上經歷過早上的危機之後，我的身體因為放鬆而一軟。「信託銀行的陶德（Todd）非常讚賞你以及你和他們之間的關係。」

「謝謝。」我還加上眨眨眼，「我只是努力確保自己不要名列你手下的第四個四分位常務董事。」

「喔，別鬧了，」他說，「可能有的人會變成那樣，但你不會，我知道如何分辨。」

等我回到自己的座位上，比特抬頭，用期盼的眼神看我。

「搞定！」我開心地說。我們互相碰拳，接著我看到留言，是丹恩要我回電。我走進後面的會議室打電話，這才發現我已經好幾個星期沒跟他講電話了。

「今天早上的事我很抱歉，」他說，「我以為我昨晚會回家，但後來我決定在史帝夫家窩一晚。我忘了設鬧鐘。」我從落地窗看出去，早晨的陽光穿過摩天大樓，發出銀白的光線。早上所有的擔憂和挫折就像滿溢的浴缸，全都流出來了。

「你和史帝夫一起鬼混，」我說，「跟天知道是誰一起去做些天知道是什麼事，是我活該，我該受罰，我吞了。但今天我把我媽從床上拖出來，幫忙補救你喝個爛醉闖的禍。」

「等一下，我是跟朋友出去，不像你到處調情。」他的話深深刺傷了我，有好一會兒我屏住呼吸，只讓心臟跳動。

「你正在毀掉我的事業，危及我的獎金，」我說，「你希望我們的婚姻破滅，化為灰燼，沒問題，但不要毀掉我的工作，是我的工作養了我們一家。」這些話尖銳快速地脫口而出，我一口氣講完。

「我道過歉了，不要再扮演受害者，」他吼回來，「我才是受害者。」

「我要做事了，」我打斷他，「我現在不能跟你講。」

「好啊，你就走開，不要講了。這是最好的解決辦法。」他說。

「我走開？你想解決問題？」我的聲音很大，我擔心會有人聽到，於是我瞄了門外一眼，確定附近沒人。「你才是那個沒聲沒影、無消無息的人，你才是幾乎害我無法做簡報的人，你才是一天到晚在外面的人，你才是躲在客房的人。我一直都在，我一直都準備好要談，我一直都在等。但你就是不撥出時間，你說沒什麼好談的。」我已經講到口沫橫飛。

「你說的沒錯，」他說，「也許一切都太遲了，也許我已經沒興趣了。」我掛掉電話，癱坐在旁邊的椅子上，拔下我的婚戒，拿在手裡，看著小小的方形鑽石在會議室的日光燈下閃耀。我想到我們在珠寶行設計婚戒那天，想到他把戒指套到我手上那天。現在，我少了婚戒的手指看起來好奇怪，少了婚戒的感覺也好奇怪，我這才發現，如果丹恩不是我的丈夫，那會有多奇怪。我坐下來思考他的話。對他來說可能太遲了，對我來說可能太遲了，對我們的婚姻來說可能太遲了。

當晚，一家借券客戶在米特帕金區辦派對，但我去參加派對之前，先在附近的酒吧和我的團隊喝幾杯。和丹恩之間的家庭問題已經亂七八糟，但我至少成功解決工作上的問題。這場簡報的各種花絮，讓我的勝利滋味更甜美，也讓我更強烈感受到放鬆。雖然我跟丹恩的對話不愉快，但我的心情還是不錯。

「潔美！跟我們喝一杯。」我手下的分析師湯米（Tommy）說。我們在華盛頓街（Washington Street）上一家小酒吧，塗上除蟲漆的吧台上放了十二個酒杯排成兩列，然後一頭放著鹽罐，另一頭放了一大碗的檸檬角。湯米和組裡的分析師站在一起，用期盼的眼神看到我。比特在酒吧另一頭聽到這裡的騷動，也跑過來一起玩。

「有何不可？」

每個人都大聲歡呼，湯米把鹽罐遞給我和比特，我們圍成一個圈圈，拿起酒杯。等我們伸手去拿檸檬、把檸檬塞進嘴裡時，酒杯被丟到吧台上，尖叫聲和擊掌聲此起彼落，分析師們微笑的臉龐讓我覺得整個人好輕盈。我把婚姻先放在一邊，痛痛快快休息一場。

有人跑去跟酒保點第二輪酒，比特說：「我先走了，你小心。」他的眼睛射向剛剛進來的瑞奇。「明白。」我們碰拳時我說。我真希望我有先跟比特說我和丹恩之間發生了什麼事，但我得等到明天了。我和比特之間不只是經理和部屬，我們已經是密友，在高盛這種割喉戰盛行的地方很罕見，就我的經驗來說，在高盛，同事之間通常會威脅彼此。我們之間的關係很不尋常，但我們跟別人不一樣，我們有共同的價值觀，多年以前彼此就已經有了共鳴。我們結成盟友，在瘋狂的世界裡志同道合，我們也覺得需要對方才能撐下去。

他離開後，我和分析師聊天時又點了一輪酒，大約一小時後，我去了洗手間清醒一下。等我出來，大家都走了，只剩瑞奇，他坐在吧台椅上，檢視著帳單。我靠著洗手間外的木飾板牆面，看著他研究收據，然後拿出信用卡。如果我過去，我就打破了自己不要和他獨處的誓言。我心裡想到上一次我們獨處的事，那一晚代表了我的婚姻開始崩解。我應該走出去，直接去派對會場，或者乾脆回家，別管小孩應該睡了，丹恩又躲在客房門後。丹恩「或許太遲了」這句話一直迴盪在我心裡，把我推向瑞奇。

「嘿。」他說。他棕色的眼睛把整家酒吧的空氣都吸走了。「大家都去哪兒了？」雖然我覺得胃很不舒服，但我講話時還是努力裝出漫不經心的感覺。我很怕要靠近他，很怕我會做出什麼事，但不知道之後可能會發生什麼事，讓我更想待在他身邊。

「我猜是回家了或者去派對了吧。」他說。他旋轉著手中那杯酒，眼睛定定地看著我。「和我一起坐。我好想念你。」整間酒吧鬧哄哄地，旁邊都是人們的聊天談笑聲，他身邊的黑色皮製吧台椅空著。一杯酒放在我眼前，那把椅子就像磁鐵一樣，把我的身體拉了上去。

他講起他出差的事，我跟他講到和信託銀行開會的事。「哇！」他說，「承受著這些壓力，你還可以這麼強，你太了不起了。」我把身體坐直。這些日子以來，瑞奇一直都讓我覺得自己很棒、很聰明、很能幹。此時，酒保過來拿他的信用卡，結果撞到他的手臂，撞倒他的酒杯，紅酒濺到他的白襯衫上。

酒保瞪大了眼，「喔，不，」她說，「我很抱歉。」

瑞奇檢查襯衫，看看問題有多嚴重。「我衣櫃裡有兩打這種襯衫，」他說，「不用擔心。」酒保鬆了一口氣，笑了，然後走開。職場上多數人都會為了這種事大吵大鬧，知道瑞奇不一樣讓我笑了。

「我們繞過去我家一下，我可以換件衣服再去派對。」他說，「就在街角而已。」他的樣子看起來很好笑，白襯衫上有紅色的污漬，但很惹人憐。看到他這個永遠打扮得無懈可擊的人弄得一團糟，實在很可愛。但，如果我跟他去，我就會在喝了這麼多酒之後在他的公寓跟他獨處。在酒吧裡獨處是一回事，在公寓裡獨處是另一回事。我回想起凱迪拉克後排座位發生的事，但我已經厭倦去分析、去思考選項，想著什麼是對的、什麼又是錯的。我只想要做此時此刻我覺得對的事。

「好。」

我們走到外面，開始下起雨，因此我們站在酒吧的雨篷下。我看到左手邊的哈德遜河（Hudson River）和遠方的紐澤西，彷彿在召喚我回頭，但就在這時瑞奇以手指交纏握住我。

「幾條街而已，」他說，「我們跑過去。」他拉著我沿著人行道跑，我們衝過鵝卵石的街道。冷冷的雨打在臉上，我們衝過水窪時我笑了。跟著他讓我覺得好放鬆，我覺得自己好像是一名正在拍戲的演員；這附近恰好也常有電影來取景。我們跑到他家那棟樓時已經氣喘吁吁，一走進電梯就開始甩身上的雨水，當他按下樓層時，我們都沉默無語。我們不會待很久，我想著，他只是要換件襯衫，然後我們就過去派對。但我等不及要和他在他家獨處，避開每一個人、每一件事。

「那麼，這就是我家了。」我們進門時他說。當他要把鑰匙插進鎖孔時，他的手顫抖，胡亂推著鑰匙。我跟著他進去，關上身後的門，接著他把我抵在門上，吻了我。雨水從我們頭上滴下來，低到我們的臉上，他繼續吻著我的嘴、我的脖子和雙耳。這一天、龍舌蘭酒和他的撫觸讓我心馳神迷，我在逃避當中感到喜悅。

「你讓我好快樂。」他說。我的身體一震，我笑開了。

「我們濕透了。」他往後退一步，「我們來換個衣服。」他把我拉進他的臥室，我緊抓著我的包包。我不敢相信我居然來了。我四處張望，欣賞起床頭一張瑞奇和孩子們的合照。

「穿上。」他一邊說，一邊遞給我棉褲和T恤，「這不是你的尺碼，但比你的濕衣服好。」他指指他的浴室。浴室漆成淺灰色，浴櫃是白色的，淋浴間也是貼上了白色的地磚。我在橢圓形的無框鏡裡看到自己的影子。我的頭髮濕透了，臉上都脫妝了。我換上布朗大學的T恤，他最大的孩子就讀這裡。我不由自主地笑了：我兒子還在包尿布，他女兒已經在念大學。

我看到瑞奇坐在客廳的扶手椅上，穿著藍色的牛仔褲配綠色T恤。燈光很昏暗，他面前茶几上的燭光一明一滅，旁邊還有兩杯紅酒。

「過來，坐下。」他一邊說，一邊敲敲沙發，「派對去不成了。」我若有所思地說。

「嗯，你看起來很美，」他說，「但你這身打扮不適合參加派對。」他微笑著，端給我一杯紅酒，我啜了一口，舒舒服服坐進扶手椅裡，就在他懷中。

「那麼，你喜歡我這裡嗎？」他問。他把我緊緊擁入懷中，我把頭靠在他肩上，審視著這間公寓。這裡的格局是一大房，有一個小小的開放式廚房和沙發，沙發就面對著他的電視。跟他的舊家相比之下很小，但非常適合他。

「很棒。」

「嗯，這是別人轉租給我的。」他說，「我要買棟房子，我想請你幫我找找。」我看進他的雙眼，我發現他是認真的。我之前和丹恩的對話，現在感覺起來像是結束的開始。現在的對話會成為新局面的起點嗎？要在我三十六歲的時候和另一個男人重新開始，和瑞奇展開新的關係、一起過生活嗎？這個念頭讓我很緊張，但我不確定那是恐懼，還是興奮。我心裡開始累積壓力，就像正在滾的熱水壺即將噴出蒸氣，觸動哨音。我不想回應、我不想思考、我不想決定。反之，我靠過去，吻了他。我吻的又濃又烈，追逐著他，我想要耗盡我的體力，這樣我就不用專注在腦子裡跑個不停的各種問題，不用去想我的婚姻、我的孩子、我的未來。我拉掉他的T恤，用我的手撫著他的胸，他駁雜的體毛在我的指尖纏繞。

我們脫掉一件又一件衣服，每脫一件就標示著我們之間的一個時刻，就像一腳踩進到此刻之前僅在我們的想像中出現的親密儀式。最後他脫掉我的內褲，我們終於到了這一步，裸著身，全無遮掩。我雙腿岔開騎在他的腰上，手臂往下抵著他的胸口。我的手機響了，我看到來電顯示是丹恩，我在想，不知道他是不是後悔自己說了那些殘酷又嚴苛的話，但太遲了。我不管電話，彎下身再度親吻瑞奇。就這樣了，就要發生了，沒有理由不做。我被挖空了，內心一片空洞，我想要被填滿，再度完整。我聽到手機又響了。丹恩好幾個星期都沒打電話給我，現在他卻在幾分鐘內就打了兩通，因此我坐起來接電話，我知道一定是小孩的事。

「媽媽，是你嗎？」貝絲小聲地說。

「嗨，寶貝，」我說，「怎麼了？」我離開瑞奇的身體，往下看到我的裸體，我用手環抱住我的身體，把手機夾在頸肩。

「我肚子痛，」她說，「我要你。你什麼時候回來？」瑞奇躺在我身邊，臉上一臉困惑。這副景象很超現實，我不敢相信這是我的生活。我有很多種不同的身分，但首先我是人母，這些孩子們才是我的第一要務，而不是成為常務董事、成為妻子，或成為瑞奇的什麼人。

「喔，甜心，」我說，「我真抱歉，我很快就回家。」我抓起腳邊的T恤，往頭上套下去，很難。我無法快速把衣服穿好。

「沒事吧？」瑞奇問。

「沒事，」我說，「但我要回家。」我去浴室換衣服，等我回來，瑞奇坐在扶手椅上，打扮整齊。

「我派車送你回家。」他說。

「不用，我沒事。」

「好，那我送你下樓。」

「不用，沒事。」我說，「明天見。」

我離開他住的大樓，衝向地鐵，打在我臉上的雨很大很冷，就像力道很強的巴掌；這一巴掌把我從我的迷亂中打醒，這一巴掌把理性打入我身體裡，這一巴掌把我打回現實。我從來沒想到我居然會因為小孩有病痛而感到慶幸，但貝絲這次肚子痛可說是最好的事了。歷經了幾個星期的心猿意馬之後，我有了答案。

等我到家，我發現貝絲和丹恩依偎在起居室的扶手椅上，這讓我想起瑞奇扶手椅上的撫愛擁抱，我覺得反胃。

「媽媽。」貝絲低低地說。她的臉色蒼白，雙眼半閉。我把一隻手放在她的額頭上，她很熱。配上肚子痛，我很確定是鏈球菌作祟。

「我餵她吃了一些止痛藥。」丹恩說。他的眼睛看著電視上正在播放的卡通，我抱起貝絲，她的頭靠在我的頸間，幾個小時之前，瑞奇也吻過我的頸。一想到我身上有他的味道，我的胃一沉。這種雙面人生打擊了我，我要放掉一邊。

我把貝絲放上床，走下樓，把門鎖起來。我看到丹恩還坐在扶手椅上，手裡拿著啤酒，眼睛盯著電視。「嘿，」我說，「我不知道你還在這裡。」

「我想談談。」他說。我坐到扶手椅上，面對他。他或許後悔早先說的那些話，他想要修補我們的婚姻，我們或許還有機會寫下美滿的結局。

「說說看，你今晚去哪裡了？」他說著，眼睛還是盯著電視。

「一家借券客戶辦派對，」我說，「我去了聯合廣場（Union Square）的酒吧。」我真不敢相信我變成了大騙子。我也不太認同自己，現在我居然這麼輕鬆就能說謊，但我說服自己這是最後一次，因為我想要展開新生活、新模式、新篇章，我希望丹恩也想要成為當中的一分子。我做的事是錯的，但丹恩不理我、瑞奇緊緊追著我，我很困惑。我之前遺失了人生的地圖，但我現在找回來了，我知道自己的容身之處了。我想要重新開始，忘掉我們兩個人過去幾個月所做的事。

丹恩的眼睛布滿血絲，眼袋也很明顯，他的下巴和臉頰都是灰白的鬍渣。他看來仍是一副深夜流連在外之後的宿醉，我體會到，過去這幾個星期以來，我們兩個人都犯了錯。我準備好要彌補，繼續向前邁進了。

「你這說謊的賤貨，」他說，「我追蹤你的手機，我知道你去了哪裡。」

我睜大眼，嘴巴也打的開開的。我不知道可以追蹤電話，但說到底，他可是個科技人。我覺得自己像是落入蜘蛛網裡的蝴蝶，隱私被侵犯的憤怒席捲我全身。我真希望今天早上我不知道他人在何處時可以追蹤他的電話。在此同時，面對現實讓我覺得鬆了一口氣，我可以不用再說謊了。我的欺騙氣球已經吹得太大，就要破了。現在我們要談開來，不要再躲在謊言和客房門後了。我們會大小聲，搞得一團亂而且很難看，但總比難以捉摸的沉默好。我們這棟婚姻大樓已經被判定為危樓，如果我們還想保留，就要先敲掉。

「我很抱歉。」我說。

丹恩從扶手椅站起來，站在牆邊，他的眼神很狂野，他的手握成拳頭，就好像即將要去打拳擊一樣。我之前沒看過他這個樣子，看起來他有可能殺人。我開始顫抖，很害怕不知道他要說什麼或是做什麼。接著丹恩大叫，並且出拳捶了起居室的牆壁。石膏板塌了，留下一個大洞，我尖叫。灰塵和牆體落在硬木地板上，露出山毛櫸木框。我用手掩面，穩住自己時開始啜泣，我明白我毀了一切：起居室的牆、我的婚姻、我的人生。「我受夠你的謊話了。」他啐道。他俯視著我，雙眼充血，我看不到本來的藍色。我覺得自己好渺小，好沒有價值。我對丹恩、瑞奇和我自己說謊，說了太多，以至於我已經不知道什麼是真的、什麼是假的了。「如果你不跟他斷了，」他說，「我走，永遠不回來。」他走出起居室，像一陣風一樣上樓。

我在扶手椅上蜷縮成一顆球，用力把膝蓋抱進胸口，連我的胃都痛了。我閉上眼，啜泣。他會走。我之前從來沒想過這樣的結局。沒錯，我偷跑去瑞奇那邊，拋下丹恩，但，我心裡從沒想過丹恩會離開我，然後繼續過他的日子。我為什麼沒想過？他會走，而且把小孩帶走，我不可能兼顧他們和工作。我可能失去一切，而我連想都沒想過。我撐住我的頭，指甲扯進頭髮裡，我想到我和丹恩打造出來的願景都將成為我無法掌控的海市蜃樓，包括我們的婚姻、我們的家庭、我們的家。我對自己說，我可能失去全部，我的指甲扯的愈來愈用力。我抓起手機，寫電子郵件告訴我的助理說我隔天要請假，我看到指尖在流血。

我把公事包倒出來，摸出贊安諾藥瓶，沒配水就吞了兩顆。我爬上扶手椅，看著快樂的卡通人物在電視上唱著歡愉的歌。如果人生這麼簡單就好了，如果我變成一個更好的人就好了，如果我夠強大、可以讓一切井然有序就好了。我哭著，等待贊安諾發揮藥效，讓我昏睡過去，讓我的恐怖人生秀消失在黑暗之中。

天還沒亮我就醒了，又變成扶手椅上的一顆球，電視仍在播放刺耳的卡通。我發腫的眼睛上都是眼屎，我覺得自己很骯髒，感覺上是我讓人噁心的背德滲入了皮膚，污染了我的身體。我踮著腳走上樓沖澡，熱水沖在我的肌膚上，我要把我的身體、瑞奇的氣息和我原有的人生都沖沖乾淨，骯髒噁心的水旋轉著流進了下水孔。我不確定會怎樣，但今天的我不一樣了，我新生了，重新對我的孩子許下承諾，還有對我的先生，前提是如果他允許的話。

我在做煎餅時電話響了，是瑞奇傳簡訊過來，「都還好嗎？」「你有順利回家吧？」當我聽到孩子們下樓的腳步聲，我只想到也該跟他斷了。

「媽媽，你在家！」艾比一邊說，一邊抱我。

「你怎麼會在家？」他一邊問，一邊把路克放進高腳椅。

「嗯，今天星期五，貝絲又生病，我想我可以休個長週末，幫點忙。」我說，「也許我們可以聊聊。」貝絲跟在後面，丹恩則跟在路克後面。

「好的。」他說。

當天早上稍晚，丹恩拿著筆記型電腦在餐桌上辦公，我加入他。「我和他結束了。」

我說。透過玻璃滑門照進來的陽光閃閃發亮，光線讓我的眼睛好刺眼，前一晚的酒和眼淚讓我的頭抽痛，但丹恩看起來好多了，鬍子刮得乾乾淨淨，眼神明亮。「我還是希望我們仍是一個家。」我說，「我搞砸了一切，我很抱歉。」丹恩看著我，他的沉默在我胸口鑿出一個洞。

「我快崩潰了。」我說，「我醒著的時候都在高盛。我疲憊不堪，我沒有想清楚，我做出了不好的選擇。瑞奇是不好的選擇，是大錯特錯。請給我一個機會，我想彌補。」

我們並肩坐在新婚時買下的桌子旁。以前漆成亮白色的椅子已經出現缺口，桌面上也坑坑疤疤。

「我也想要彌補。」他同意。

我閉上雙眼，讓這些話洗滌我。雖然我們有很多事要努力，但至少我還有機會。

「我也討厭高盛。」他說。他把手放在胸口，好像是在安撫自己的情緒。「我討厭變成單親爸爸，我也犧牲了我的事業。我們以前有共同的人生，現在你有另一個人生，而我什麼也沒有。我用酒精和史帝夫來麻醉自己，好忘記這一切。我痛恨高盛對我們造成的一切傷害，那些錢不值得。」

我執起他的手。他一直在做我希望他做的事，努力養育孩子們，但他也不快樂。我們兩個都在犧牲，而且，即便丹恩從來沒踏進過高盛的大門，高盛也正在扼殺他。

「但我們得有所改變，」他說，「你不可以再和瑞奇一起，我也不會深夜和史帝夫出門，我也認為我們可以去找諮商師。」

「好的，」我說，「當然。我很抱歉，我都不知道你經歷這些事。」

「我想，我們已經有很久都不知道對方很多事了。」他說。

「還有，丹恩，」我開口說話，我心裡很緊張，雙眼蓄滿淚水，「就算發生這些事，你永遠是我最好的朋友，我希望能回到我們過去的樣子，不只是為了孩子們，也為了我們自己。」

「我也希望。」他說。我笑了，從桌子旁邊起身，去看看孩子們。

「嘿，潔美。」他說。我轉過身，他把我拉入懷中，我們兩人伸出雙臂緊緊相擁。我閉上眼，把頭靠在他胸口，他的心跳聲迴盪在我耳中，我吸著他的氣息：肥皂味、薄荷味混著咖啡，這是家的氣息。

◇◇◇◇◇◇◇◇◇◇◇◇◇◇

那個週末稍晚時，我去閨密莉莉家喝咖啡。多年來她一直叫我離開高盛，在我跟她說完工作上和丹恩發生的事之後，她更是強力主張她的看法。

「現在你該離職了吧？」她下令，「你難道沒看懂，最後你還是得離開？」我們坐在她的餐桌旁，我們之間放了一盤巧克力脆片餅乾。我用手撐住頭，用手指按摩太陽穴。

「我知道我得離職，」我說，「但沒這麼簡單。」我痛恨替自己找藉口，但我很迷惘。

「這麼多年來，高盛就是那個會對你施暴的男朋友，」她大聲嚷嚷，「這傢伙視你如糞土，然後帶你出去吃一頓豪華大餐。」我知道她說對了一部分，但我也沒瘀青，再考量到他們給我的，情況也沒這麼糟：我有地位、名聲，我有錢。我知道我必須離職，但現在我正處於斷開瑞奇並重新對丹恩許諾的時刻，我可以花點時間搞清楚每一件事。我不用馬上離職，我給自己的理由是馬上走太倉促、也太傻了。

「但你沒看到全貌，」我抗辯，「這就好像冰河一樣，你看到的是頂端，但水面下的才是絕大部分。我成年之後的人生都在高盛度過，多年來，他們已經洗腦我們，一直說如果我離職就會失敗，如果我沒了高盛就一無所有，我永遠再也找不到工作。我非常害怕這些話是真的。」我的聲音漸漸停止，我真不敢相信我聽起來這麼可悲。我希望我可以看到她看到的，但對我來說，高盛已經不只是一份工作，我已經成為高盛，高盛代表我為我的家庭所做的一切，讓背著背架、默默無名的紐澤西女孩可以功成名就。不管我的理性說什麼，有一部分的我相信麥克和他的信誓旦旦：少了高盛，我什麼都不是。

「老天啊，潔美，」莉莉倒抽了一口氣，「他們真的把你整的很慘。」她搖搖頭，用混合了震驚、惋惜與悲傷的眼神看著我。

「媽媽，不要煩她。」她十三歲的女兒艾瑪（Emma）插嘴了。我都沒注意到她站在我後面。「你也知道，潔美阿姨永遠不會離開高盛。」我看著艾瑪，她藍色的雙眼帶著同情，我的胃又再翻攪了。這個快要成為女人的小女孩，看著我替自己找藉口，解釋我為何接受這麼可怕的對待。這是我想要替她以及我的女兒們樹立的角色典範嗎？

我很迷惘，不斷地和自己抗爭。我腦海裡小小的低語愈來愈大聲，說著我應該離開、我值得更好的對待，但麥克宏亮的聲音一直把它壓下去，逼著它閉嘴。

—第十三章—

意志堅定斷孽緣，婚姻諮商首邁步

接下來的星期一，我想盡快和瑞奇談談，所以我直奔他的辦公室，我每走一步，脈搏就更快一點。他從玻璃牆面看到我，打開了門。

「我們要談談。」我一邊說，一邊走到辦公室的另一邊。

「好，」他說，「我也有事要跟你說。」我們對望著，壓力就在這一秒高漲。

「你先說。」他說。我們站在他辦公室裡會議桌的兩側，旁邊都是空著的椅子。我聞到自己的香水味，裡面混雜了我頸部的汗味。瑞奇一臉期待，他的嘴唇彎了起來，露出了一抹謹慎的微笑。

「我們得結束了。」我說。

他的臉垮了下來，這不是他期待中的答案。他跌進一張椅子裡。「我不明白，」他大喊，「我們讓對方很快樂。」他的眉毛皺在一起，嘴角拉了下來。

「重點不是我們，」我說著話，也在他對面坐了下來，「而是我的家庭。我要修補我的婚姻，為了他們，也為了我自己。」他的眼睛濕了，我從沒看過他這副模樣，我受不了我對他做的事，我受不了我自己，於是我只好轉頭從辦公室的玻璃牆面往外看。

「拜託，不要這樣。」他說，「你好好想一想。」我看著他的雙眼，那是一種我無法形容的顏色，讓我想起肉桂和蜂蜜。他深邃的眼紋凸顯了他的雙眼，刻畫出他的知識與信心。我不知道我愛不愛他，但我很愛和他在一起時的我自己，那時的我只是單純的一個女人，不用對任何人或任何事負責。我的心試著把焦點放在丹恩和孩子身上，不去看瑞奇垂頭喪氣的臉。

「我想了好幾個月了，」我的聲音粗啞，「我們要了斷。」

他雙手交握，把嘴擱在手指上。我想離開，把一切拋在腦後，但我仍黏在椅子上。

瑞奇清了清喉嚨。「今天是我在高盛的最後一天。」他宣布了。我用力吸了一口氣。我跟他很熟，我們分享了很多事，但我不知道這件事。然而，他不用多說一句，我知道發生了什麼事。多年來我聽說的「一進一出」潛規則，原來是真的；高盛要控制常務董事的人數，再加上，為了挪出位置給我，麥克得請一位現任常董離開。「我以為，你升上來之後，我們更容易在一起。」他說著，並淡淡地笑了。

我覺得自己像是人形毒藥，被我碰過的東西都會完蛋，比方說婚姻、事業和關係。在這個扭曲的環境下工作多年之後，我已經像高盛一樣有毒。而，最可鄙的是，他的話讓我鬆了一口氣。現在我已經免於面對誘惑與罪愆，現在我可以和家人在一起了，不會有人在我眼前一直讓我想起自己犯過什麼錯。

「我很抱歉。」我說。

「我很快就會離開，不想引人注意。」瑞奇解釋，「麥克之後會宣布，所以，先不要告訴任何人。」

我點點頭。

「嗯，那麼，」他說，「我想，這就是告別了。」

他微笑，接著轉身走向辦公桌，我在後面盯著他看，看著他的後腦、他頸邊的髮線、他寬闊的肩膀。然後我走回我的辦公桌，我的身體在發抖。

我去參加一場會議，但我整個心思還想著後方瑞奇的辦公室，我只能逼著自己不要看。視訊會議結束，我轉過身，看到他辦公室的門開著，但桌子已經清空。沒有咖啡杯，沒有公事包，沒有外套。

「全團隊到後面開會。」麥克從辦公室發號施令，大家紛紛離開座位。有些人交換了憂心的神色，有些人則笑鬧著，我們就在交易室後方的開放空間集合。

「我要宣布一件事。」他說，「瑞奇離職了。」訝異聲四起，此時比特瞪大眼睛看著我，我用嘴型說「等下說」。

「賈斯汀・藍辛（Justin Lansing）會在一個月內從洛杉磯回來負責交易室，」他說，「期間會由我負責例行事務。」麥克審視我們一會兒，接著就回辦公室了。他從不接受提問。我們走回座位時，大家一邊磨蹭一邊討論，試著消化剛剛的消息。

我剛進高盛時，賈斯汀・藍辛還是資淺員工。他是土生土長的紐約人，過去十年來在全美各地辦事處為麥克效命。他是常務董事，也是麥克的好友，兩人都是杜克大學校友。藍辛來紐約出差時，他們倆常聚。不管高盛的管理階層出現多大的變化，背後總有個隱藏版的故事。傳言說賈斯丁想要調回紐約，這次的調動，是麥克對於賈斯汀長年在外表達的感謝之意；現在他可以回老家擔任更高的職務，也許有一天可以成為合夥人，接下麥克的缺。

可以在麥克手下任職的常務董事人數設有沒講明的限額，這是為了確保這個職務在公司內的尊榮感與菁英感。如今瑞奇離開了，我是新任的常務董事，麥克手下的常董人數不變。賈斯丁早已經是他的常董，從洛杉磯調回紐約是可以接受的布局，不會危及其他常董的地位。

當天下午，我和比特拿了咖啡，一起躲到後會議室。

「搞——什——麼——鬼。」他說。

我從玻璃牆面看出去，確定附近沒有人之後，我急急地告訴他來龍去脈，從丹恩的派對與睡過頭事件，講到瑞奇的公寓和我與他之間尷尬、糟糕的告別。

「我真不應該把你丟在酒吧。」他說，「我就知道會發生這種事。」他用手抓著他濃密的銀髮。「我又不是你的責任，」我說，「況且一切都結束了，我和丹恩會沒事的。」我說這些話時，內心深處知道這是真的。

◇◇◇◇◇◇◇◇◇◇◇◇◇◇

「是希金斯夫婦嗎？」一位女士問。她很美麗，顴骨高聳，妝畫的完美無瑕。我和丹恩跟著她，來到一張超細緻的灰色沙發上坐下，她則坐在我們對面一張超大的紅色椅子上。她看起來年紀比我們大，但有年輕人的充沛活力，她顯然人生閱歷豐富，但又很年輕可以同理我們，這就是我們在婚姻諮商師身上想看到的特質。

「歡迎。」她說，「今天兩位是因為什麼原因過來？」她帶著一個夾板，手上握了一支筆，雖然我知道該怎麼回答這個問題，但可以的話，我寧願躲在扶手椅底下。我旁邊的石造噴泉水流潺潺，我嚥下喉嚨裡堵著的羞愧。

「我背叛了我的丈夫。」我說。

她點點頭，淺淺一笑，代表她之前聽說過這件事了。聽到我向一個陌生人坦承此事，就落實了我的所作所為。丹恩抓著我的手，捏的很緊，我不敢相信他居然還想碰觸我。我很感激他，對自己很感冒。

一小時後我走了出來，眼淚和後悔讓我精疲力竭，但我覺得很樂觀，我們終於踏出修復婚姻的第一步。當晚，孩子們睡著後，我的房門傳出敲門聲。丹恩穿著藍色棉褲和黃色T恤站在門外，手臂夾著枕頭，嘴上展現了一抹期待的笑容。分房幾個月之後，現在他真真切切地回來了，他走進來時，我的胃又翻了過來。

第十四章

新主管變本加厲，明槍暗箭難閃躲

幾個星期後，賈斯丁接掌了瑞奇的辦公室、透過玻璃落地窗牆面，我可以看到他把這間辦公室改造成屬於他的風格。鑲了框的鄉村俱樂部果嶺照片，掛滿了原本空白一片的牆面，書架上端坐著簽名棒球和美式足球，他的書桌上還放著一個大型的紐約噴射機隊（Jets）泡棉加油手指。

「潔美，我們的小分析師，」當他看到我在他辦公室門邊時他說：「我們又相遇了。」

「是啊，」我說，「歡迎回來。」我們握了手，我在他的會議桌旁坐了下來，我面前放了兩份我的業務計畫書。

「麥克說了，你是我的萬事通，」他說，「我必須說，我很意外。」他湛藍的眼睛閃著光，他偏紅的金髮很稀疏，剪的很短，蒼白的臉上布滿了雀斑。他手上握著一顆紐約噴射機隊的迷你美式足球。「以前我覺得潔美修女沒辦法應付這些大男孩。」

「我誰都應付得來。」雖然我想朝他的臉出拳，但我還是微笑。我已經很多年都沒聽到別人叫我「潔美修女」了。「就希望是這樣吧。」他也抱以微笑，露出了一排大白牙，「新警長要接管本鎮了。」

「好的。」我不知道該如何回答。在這個當下，我覺得這幾年在公司的資歷都被抹去了，我又回到第一次面試的時候。我等著他開口，但他只是看著我，室內一片沉默。

「嗯，」我最後接下去說，「我很樂意與你分享我的業務計畫。」

「請。」他說，「我洗耳恭聽。」我在他面前放下一份簡報資料，然後開始講，他斜斜靠在椅子上，瞪著白色的天花板磚，一直把他的噴射機隊橄欖球丟來丟去。他對我說的話完全沒有反應，他不提問，他的表現彷彿我這個人根本不存在，辦公室裡只有他、天花板和那顆球。

會面之後，我坐在電腦面前盯著螢幕保護程式，我眼裡都是淚水，電腦畫面也跟著模糊了起來。

「怎麼樣?情況如何？」比特一邊問，一邊朝我靠過來。

「嗯，對你來說的好消息是他愛美式足球，」我說，「你們有共通點了。」情況已然明顯，這會是他們僅有的共通之處。

隔天，我站在交易員這一排後方的一部印表機前，等著一份文件印好，此時我聽到賈斯丁走過來。

「我得找個助理，」他說，「不能太老、太醜、太鬆。你懂我的意思嗎？我要年輕、高挑、緊緻的助理。」他面向傑瑞和維多，雙手在胸前做出杯狀，彷彿他有胸部。傑瑞和維多用閃閃發光的眼神看著他，彷彿找到了長久以來都沒找到的領袖，接著他們互相擊掌、碰拳、大笑。我直直向前看，把焦點放在辦公室另一邊的米色壁燈。我看到他們就在我的四周快活地互相拍背，用迷你橄欖球隨興來一場拋接遊戲。我咬緊牙關，緊到連我的太陽穴都繃住了。一等印表機印出我要的文件，我就盡快在不奔跑的前提下回到座位。在我回座位的途中，我的助理凱蒂（Katie）揮揮手示意我停一下。她支援這一層樓很多經理，但不包括賈斯丁。她的座位是我的避風港，我可以去找她，跟「真正的人」互動以便得到療癒。我們會交換彼此小孩的小故事，聊一聊最新的育兒妙招，一起抱怨我們已經累到半死。

「我聽到賈斯丁剛剛說的話了，」她小聲說，「他好噁心。」我點點頭表示同意，在這時我又聽到賈斯丁的笑聲飄過來。「我不知道你這個常務董事在這裡要怎麼活下去，」她說，「你跟他們都不一樣，你一定很孤單。」這時傑瑞過來了，丟下一包厚厚的差旅收據叫她處理，卻連謝都沒謝她。

「確實。」我看著傑瑞走遠，同意了她的講法，「但還好我像妳。」我們對彼此微笑並擊掌之後，我才走回座位。

隔天，有一位我指導多年的女性副總裁珊卓（Sandra）要求和我見面。「賈斯丁邀請部門裡每一位男性去男仕俱樂部的蘇格蘭威士忌品酒會和做一些老天才知道的事，」她說，「他們一直都在講這些，那交易室裡的女性要怎樣才能認識他這個人？去脫衣舞俱樂部嗎？還是賈斯丁根本不在乎認不認識我們？」

我看著她的棕色大眼，她的臉龐好年輕。賈斯丁當然會帶男人去男仕俱樂部。我的心快速運作，想要找一個可接受的理由；我痛恨自己是部門裡唯一的資深女性，我還得掩護這些男人的不當行為。

「他剛來，」我解釋，「給他一點時間，也許他對女性有不一樣的規劃。」我試著相信自己的話，但我心知肚明。

事實是，包括高盛和我們的法人客戶，華爾街裡大部分都是男人。無論是和客戶還是和同事，很多「課外活動」都專為這些順應生理性別白人男性預設的興趣量身打造：打高爾夫、抽雪茄、喝威士忌、去脫衣舞俱樂部和刮鬍子修面。

我在上班日會在辦公室見客戶、晚上一起吃晚飯，但換成賈斯汀這些人，他們和客戶建立關係的辦法是去愛爾蘭打高爾夫球度週末、去科羅拉多州維爾市（Vail）滑雪、去賭城瘋鬧，這些活動絕對不會邀請女人，我完全沒辦法和客戶培養出這種關係。同樣的道理也適用於辦公室內部的維繫人脈活動，在賈斯丁手下工作的女性決不會受邀到男仕俱樂部，「好老弟」類型的男人會在這些地方花好幾個小時抽雪茄、聯絡感情。這些瘋狂行動背後是有用意的：同屬這類型男性和同類的管理階層以及最大的客戶維持最強韌的關係，從而維繫影響力。這樣可以維持老男孩俱樂部繁榮昌盛，並強化當中的權力。

隔天傍晚，我們最大的客戶國家信託（National Trust）從芝加哥遠道而來。早在賈斯丁還沒接管此地時，我在幾個星期前已經計畫好要跟他們共進晚餐，這是一個讓他知道我和比特跟客戶的關係有多好的機會。我們在中城一家牛排館訂了位，賈斯丁會晚到，因此我和比特先去。

「我對此人不抱希望，」比特關上我們叫的禮車車門後低聲抱怨，「我替我們感到緊張。」

「為什麼？」雖然我自己也覺得很緊張，我還是這麼問了。

「我是用一個男人的立場來說這句話。」他說，「賈斯丁是男人中的男人，是一個愛喝威士忌、愛抽雪茄的男人，你我不適合那個圈子。我聽到他邀請某些傢伙一起去威士忌品酒會，上面沒有我。身為一個家裡有妻小的人，我不意外。」

「我也一直聽聞此事。」西側高速公路上的大樓一一掠過，車裡的收音機播放著搖滾樂。「我們先把重點放在晚宴，讓賈斯丁知道我們和卡麥隆（Cameron）以及克特（Curt）的關係有多好。」我提起代表國家信託的兩位客戶，試著安撫我們倆。

我們坐下來等晚餐時賈斯丁才到。「賈斯丁，真高興看到你，天啊！」卡麥隆說。他從椅子上跳起來，給了賈斯丁一個大大的熊抱。我猛的一顫，看了看比特。公司才剛剛發布賈斯丁的新職，我還沒有機會親口對卡麥隆說這件事。

「看來，你們又連絡上了？」他們坐下來之後，比特問道。

「喔，是啊，我們相識多年。」卡麥隆說，「還記得香港那場瘋狂的研討會嗎？」

「當然啊，我很意外我們居然沒被關，講到我們做的事，光是一半就夠讓我們坐牢。」賈斯丁一邊說，一邊哈哈大笑。

「嗯，如果當時我們是在美國的話，很可能真的會被關。」卡麥隆也笑了，然後這兩個人隔著桌子擊掌。

比特和我以沉默的微笑彼此對看，我要用盡全力才能阻止自己翻白眼。我們安靜下來用餐，討論公事，我很慶幸卡麥隆說了很多我和比特的好話，但情勢已經很明顯，我和卡麥隆之間絕對培養不出他和賈斯丁的那種關係。

隔天下午，克特一回到芝加哥就打電話給我，「天啊，」他說，「賈斯丁真的很懂什麼叫派對。」

「真的嗎？」我說，「我不覺得那天晚上有那麼瘋狂啊。」

「嗯，續攤你沒來。」他說。

「喔，」我說，「發生了什麼事？」

「你和比特離開之後，賈斯丁叫來傑瑞和維多，」他說，「接著我們直奔時代廣場的鋼管舞酒吧。」我看到辦公室另一頭的賈斯丁丟著他那顆愚蠢的噴射機隊橄欖球，旁邊還有維多與傑瑞。維多與傑瑞想升常董，我猜他們覺得賈斯丁可以幫助他們心想事成。

「哇！」我說，「聽起來是一個很精采的夜晚。」

「對啊，當然。」他說，「賈斯丁是個好傢伙。」

好傢伙？對誰來說？對於一個年過三十、需要保有一份工作的女性接待員來說不是，對於身在團隊裡想認識新主管的女性員工來說不是，對於我這個家有幼兒、無法為了喝酒和調情而熬到凌晨兩點的女人來說也不是……就算我有時間，我也不想做這些事。身為這裡唯一的女性常董，我覺得有責任捍衛交易室的女性員工，但我是家裡主要的所得來源，我也需要保住自己的事業。我覺得根本不可能兩者兼顧。

幾個星期之後，我們去芝加哥回訪國家信託，由於之前吃過了牛排大餐，因此這一次就選了比較輕鬆有趣的活動：打撞球跟唱卡拉ＯＫ。這一次傑瑞和維多沒跟來，我希望之後不會有續攤的事。「我們可能會錯過班機。」我們在辦公室等賈斯丁時，比特壓低聲音說。

「我知道，但天殺的他居然沒看過投影片。」我說，「他如果沒看投影片，就只能裸講空談。」賈斯丁坐在辦公室旁，檢視我辛辛苦苦做了一個星期的簡報資料。

「我希望他有時間記下你寫的東西。」比特說。賈斯丁套上他的黑色軍風衣，抓起過夜行李，走過我們身邊。

「沒時間耗了，兩位。」他說話時，風衣在他身後鼓起。我們坐進禮車，我把後座兩個位子之間的扶手放了下來。我聽到賈斯丁小聲地複習我的簡報資料，聽到自己寫的東西從他嘴裡講出來，我有一種遭到背叛的感覺。這不是我習慣的管理風格。瑞奇對自己很有信心，他會讓其他人有機會成為高盛的代表人，對客戶做簡報。

當我們來到國家信託的辦公室，卡麥隆已經在大廳等我們了。「賈斯丁，兄弟。」他說話時，他們擁抱彼此，並互相拍背。

我們走進他們米色的會議室，坐在木質圓桌旁，每個座位上面已經放好了小瓶飲用水。

賈斯丁靠著記憶背出我的簡報內容，靠我的努力贏得了讚賞。我做好準備回答關於日常運作的問題，但沒有人提問，每個人都希望會議盡早結束，他們想要出去玩樂。

之後，國家信託的二十個員工和我們三人一起去國王撞球（Kings Billiards），這是一家高檔的撞球館，供應高檔美酒、鹿肉漢堡和火腿乳酪三明治。我們的桌子上方放了平面電視，跑出「國家信託歡迎高盛」的字樣。

我們玩了幾局，一邊喝著馬丁尼、吃著鮮蝦雞尾酒沙拉，過了幾個小時之後，我們轉移陣地，來到撞球館隔壁的卡拉OK吧。國家信託那邊有些人離開了，包括克特，他們已經爛醉，踉蹌地走進公司叫好的車。我很累，但高盛有高盛的規矩：你永遠要比最後離開的客戶更晚走，因此我得留下來。賈斯丁一整晚都在和卡麥隆喝龍舌蘭酒，他的眼睛充血，他又喊又叫、跌跌撞撞地走進卡拉OK吧。大家都已經圍在桌邊坐好，看著他，當他和卡麥隆又去吧台再點一輪酒時，我忍不住翻白眼。吧台旁邊有舞台，有一個負責操作卡拉OK機的男人坐在前面的木頭椅子上。他是個黑人，看起來很年輕，大概才二十出頭，穿著一件白色的T恤和藍色牛仔褲。賈斯丁和卡麥隆喝完酒，碰的一聲用力把杯子放下，接著賈斯丁走向卡拉OK點唱台，差點絆倒。賈斯丁口齒不清地點歌，然後打了個飽嗝，那名男子做出一臉怪相。

「你何不休息一下？」那人建議，「喝點水，等一下再過來。」

賈斯丁原本和善的臉一下子變的又紅又紫，好像他的雀斑突然有了生命；我看到一陣紅潮從耳朵蔓延到他的頸部。我聽說過他很火爆，但還沒見識過。事發現場的我就好像看著一場慢動作的車禍，我呆坐著，完全無力阻止。

「你他媽的以為你是誰？」他咆嘯。之前因為眾人在交談而喧鬧的室內，整個安靜下來。卡拉ＯＫ舞台上的鎂光燈打在賈斯丁身上，他的眼睛瞪得很大，眼睛裡都是血絲，眼白的部分帶著粉紅色。「你這個玻璃、同性戀、笨蛋（後略，那是帶有種族歧視的用語）。你不知道我是誰嗎？我可是在他媽的高盛工作。」他說話時，口沫橫飛，「我爽他媽的什麼時候唱他媽的什麼歌都由我。」

卡麥隆拽著賈斯丁的手臂把他往後拉，酒保也跑了出來拉住對方，那個人看來快要出拳當面揍賈斯丁了。我希望他出手。這就好像拳擊賽，經紀人在打完一輪之後把拳擊手拉回場邊。卡麥隆後來把賈斯丁拉出酒吧，酒保則把那個人放開，他們用很激烈的語調講話。

這事很嚴重，讓我難以面對。這些年來我替很多人收拾過殘局：我在人力資源部的人調查莉西的訴訟案時說了謊，幫傑瑞與維多順利脫身；艾瑞克攻擊我時，我沉默不語；我對賈斯丁在辦公室的行為視而不見。我花了這麼多年的時間，對進來公司的年輕女性員工宣達正面訊息，就像是空服員在機長俯衝時對乘客說萬事沒問題。但，我從來不曾親眼見識這樣的一團亂，我不知道該怎麼辦。

我去找對方時，比特站在我旁邊。「我很驚恐、很困窘，也很抱歉，」我對他說，「我的同事行為乖張，我沒有辯解的藉口。」

「你也是高盛的人，對吧？」那人說，「我很確定貴公司會想要知道他們的員工是這麼種族歧視且恐同的人。」

他說完就走了，身為其中的一分子讓我覺得骯髒，我好需要沖個澡，把這個經驗洗掉。其他人都走了，於是我和比特結了帳，付了一大筆小費，這麼做讓我覺得很下流，好像我付的是封口費。

「我真不敢相信會有這種事。」我們一坐進計程車我就說，「我聽過賈斯丁脾氣不好，但剛剛他簡直是瘋了。他太超過了。你覺得對方會講些什麼嗎？」

「誰知道？」比特說，「他可能見的多了，這只不過是另外一個在高盛統治全世界的心胸狹隘蠢貨。」

隔天早上，我覺得胃像鉛球一樣沉重，我很高興賈斯丁錯過我們預定飛回紐約的班機。我和比特全程不講話。我想跟他聊聊，徵詢他的意見，但我不想拖累他。如果我舉報此事，那會很嚴重；甚至，身為好友，我也不希望他舉報。我的感性面叫我要上報，但我的理智面知道講出去會害我陷入麻煩。

那天下午賈斯丁回來了，我聽到他和維多與傑瑞聊天時傳出陣陣笑聲。

「你們不會相信那傢伙居然敢，」賈斯汀說，「於是我叫他滾，沒有人敢這樣跟我講話。」我從螢幕上方看出去看到賈斯丁的後腦，他正從辦公桌的這一邊把橄欖球丟給對面的維多，就像是平常的每一天。看起來，他其實對於之前發生的事很自豪，這讓我胃痛如絞。

維多和傑瑞和他擊掌。

喔，不，這樣不行。

這一次我無法保持沉默。我已經厭倦了從不同的角度去看、對交易室裡的女性同仁撒謊、對我自己撒謊。多年來我在高盛親見種種可怕的行為，但這一次不一樣，這一次發生在這個大家庭之外，發生在公共場合裡。現在已經沒辦法做到把髒衣服都留在麥克大家庭的屋子內，噁心的內衣褲已經掛了出去，每個人都看到了。此時此刻，我從這個觀點出發，以全新的體悟看清楚了每一件事，就好像我之前戴著的眼鏡上面塗了一層高盛容忍惡行的塗層，現在則換上了乾淨清楚的鏡片。

我把這些鏡片轉過來看自己，才發現我變了很多，幾年前我剛進來時如此天真，懷抱著從小到大外婆和父母教我的價值觀和道德觀；但長期下來，我在高盛的生活讓這些東西變了形，也把我變成一個無法為自己感到自豪的人。我想變回以前的潔美，現在就是起點。我知道這事關我的事業，我知道成為吹哨者有風險，但什麼都不說會對我的人格造成更大的風險。

我不能去找麥克說這件事，他一定會全力保護賈斯丁，包括輕忽他的不當行為。只要部門之外沒人知道這件事，麥克就可以對資深管理階層擺出純潔無辜的模樣。公司裡不是僅有麥克護短，這是高盛的常見作法，就是因為這樣，公司才設立專責的員工關係（Employee Relations）部門處理敏感性的問題。他們奉行的原則是「如果你看到什麼，就說出來」，甚至還設了一條熱線，可以匿名留下有關訊息。

我認識員工關係部裡一位律師亞特（Art），過去幾年我和他合作過幾次，主要是我們要開除員工的時候。他會查核所有終止雇用關係的行動，保護高盛未來免於訴訟，他也會確認我們做的決定無懈可擊，是高盛身為雇主可有的權限範圍。他極為專業，我信任他。沒錯，他和他的部門職責是要保護高盛，但他們也要保護高盛的員工。亞特的主要職責是確保事情有做對，每個人都遵循了員工手冊。我需要找他，但我不希望我們部門裡有任何人知道這件事。樓上有一層樓因為在裝修而空著，但裡面的會議室可以用，那裡最適合打這通電話。我搭電梯上樓，走過空無一人的走廊，每走幾步就看看後面，深怕有人跟蹤我。我在走廊盡頭看到一間空的會議室，心臟在胸口狂跳。我走進會議室，在橢圓形的木質桌邊坐了下來，然後在椅子上前前後後地搖，就好像在安撫孩子時那樣。我拿起電話時左手在發抖，我握緊了手希望能穩住，接著我撥打了亞特的分機，雙眼緊緊閉了起來。

「我要跟你講一件發生在芝加哥的事，」我說，「在我開始講之前，你要答應保護我，不可提到我的姓名。」

「當然，」他說，「我只會用這種方法做事。」

「這種事讓人難以容忍。」我原原本本告訴他之後，他這麼說，「我知道你的立場很為難，但你做對了，我們不會提到你跟這件事有關。」

「謝謝你。」我說，「聽到你再說一次這句話，讓我鬆了一口氣。」我掛斷電話，覺得自己輕盈許多。

隔天，麥克把我叫進他辦公室，我以為是每星期的進度報告，於是我拿了幾份最新的獲利報表。

「關上門。」我走進去時他說。

「我已經準備好週報可以審查了。」我說。

「那個不用。」他說。他作在辦公椅上往後躺，雙臂交抱在頭上，他的白襯衫上的扣子繃得很緊，要很費力才能扣住。「今天我聽我員工關係部的朋友講，」他說，「他們說你去申訴賈斯丁。」

我開始冒汗，腋窩處的衣服濕了一片。我很用力咬住下唇，都咬的破皮了，舌頭上都是血液裡的金屬味。

「喔，潔美。」他一邊說一邊往前靠，襯衫的袖子捲到手肘處，他的前臂平放在桌上，頭趴下來，露出一頭黑髮。他的臉和脖子都很紅，看起來好像著了火。「看來需要有人提醒你，我們這個部門是一個大家庭。我一直把你當成女兒照顧，你應該把我當成你的父親。你提出申訴，指控的是整個家庭，我的家庭。我不容許這種事。如果你對我這個家庭裡的任何人有意見，你來找我，你不可以找員工關係部，你不可以申訴，你不可以找任何其他人。我們要在家庭裡面解決家庭問題，懂了沒？」他的聲音聽起來像槌子，我覺得我被釘進辦公室裡的長絨地毯。

我的報告還在我的手裡，剛從印表機裡拿出來，熱騰騰的。我真是個笨蛋。麥克棕色的雙眼睜的大大的，我逼著自己不要哭出來。

「麥克，我很抱歉，」我說，「我懂了。」

「很好，我很高興我們講清楚了。」他說，「以後不可以再有這種事，懂了嗎？」

我點點頭，他把椅子轉回去看電腦。「門開著就好。」他說。

我走出去時，賈斯丁在他的位子旁邊，維多和傑瑞在旁邊像左右護法，他們瞪著我，雙臂交抱在胸前，眼光一路盯著我走回座位。

「沒事吧？」我坐下來時比特問。我盯著螢幕，很慶幸我沒先跟他說我要打電話給亞特，這樣我就不用疑神疑鬼是他出賣我。

到最後，我還是不知道誰出賣了我，員工關係部是成本中心，只花錢的，不像我們是賺錢的利潤中心，我想是亞特或是他部門裡的其他人想要在「賺錢的這一邊」謀得一職，要參與我們的業務，最好的方法莫過於和麥克打好關係。麥克是個資訊娼妓，任何能讓他顯得更聰明的情報，任何能助他一臂之力在公司合夥人中鶴立雞群的重要訊息，任何能讓他擺脫麻煩的小道消息，都會買得到他的回報。人力資源部有某個人把這次事件當成推進自身職涯的機會，麥克很氣我「家醜外揚」，憤怒程度遠超過賈斯丁講出來的那些帶著仇恨的用語，現在我都看懂了。

我總有一天會跟比特說發生了什麼事，但不是今天。「沒事，」我說，「都沒事。」

我的身體顫抖，我從皮包裡挖出一顆贊安諾，配著咖啡吞了下去。我不好。打了這通電話之後，我知道我在高盛的事業將永遠不同了。

幾個星期之後，公司開始年度考評。這稱為三百六十度考核（360-degree review），因為不只經理會考核你，同儕和比較資淺的人也會加入考評。很多人認為這毫無意義，因為大家都會挑朋友來評鑑自己，並事先協商好組成「九分俱樂部」，這樣就能拿到滿分九分。但，我除了比特之外沒有其他朋友，因此我只能照規矩來，從不同的階層挑選評鑑者。

我的分數總是接近滿分九分，年復一年我都在同儕群組中排名前百分之二十五。考評流程看來是有效的，因為即便我不是好老弟那一群，績效仍備受肯定。我送出評鑑人清單之後就收到電子郵件通知，通知我賈斯丁要多加幾個人進去。我在高盛這麼多年，從來沒發生過這種事。

我檢視電腦，看到賈斯丁回到他的辦公桌旁，和維多與傑瑞不知道在講什麼。他們圍成一個圈圈，笑的前彎後仰。我走過去時，他們看了我一眼，臉上的笑容退去，就好像我是跑來打斷大學兄弟會派對的警察。維多和傑瑞匆匆跑回自己的座位，賈斯丁面對我。

「嘿，我收到你的電子郵件，說你要更動我的評鑑人清單。」我說，「以前從沒有這種事，所以我想問問看怎麼了。」

賈斯丁交叉雙臂抱住身體。「這是你升常董之後的第一次考評，」他說，「所以你需要從更多人身上獲得更廣泛的回饋意見。」

這是合情合理的主張，所以我接受表面上的道理。

我要填寫我對他人的評鑑時，最難填的是賈斯丁。見過麥克之後，我只能寫正面的意見，因此我用我的方法寫下滿紙謊話，我不能在他們任何人眼前再出問題。評鑑意見送出去之後，需要花一個月計算分數與排名，然後編製出績效摘要報告，最後每個人才和經理會談檢視結果。

「嗯，潔美，」我們在檢視我的評鑑結果時賈斯丁說，「這是你第一次常董績效考評，我們有很多事要討論。」他看著手上的紙，然後交給我。我去看最下面我的考評分數和排名，我得到六・五分，排名是後百分之五十。我瞇著眼看著報告，一邊咬著下唇一邊檢視姓名，這不可能是我的考評結果，一定弄錯了。當我在最上面讀到潔美・費洛・希金斯時，我口乾舌燥。「這不可能，」我說，「我在公司已經超過十五年，我的分數從來沒低過八・七五。」

「不，沒錯。」他說，「看來今年你諸事不順。」我發誓我看到他的臉龐掠過一抹極淺的笑容。我回頭看這張表，我在腦子裡計算分數時心揪成一團，我想辦法釐清到底怎麼會這樣，我的分數以及別人對我的績效認知怎麼會有這麼大的轉變。

「我可以問是誰評分的嗎？」我說，「是某些人把我的分數打的很低，以至於拉低了平均，還是普遍來說都是這樣？」我聽得出來自己的聲音很恐慌。

「我不能說，」他說，「我只能說，大家不再認為你這麼好。」我聽到交易大廳傳來笑聲，我看著牆上寧靜祥和的高爾夫果嶺照片，心中一片混亂。看來，賈斯丁變更了比賽規則，改變了我這幾年來打得很順手的比賽。我向來是辦公室裡的明星員工，現在我像是被踢到大街上的局外人。

「你還有很多要學的，」他說，「我不確定你能不能在這裡成為一個好常董。潔美，我需要的是一位商業殺手，而不是課輔媽媽。就先看看你的辦公桌吧，看起來就像是托育中心，擺的全是你家小孩的照片還有他們的畫作，這可不是高盛常董的辦公桌。」

我的眼睛灼熱，眼淚就要奪眶而出。這些照片和畫作，是辦公室裡少數能讓我開心的幾樣東西，他們是我的救贖，讓我能撐到回家。一整天我都看著我的孩子，他們支持我度過上班時間。身為女性，我在這裡又被貼上了另一個角色叫「媽媽芭比」（Mom Barbie），高盛的高牆內顯然沒有媽媽芭比的空間。

「我們來看報告，」他說，「你就會知道你的問題在哪裡。」我的耳朵嗡嗡響，賈斯丁的嘴巴動個不停，但我什麼也聽不到，我只是微笑、點頭，瞪著那張紙，眼睛定定地看著分數。有些事說不通，賈斯丁看來很開心。

「那麼，幾個星期內交一份行動計畫給我。」他說。他的話讓我從恐慌昏迷中清醒過來。我透過我的黑框眼鏡看賈斯丁，但願眼鏡遮掩了我眼裡的沉重。噴射機隊的大型加油手指端坐在他後方，我但願我可以把它塞進他的屁眼。

「好的，」我說，「謝謝你花時間。」我走出去時，我覺得濕濕黏黏的，而且噁心想吐。

等我回到座位上，我把辦公桌上所有的照片和孩子們的畫作都收起來。相框撞到金屬抽屜時發出喀喀聲，當我關上抽屜時，他們甜蜜的小臉瞪視著我。我想要走進照片裡，和他們在一起。

比特看過來。「你在幹嘛？」

「服從賈斯丁的指示。」我說，「他說我的辦公桌像日托中心。」比特的眼睛瞪得很大，下巴都掉下來了。

賈斯丁沒多久之後就過來我的辦公桌旁。「哇，潔美，」他說，「乾淨又俐落，現在是常務董事的辦公桌了。」他露齒的微笑好燦爛，但我好想哭。我的桌子現在空了，提醒我為何要忍受這份工作的理由消失了。賈斯丁回到他的辦公桌旁，桌上展示著一座高爾夫比賽獎杯、幾張他在第十八洞拍的照片，以及各式各樣噴射機隊的迷你美式橄欖球。如果我的辦公桌看起像日托中心，那，他的就像狄克體育用品店（Dick's Sporting Goods）貨架走道。

我想麥克和賈斯丁是故意刁難我，在我看來，這再明顯不過了。自從麥克責備我和「家庭」作對之後，我就覺得我遭受一些報復。但我覺得那些都是小事，比方說出去見客戶時沒有要我一起去，但搞砸績效考評是嚴重大事，這會影響我的獎金。

但，我還是要確認。如果是我自己疑心生暗鬼呢？如果是我失去了客觀性，我的表現真的下滑這麼多呢？接著我就有了一個想法。我找了一間會議室，拿起電話，請接線生轉給妮可・蘿德莉奎絲（Nicole Rodriguez）。她在人力資源部門，主要工作是公司的考評流程。我們一起進公司，這麼多年來一直有連絡，她會先接我電話。

「妮可，我需要幫忙。」我說，「此事事關重大，我不會跟任何人說是你說的。我在考評季一開始時就收到通知，說我的主管在我挑的評鑑人員清單上加了人，你可以告訴我他加了誰嗎？」

「喔，我不能說，」妮可說，「那是機密。」

「我明白，但如果你能幫忙，我會非常感激。」我說，「我保證我絕對不會跟任何人說，我只是想知道。我現在的處境很艱難，我非常想知道，拜託幫我。」我的語氣哀傷又可悲，我屏住呼吸，聽著妮可的鍵盤發出的喀哩喀哩聲。

「好吧，」她說，「但這件事不是我說的，你懂嗎？」

「好，我懂。」我說。

「賈斯丁．藍辛在你的評鑑人清單上加了兩個人，一個叫維多、一個叫傑瑞，這樣有用嗎？」她說。我從窗戶看出去，看著翠貝卡區的其他辦公大樓，真希望我在別的地方工作。

「有。」我說，「非常感謝你。」我掛掉電話，用手指按摩太陽穴。此時此刻，我該怎麼辦？打電話給員工關係部舉報？看看上次這麼做害我淪落到什麼地步了。員工關係部是高盛的另一場騙局、另一場鬧劇，表面上看起來很棒，但現實中並不存在。在我的高盛世界裡，霸凌才是主角。我覺得我又變成要去上學的學生，但這次要面對的不是嘲弄我和我的背架的俄裔女孩，而是散播謠言的成熟男子。

我在高盛已經不安全了。沒有人保護我，而且我對此無能為力。這是官方的行動，我的事業和聲譽都正在遭人蓄意破壞。

第十五章

鐵心離職定時間，會教練虛應故事

婚姻治療師建議我們花時間獨處，因此，幾個星期之後丹恩給了我一個驚喜，我們要出去過一夜：他安排一趟去賓州新希望鎮（New Hope, Pennsylvania）的旅行，這是一個在德拉瓦河（Delaware River）上的小鎮，車程四十分鐘。我們在菲力普莊（Phillips' Mill）過夜，那是我們在當地最愛的餐廳兼旅館。我走進這棟覆蓋著蒼翠常春藤的質樸石造建築，前門漆成亮藍色。空氣聞起來清新舒爽，感覺上，這趟旅行給了我們全新的開始。

旅社主人幫我們拿行李，餐廳老闆娘帶我們去他們家玻璃屋前廊裡的私密空間。晚餐桌上的花瓶裡放著粉紅玫瑰，旁邊還點了一支短短的許願蠟燭。沿著牆掛了白色的燈串，就像是魔法一樣，讓我們彷彿置身於室外的星空下。

「我都打點好了，」丹恩說，「我先打過電話，點了我們的最愛。今晚我們是主角，好好享受吧。」

我笑了。在我做了那些事之後，多數男人都不會原諒我。我心裡揮之不去的，是想到那晚在諾布用餐時，瑞奇也打點好了一切。那晚是我逃避人生的出口，那是躲開，是跑走；今晚是慶祝我的人生，今晚是和與我一起創造出人生的人共享美好時光，今晚對我以及我的家庭來說都好棒。幾個小時過去，我們的興致愈來愈高。丹恩提議玩個遊戲，兩人都要重述一件我們在一起之後發生過的趣事，努力把對方逗笑。我們相識已經超過十五年，有太多題材可說：我想起丹恩有一次修剪籬笆，捅到了蜂窩，結果弄到必須全副武裝跳進游泳池，才逃過蜜蜂追殺；丹恩講起有一次我說我的車門「刮到了」，因為我在紐澤西市立停車場擦到一根桿子，但事實上，車門受損嚴重到必須整個換掉。我們都笑岔氣了。

晚餐過後，我們走回房間，頭有點暈，然後有點醉。丹恩關掉電燈，點上床邊小茶几上放的蠟燭，我則直接跳上床。他後來也跟著我一起，我們兩人靜靜地躺著，他用雙臂環著我的腰，我的頭靠在他胸口。雖然我們在丹恩帶著枕頭出現在房門口之後就又同房了，但一直都沒有親密之舉。我們慢慢來，先重新建立起信任再說。

我抬頭看進他的眼睛，他吻了我，一開始是試探性地輕啄一下，就像是初吻一樣，帶著不確定與不安全。這裡是我們熟悉的水域，但是我們很久都沒過來了。接著是另一個吻，然後又一個，每一個吻都更用力一些、更久一些，直到丹恩的舌頭分開了我的雙唇，接著就一發不可收拾了。

我們拉掉對方的上衣，脫掉自己的褲子，直到兩個人都全裸，我們的衣物在床單下方我們的腳邊纏在一起。我們用雙手和嘴追逐著彼此，帶著第一次般的興奮、但又有著對舊愛的理解，探索彼此的身體。

我不記得我有哪個時候這麼想要他，想要他撫摸我、想要他進入我。激情發出了一陣愉悅，直達我的全身，我的腳趾因為滿足而伸的直直的。我們完全同步，在汗濕當中一起到達了高潮，完全不在乎房間的牆可能很薄。接著我們癱軟了、滿足了，我吻著他，凝視著他藍色的雙眼。

「丹恩，我好幸福。」歷經幾個月的不確定，我的個人生活終於拼了回去，我重創婚姻造成的大傷口已經縫補起來，開始癒合了。

丹恩笑開懷，「我也是。」

◇◇◇◇◇◇◇◇◇◇◇◇◇◇◇

我全都跟丹恩說了，賈斯丁剛來時候的事、他讓人不快的評論、鋼管舞酒吧的續攤、蘇格蘭威士忌品酒會、芝加哥那一夜以及我可怕的績效評鑑。每一件事都讓丹恩火冒三丈，幾個星期之後，他和一位專攻勞動就業的律師會面。我想起莉西，她控告公司有效果；我聽說，幾年後她在庭外和解，拿到一筆可觀的和解金，那麼，對我來說或許也行的通。丹恩找到一位律師查理・紐頓（Charlie Newton），他以爭取到高額和解金而享有盛譽，我們見了面，我重新講述一次我和賈斯丁之間發生的每一件事。

「這麼說吧，」查理說，「這些年來，我代表過幾十名高盛的員工。」他拿下眼鏡，丟在辦公桌上。「高盛的律師是最棒的，我的意思就是最棒的。你可以成案，你可以達成和解，但我們得算一算。」

「這話什麼意思？」

「你是一名常董，」他主張，「那麼，你的年薪應該有七位數，對吧？」我閉上雙眼，點點頭。就算經過這麼多年，我的薪酬還是讓我既驕傲又羞愧，這些錢也扭曲了我的思維，讓我對於自己真正需要多少錢產生了妄想。「還有其他福利，」他繼續說，「比方說有薪假、對應的退休金提撥款以及醫療保險，對嗎？」我點頭，想起我除了薪水和獎金之外拿到的其他附加福利。「轉調高盛其他部門、或是跳槽到另一家公司，可行嗎？」他問。我微笑，搖搖頭；對其他人來說，事情好簡單。

「嗯，常董很難在內部轉調，尤其我最近考核分數很低，更是難上加難。」我解釋，「而且我這是一個很高階的職位，其他公司也沒有太多類似的職位。」他點點頭，咬了咬下唇。

「我們也沒有理由認為他們會開除你，對吧？」他釐清狀況，「我讀過你的檔案，他們替你找了輔導教練，因為他們希望你能成功。」我點點頭。上個星期人力資源部的人找我，他們說我的評鑑分數很低，我被標示為績效不彰的常董，所以有資格去找一位個人職涯發展教練。

「嗯，他們希望表面上看起來是這樣，」我結結巴巴地說，「但他們希望我失敗。」

「嗯，表面上看起來是怎麼樣才重要。不管你從高盛拿到多少和解金，我要分三成。我或許可以幫你拿到一百萬到一百五十萬美元，這表示你可以拿走七十萬到一百萬美元。但是，當你在控告他們的同時還要在那裡工作，壓力會很大，因為就算高盛應該把案子當成機密，但是他們還是會放出攻擊你的說法。這樣一來，在那裡工作不僅是一場活生生的噩夢，還會衝擊到你能不能在其他公司找到工作。如果我是你，我會忍耐，閉緊嘴巴再等一、兩年，然後你可以在無損聲譽的前提下逃出地獄。你現在離開簡直是瘋了。我會留下來，等著未來兩年的獎金入帳，我不會提起告訴。」

我的肩膀一沉。我還得留下來。一年一年的高額獎金扭曲我的價值觀，讓我搞不清楚什麼叫很多錢、我為了賺這些錢又願意忍耐什麼。潔美・費洛上班的第一天會覺得，一次領一百萬美元就夠她過一輩子、可以離職了；但「高盛的潔美」年復一年看到這些錢，不會再用同樣的眼光去看了。我相信我在別的地方賺不到這麼多錢，而且，當我賺得愈多，我就認為我需要的愈多，雖然我根本不會大手大腳花錢。事實上，我很少花錢，我還是像外婆教我的一樣，存下大部分的錢。我和金錢的關係一如我和高盛的關係，都扭曲了。

查理看著我頹喪的表情，搖搖頭。「抱歉，」他說，「但你永遠打不過高盛。」我們和查理開完會回家的路上，我打電話給我哥湯尼。他也是律師，我想要聽聽他對於查理要我忍著、再領兩年獎金的建議有何看法。「帶著你的接力棒，能跑多遠就跑多遠。」他說，「你這一輩子都在撐，也很成功。不管是脊椎側彎、進入高盛還是成為常董，你都做到了。這是你的選擇，你忍耐、你竭盡全力，你做到了。你可以再來一次。」

我聽到了：忍耐、撐過去……這是我家的家訓。堅強最重要，忍耐和生存也是，就算會造成傷害，那又如何。

「我知道我可以，」我說，「但還要再熬一年半。」我聽得出自己聲音裡的疲倦。

「已經這麼多年了，再熬十八個月又怎麼了？」他問。

再十八個月又怎麼了？離開高盛之後我才明白，雖然我沒有浪擲賺來的錢，但我虛耗了自己的時間。只要錢準時入帳，鈔票就勝過幸福；只要我有賺錢，我這麼多年都不快樂也不重要了。我一直以為我有無窮無盡的時間，要等我使勁把自己從高盛的世界裡拔出來之後，我才把時間當成寶貴的資源。但在此時此刻，我善於計算的理性又跑出來了，如果只是十八年中的十八個月，那代表我已經完成九成了，我過去從來不曾棄賽，終點線已經近在咫尺，我更不能退縮。那時，我沒有體會到我有權利在我想要時喊停這場比賽。

「潔美，你是我們家的耀眼明星，」他繼續說，「看看你的這些成就。我們的爺爺努力突破移民的貧窮、想要成功，這樣的渴望毀了他。我和珍妮把進度往前推了，但你，你把標準拉的更高。你已經證明下一代可以做到哪些事，你把整個家族都帶起來了。」

我覺得自己驕傲地挺起了肩膀，我又想起我做這些不僅是為了自己和我那個小家庭，更是為了我整個家族以及在我之前的祖先輩。我是我這一輩的寶寶，帶著接力棒奔跑，我不想讓他們失望，而此時我也明白，我不想把棒子交給別人。帶著接力棒擔負著太重大的責任，這場比賽應該由我跑向終點。

當晚，丹恩在孩子入睡之後要求和我坐下來聊聊，一起喝杯酒。

「我們得把你弄出那裡。」他說。他的臉痛苦又蒼白，我要記住一件事：他也因此正在受苦。

「我知道，」我一邊說，一邊喝下一大口酒，「我再也受不了了。」

「你看看，」他說話的同時，給了我一張紙，「我一直都在看『財務自由試算表』。現在可以離開了。看看你替我們家賺了多少，你應該自豪。」

整張紙都是數字，有我們的儲蓄帳戶、退休金帳戶和小孩教育基金帳戶餘額，總數在下方用紅筆圈起來。對於一對快四十歲的夫婦來說，這是一大筆錢。多年來我一直在存錢，從不揮霍，我還是在連鎖店買套裝，從平價鞋店買鞋，這些都有幫助。我沒有吉娜維芙的炫麗珠寶，我還是開二手車，我們從來不花大錢旅遊，只會去澤西海岸（Jersey Shore），我甚至每天都自己帶便當。我外婆會為我感到驕傲。我坐直了身體。最近我覺得自己在工作上是輸家，但這張紙證明了我贏了什麼。

「請容許你自己離職。」丹恩溫柔地說。他笑了，臉頰上現出酒窩。「我會回去做全職工作，如果有必要，我會做三份工作。我們沒問題的。我們別再談你要不要離職，就來挑個日子吧。我們不需要更多錢，我們需要更多你。」

我聽進去他說的話，揉了揉我的眼睛，仔細檢視試算表。分析試算表本來是我的工作，我檢視每一列，在腦子裡計算。

「我們來看看查理的建議，」我說，「再忍一年半，再拿兩次獎金。」答案是，我清楚明確地知道，忍耐是正確的決定。我心理上還沒準備要在一夜之間和高盛分手，我不能就這樣離職。我需要一點時間，在感情上做好離職的準備，我也需要在財務上覺得安心才能離開。這樣我會有足夠的時間補滿教育基金帳戶和退休帳戶，也能多存點錢，在丹恩創業時養我們家。我們要做到就算必須自己買醫療保險，也能過得去；就算我們有個孩子像我一樣要動昂貴的手術，也能過得去。我心裡總是會想到這種事。我已經忍耐了這麼多年了，十八個月又算什麼。長久以來，我第一次覺得幸運，我還年輕，還有機會離職去做不一樣的事。

「敬我們的退場計畫。」我說。我們碰杯，當我想像著我永遠離開高盛的那天，臉上滑過一個勝利的微笑。

隔天，我一大早就在後會議室和比特喝咖啡，告訴他我的計畫。「我一直都只是在咒罵這個地方，」我說，「一直只是想著我何時才能離開。我已經厭倦老生常談了，我要動手去做！」

他瞪大眼睛。「你說什麼啊？你要走了嗎？」他的聲音聽起來高了八度。

「還沒，」我說清楚，「但我已經決定了，再領兩次獎金，我就走人。」我的身體放鬆下來。告訴比特之後，這就事就變成真的了，不再是玩笑也不是夢，這是現實，而我等不及要實現。

「哇，」他倒抽一口氣，瞪著我身後的牆，臉上籠罩著恐慌。

「你也可以，」我鼓勵他，「點一點你的錢，算一算你需要多少，然後訂出日期。之後，你就可以成為諮商顧問。想像一下，如果我們一起辭職會怎樣！」

他的臉色柔和了下來，低頭看著他的咖啡。「你可以跟我一起檢視我的數字嗎？」他說，「順便幫我想一想我還需要多少？我要再挖出我的計畫，因為我覺得如果你不在這裡，我也無法生存。」比特雖然幾年前也做了「財務自由試算表」，但他不像我一樣密切管理。我這些年來都鼓勵他要做點什麼推動進度，但他覺得他比較年輕，留在這裡的時間會比我久，因此一直都把計畫都拋諸腦後。

「當然好，」我從桌子的另一邊靠過來，抓住他的手，「我們一起做。」

當天下午，我接到丹尼斯・蕭（Dennis Shaw）的電話，他是人力資源部派給我的個人職涯發展教練。他向我保證高盛想要拉我一把，我掛掉電話之後，忍不住笑了。即便在最好的情況下，這也只是高盛的煙霧彈與照妖鏡。麥克絕對不想支持我，而且我也知道，不管我如何配合這位丹尼斯，他也救不了我。不管怎麼樣，我必須演完這場比手畫腳的猜謎遊戲，因此我隔週就和他碰面。

「我過來是要找出你有哪些弱點，」丹尼斯指出，「然後規劃出一套因應計畫。」他笑了，露出一口歪歪斜斜的黃板牙。「我已經見過評鑑你的那些人，」他說，「只有幾個人對你不滿，但他們表達了強烈意見，他們說你沒有認真看待業務，把太多心思放在家庭上。現在，請不要誤會，我認為家庭很重要，但你在高盛工作，所以說，當你人在這裡時，你要先把重點放在工作上。」我想到那幾個「對我不滿的人」、也就是賈斯丁、傑瑞和維多時，我的下巴就變得很緊。

「你建議我怎麼做？」我問，「我已經生了小孩，也不能把他們塞回去。」

他在椅子上動來動去，然後咳嗽，我好樂見他坐立難安的樣子。「喔，當然不行！」他說，「我們只是希望能改變認知。」

「那你有何建議？」

「嗯，舉例來說，我會請你上班時不要再講到小孩。」他說，「有一個人說你的母性太強，那麼，請你在工作時把小孩撇除在外，不要再講到他們。不要再用辦公桌上的電話打回家。如果你真的有需要打給他們，去會議室打或去洗手間用你的手機打。」

我看著丹尼斯，研究他對比強烈的粗濃長鬍子和光禿頭頂。假裝我沒有小孩，躲進洗手間偷偷打電話回家，實在太瘋狂，我在想，不知道他有沒有發現自己提出的建議實在太過分。我想要打斷他，但我沒有，我只是微笑然後點頭。

我們又繼續會面，多談過幾次之後，我們一起完成了公司指定要做的諮商時數。我寫了份超厲害的個人發展計畫，裡面寫滿了我達成的各項成就：我和客戶的關係很堅韌，我的業務量很大而且利潤率不斷成長，而且我也平穩地朝向年終目標前進，預計可交出我最出色的年度績效。

在個人方面，我拿掉了身為人母的部分。照片收起來了，畫作收起來了，我也不打電話了。我服從指示，從女生廁所裡打電話給丹恩查探家裡的狀況，並用無聲的嘴型和小孩講話。除了我和比特之間的對話，高盛的高牆內並沒有我的家庭。我很聚焦、我只在乎公事，我是他們想要的業務殺手。我處理了第一次和丹尼斯進行回饋會談時他提的建議，落實每一項他要我做的改變。這一切都寫在我用白色塑膠三環文件夾裝訂好的厚重文件裡，在我們三人都出席的會議上要呈給賈斯丁，以結束我的輔導流程。

「我在高盛輔導過很多人，但潔美最棒。」丹尼斯說，「她真心接受回饋意見，也做出了實質的改變。我相信你也會同意。」

賈斯丁把文件夾推到桌子的中間。「我不覺得怎麼樣。她完成清單上的所有項目，」他說，「但這不表示她的表現有變化。」

丹尼斯驚訝地嘴都合不攏，賈斯丁坐回椅子上，臉上掠過一抹淡淡的笑容。內心深處我早已經預期到這番局面，但有一部分的我仍希望這份文件會成為橄欖枝，我會受到接納回到大家庭裡，重振我的事業。

會議之後，我送丹尼斯出去搭電梯，他按下電梯按鈕，然後四處看了一下只有我們。他靠一步上來，我可以聞到香菸和薄荷的味道。「潔美，我很抱歉。」他說，「我不知道該跟你說什麼，你已經盡力而為了。」他轉過身，再掃一次看有沒有別人。「私下講：這跟你無關，是賈斯丁的問題。你該做的都做了，但你在這裡的處境很艱難，我不認為他會對你改觀。請記住，民可以與官鬥，但永遠無法打敗官府。」他虛弱無力地對我笑了笑，電梯發出叮咚聲，他走進去了。雖然他的話給了我一些信心，但我還是覺得都完了。

電梯關上門，我看著他消失；我的事業，也是一道關上的門。我聽從回饋意見，我做出改變，高盛要我怎麼辦我就怎麼辦，但這都不重要了。這個大家庭不要我了，他們關上了我的事業發展大門，而且把鑰匙丟掉。

第十六章

憂健康心煩意亂，再流產身心俱疲

「歡迎來到調酒吧（Mixology Mixer）。」接待員打開高盛大樓（Goldman tower）樓頂通往露台的門時，跟我打了招呼。此處緊鄰高盛的高階主管辦公室，我在高盛這麼多年，從來沒上來過，今晚是高盛女性網絡借用此地來辦一場雞尾酒派對。

在初夏這個晴朗溫暖的傍晚，露台景致絕佳，可以看到整座城、甚至更遠處，一邊是帝國大廈（Empire State Building），另一邊是布魯克林（Brooklyn），紐澤西則要從另一個角度才看的到。露台上本身的風景也很美，這是高盛女性版的名人錄：有合夥人、常董和一小群高績效的副總裁。這裡沒什麼男性，但重質不重量，各部門主管與高階主管散落在人群中。這裡的女性看起來都像從時裝雜誌光鮮亮麗的廣告裡走出來的樣子：腳上穿的是克里斯提安魯布托（Christian Louboutins）的紅底高跟鞋，脖子上戴著鑽石項鍊，肩上背著普拉達（Prada）。

與她們對照之下，有一部分的我覺得自己很邋遢，但我知道我有這些女性沒有的東西：自由。她們是永遠的高盛人，她們的生活方式，連同她們的衣服、車子和背包，都弄得她們必須永遠伏倒在高盛的祭壇上。她們和從前的我一樣，對財富地位上了癮，高盛就是我們的藥頭。我曾經任由我的癮頭失控，但最後我還是承認自己上了癮，而，有了這樣全新的澄澈觀點，讓我決心戒除這個世界的毒，擺脫高盛對我的控制。

我去吧台拿了一杯名叫高盛的旗艦雞尾酒，這是一種亮黃色的鳳梨風味混合酒，杯口有一圈糖粉，在此同時，我看著一群群女性圍在男性成功樣板身邊。我們來到這裡，本應以女性的身分為彼此帶來力量，但沒有，我們反而是彼此競爭，奪取這裡少數男性的注意。

以高盛的所有競爭來說，最嚴酷的一種通常是女性之間的競爭。你以為我們應該相依相偎，以團結為訴求，成為一股不可忽視的力量。此刻在這個房間裡，我們是多數（高盛從來沒有這種女性占多數的局面），應該由我們決定調性，我們應該像我心目中的吉娜維芙「布林茅爾學院作戰宣言」那樣，如她所言一起努力衝破玻璃天花板。即便女性網絡的宗旨是「扶持另一個女性同你一起成長」，但難得落實。這家公司顯然助長的是一種要你覺得稀缺的心態，告訴女性這裡能容下她們的位置少之又少，她們只是填補男孩俱樂部裡某些保障名額的工具。擠進那個俱樂部之後，哪一天男孩們又帶另一個女性進來，大家可能更喜歡新人，那就會有另一個舊人被踢出去。這是一種零和遊戲的心態，一個女性要贏，就有另一個要輸，這非常諷刺，因為男人那邊是大家一起贏。

我希望能跟誰聊聊，分享我的事業真實的情況，好好善用這個網絡。但沒有半個人。女性合夥人把重心放在追逐更高的領導階層職位，常務董事摩拳擦掌要成為合夥人，績優副總裁想要成為常董，這些人都在晉升管理階層的高速公路上，她們沒有時間停下來關心我崩潰瓦解的職涯。我不怪她們，我也曾是其中一員，我也對莉西做過這種事。我關心她，但真正事關己身時，我把全副心力都放在成為常務董事上，我根本沒有停下來真正對她伸出援手。不要誤會我的意思，這些年來我認識了很多女性，尤其是我的徒弟們，我知道不是只有我這樣。我聽過很多她們匆匆逃出高盛之前發生過的可怕的事，比方說有一位同事離職是因為她的主管老是潛伏在她身邊，他不斷交辦她很多工作，讓她不得不留到很晚，而他會流連在她的座位附近，按摩她的肩膀並偷瞄她的胸部。比方說我認識的一位資深副總裁賈琪（Jackie），她的主管開始和她家的保母有婚外情，公司什麼都不做，這讓她在工作上很不自在。事情一開始很無害，賈琪的主管會在她家的保母打電話來時跟保母聊兩句，後來變成了調情，後來兩人彼此留了電話，更後來就有了關係。之後，每次保母打賈琪辦公室那支電話，她就很緊張是不是小孩怎麼了，但後來才發現對方只是想打電話來跟男朋友聊天。有一次，主管跟保母臨時決定要一起去度假，賈琪是屋漏偏逢連夜雨，她得替小孩找到代班保母，還得替主管掩護他沒來上班的事。而且，每次賈琪想要斥責保母的恣意妄為時，她都有口難言，因為她得面對主管的報復。最後她離職，她的主管則和保母共結連理。比方說，某一年女性網絡的主事者跟我說了一件很諷刺的事，她的主管建議她不要再協助這麼多女性，因為這對她的事業不利。幾年後她就離開高盛。

至於我，即便我是一個想要成功也想幫助其他女性的聰明、堅強且能幹的女子，我也在這場對抗「他者」的戰爭中跟高盛沆瀣一氣。在高盛的高牆中生活多年之後，我發現，如果要成功，我必須突破他們套在我身上的刻板印象，成為麥克的意志執行者，接受他的好老弟價值觀。如果我不這麼做，便永遠也不會成功，反而會必逼出去。我痛恨因為這些事而造就出的我，我要快速離開。雖然公司的高階主管辦公室宣告要提拔更多女性、黑人、原住民和有色人種以及性別性向多元人士，但根據我的經驗，他們真正想要的或是他們這個環境培植出來的，剛剛好相反。

我慢慢啜著手中這杯酒，部門裡另外一位同樣為人母的常董莎拉（Sarah）過來吧台邊找我。我忍不住縮進去，因為我們雖然階級相同，但其他方面少有共通之處。

我們隨意聊聊，我提到隔天我要請假，因為那天是貝絲和艾比學校的家長日。她翻了翻白眼，調整脖子上的愛馬仕（Hermes）領巾，領巾在微風裡揚起。「你為何要把假期浪費在這種事上？」她一邊說，一邊啜了一口高盛雞尾酒，「這不是保母該做的事嗎？」

我應該預期到這樣的答案。身為常董，我有很多假，但我們要休假不只會遭遇百般阻撓（男人常常誇口說他們在職涯中累積了多少又多少的假沒休），更有先入為主的想法指向你應該如何使用這些假。我大部分的同事都把假期花在去愛爾蘭打高爾夫球或去賭城虛耗，我把假花在小孩身上，也因此聽到一些廢話。我永遠都不會忘記，當我說我要休假去看兩個女兒的萬聖節遊行時莎拉批判我的那副嘴臉。

「你真有膽這樣做，潔美，」她說，「你覺得高盛那些為人父的常董會為了萬聖節請假嗎？」

事實是，就因為高階男性員工不會為了萬聖節休假，也不會請假參與學校事務，因此高階女性也不這麼做。賈斯丁有一次很驕傲地說他不知道自家小孩的學校在哪裡，辦公桌旁的男人紛紛和他擊掌。

我還不是高盛常董時，我很痛恨公司期待我們渴望成為那些男人。我們都是不同的人，有著不同的敏感度；或者說，至少我和典型的高盛常董不一樣。我也為這些為人父的人感到遺憾，他們也跟我一樣希望能多和孩子相處，比方說比特，還有尼克，他因為提早離開去看孩子而導致獎金被刪。我甚至也替艾瑞克難過，他因為去擔任孩子小聯盟球隊的教練而被降職。我希望高盛能讚頌我們的差異，包括興趣上與觀點上的不同，但就我看來，此地容不下個人性與多元性，服從和同化才是王道。這家公司處處針對想要積極主動育兒的為人父母員工，真是大錯特錯，為人母並不會讓我在工作上表現更差，反而會讓我更好。我更有效率、更井井有條且更聚焦專注，因為我知道一分一秒都很重要，我要盡力善用自己在高盛的時間，為公司創造最大利益。

我們部門的主管一過來吧台，莎拉就為了他拋下我，讓我大為輕鬆，因為我忽然覺得不舒服。我感到一陣噁心，胃開始發出咯咯聲，於是我去了洗手間，差一點在進洗手間之前就吐了出來。

我在想是不是雞尾酒讓我的胃不舒服，但我也只有喝幾口而已，家裡也沒人生病。有時候經前症候群會讓我的胃不舒服，因此我登入我的經期應用程式，看到月經已經遲了五天之後我瞪大了眼，簡直不敢相信。我想這都是因為工作上壓力太大，我不可能懷孕，我已經三十八歲了，我們之前還是靠著大量的生殖醫學協助下才生下孩子。我直接回家，但經過街角的連鎖藥房時走了進去，這是因為雖然我知道我沒懷孕，但也想要驗孕確認一下。等我到家，孩子們都睡了，我跟丹恩說我的月經慢了五天。歷經最初的震驚之後，他的臉上浮現燦爛的笑意。

「我很確定是壓力害的，」我很謹慎地說，「但我還是去買了驗孕棒，以防萬一。」

我進了洗手間，坐在馬桶上，用顫抖的手握住驗孕棒，然後把驗孕棒正面朝下放在洗手台上，丹恩設了計時器。我在走廊上踱步，丹恩靠著牆，緊閉雙眼。計時計叫了，丹恩看著我。「我沒辦法，」我說，「你去。」

他抓起驗孕棒檢查，然後抬頭看著我，眼睛因為淚水都濕了。「我們有了。」他大喊。

「你說真的嗎？」我倒抽一口氣。他把驗孕棒給我，我看到兩條線。「我不敢相信。」

我目瞪口呆地盯著，深怕視線一轉開，結果又不一樣了。

「我懂。」丹恩笑了，「你覺得怎麼樣？」

「我很開心，但也很害怕，」我說，「我怕懷孕過程中出錯，也不知道懷孕會如何改變我們的計畫。養小孩要花錢，你懂的。」

丹恩面向我，抓住我的肩膀。「聽我說，」他說，「計畫不變，你懂嗎？無論如何，你都不能在那個地方多待上一天。」他緊緊擁住我，我的身體放鬆了。他說對了，我必須離職，這個寶寶不會改變這一點。當我明白我有機會更常出現在這個寶寶的人生中，我笑了。我可能看到寶寶踏出第一步、說出第一句話，我之前沒有這種機會。

「看看現在我們跟六個月前差多少，」丹恩說，「這個寶寶對我們來說是有意義的，潔美，這是註定要發生的。」

這真是詩意。這次懷孕、這個將要報到的寶寶，都是我們修補婚姻的成績，是歷經一趟讓人精疲力竭的旅程之後的獎賞。我爬上床，把驗孕棒擱在我的床頭櫃，然後用手圈住腹部，瞪著看直到我睡著。隔週，我安排了第一次超音波。去醫院前一天，我把比特拉到一旁告訴他這件事。約診是星期五，夏天時星期五總是人力不足，大家不是去休假就是去打高爾夫。

「我有事要跟你說。」當我們走進後會議室，做在常坐的位置上時，我開口說了。

「妳懷孕了。」他宣告，而我嚇到嘴巴都張開了。

「潔美，我們共事多年，」他說，「你看來不一樣了，而且你也常常揉肚子。」

我笑了，我都沒發現我的新習慣，我知道我必須停止這麼做，至少在我滿三個月之前要先停。

「我明天要去做超音波，」我招認，「這是第一次約診。我知道我們人力不足，但我需要確定一切沒問題。開盤前我會進來。」

「不用想太多，」他說，「我會確保萬事順利。」

隔天早上我和丹恩去醫師的診間，之後直接去了診察室。我覺得想吐，我不確定是因為懷孕，還是因為擔心超音波的結果。等待期間我的手機開始響，我一邊看手機，一邊覺得好冷。我的小組裡有兩個人打電話進來說要請病假，賈斯丁會因為我不在而大作文章，因此我打給比特。

「我很抱歉，」我說，「但我現在正在診察台上等醫師，我走不了。」

「放心，」他說，「我們沒問題。你做完之後傳訊息給我，祝你好運。」

我沒時間擔心了，因為卓珂醫師進來了，她讓我想起貝絲最愛的迪士尼小仙女。她嬌小纖細，金髮剪成有尖刺的小精靈式短髮。

「早安！」她一邊說，一邊從牆面上的機器抽出藍色橡膠手套。「你知道檢查步驟了，先把你自己往下拉，然後把腳踩在腳蹬上。」丹恩抓著我的手，我往檢查台的下方扭動。

「準備好了嗎？」她拿著探頭，我點點頭。

「這是胎囊，」她一邊說，一邊指著被白色雜訊包圍的黑色橢圓形，「在這裡面，就是你的小寶寶。」她說。我瞇著眼看，看到寶寶在黑色橢圓形的下方，兩個小小的白球靠在一起。我笑了。

「我們來看看能聽到什麼。」她把音量調高，我使勁地想聽，臉都拉緊了。大量的白噪音充斥著整個診察室，我聽到沒有變化的聲音時，胃都痛了，之後我聽到了一陣韻律。「這就是很強壯的小小心跳聲。」她說。我落淚時，丹恩吻了我的前額。

她一走，我就跳下診察台，跳進丹恩的懷中要擁抱，我穿好衣服後傳訊息給比特，說我在路上了。我大約九點鐘進辦公室，在我的位置上坐下來。

比特笑了，我們互相碰拳。「這裡很順利。」他提報。

懷孕和工作都讓我鬆了一口氣，我安下心來，準備過這一天。一小時後，賈斯丁傳即時通給我，叫我進他辦公室。

「今天早上有很多人抱怨你的小組人力不足，」他說，「你九點才到，你到底去哪裡了？」

我的胃一緊；比特說諸事順利，我已經回來一小時了，如果有問題，我一定會聽說。我不能跟賈斯丁說超音波的事，因為我才剛剛懷孕。

「我有約診。」我說，「我到辦公室才聽說病假的事，我走不開。比特說很順利。是誰抱怨？」

賈斯丁看著我，臉脹紅，他的雀斑看起來熱疹。

「誰抱怨不重要，」他說，「重點是有人抱怨。振作一點，潔美。商業殺手，而不是課輔媽媽，記得嗎？」他站起來，走了出去。

他走回交易室時我瞪著他看，我希望我的雙眼是致命的雷射，這樣他就沒命了。我抖著雙手傳簡訊給比特：「請過來後會議室。」

「這根本胡說八道。」我說完發生什麼事之後，比特這麼說，「潔美，我有注意。沒有人說什麼，他只是想整你。」他的音量提高了，我一邊噓他，一邊往門外看。

「我相信你。」我說，「但我要小心一點。他一有機會就會暗中破壞，我沒有犯錯的空間。你先回位置，我等一下。我不希望他們懷疑我們碰面。」

他離開，我在桌旁坐了下來，雙手抱住頭。我的胃隆隆響，我衝向洗手間，把早餐吐個精光。

清乾淨之後，我看看鏡中自己的臉龐，眼睛都有黑眼圈了，整個臉上都是血管破掉的紅色痕跡。如果這代表了懷孕的狀況，看來將會很辛苦；在高盛工作還要養三個小孩，本來就夠辛苦了。如果我一直覺得自己身在地獄，我就沒辦法繼續把工作做好。我明白我可能得忘了我的十八個月後離職計畫，因為我根本不知道自己撐不撐得過接下來的九個月。

之後的幾個星期，我一直在看我的內褲上有沒有分泌物。上一次我自然懷孕的結果是流產，因此，每一次感覺到痛時都讓我在想是不是出了什麼錯。我變的疑神疑鬼，喝很多水，因此比平常更頻繁上廁所，這樣也才能檢查有沒有出什麼問題。

我在內褲上看到血時，已經懷孕十二週了。血量不多，但看到這副景象讓我完全沒了力。心裡想到了壞事，但我知道我不能只依賴自己的想法，因為在全身奔流的賀爾蒙讓我想像出各式各樣的災難場景，要多糟都有。前一天我已經去看過醫生檢查過了，一切都沒問題，但我還是打了電話過去，他們叫我直接去門診。

我打電話給丹恩。「我流血了，我很怕。」我說，「醫生叫我過去。」我的聲音粗啞。

「放輕鬆，」他安撫我，「可能沒事。我去澤西市渡船頭那邊找你。」

那時是下午四點，時間已經晚到可以溜出去了，因此我抓起我的東西，在傑瑞和維多的注視之下換上運動鞋。唯一知道我懷孕的人是比特，我不想在滿三個月之前宣布這件事。但幾個星期前我已經開始有徵兆，我知道已經有人開始懷疑了。

我走進電梯，覺得胃愈來愈緊。我的胃咯咯叫，一直在收縮，我也覺得很沉重。我直接走向洗手間，我一打開門，就感受到內褲上有什麼東西湧出，就像是一加侖的液體從我身體裡流出。我奔向殘障專用廁所，拉下褲子，也不管門還開著。血流得到處都是，從我的內褲上流到雙腿，然後流到地板上。我從沒看過這麼多血，我以為我要昏倒了。一股緊縮感流過身體，我的下腹放鬆了，血止住了。這整件事讓我想起子宮收縮。「喔，不。」我低語。

這不正常，我吸了一口氣，扶著牆站以穩住自己。我沒有辦法叫任何人來幫忙。比特已經早一步離開去客戶那裡開會了，我得去找丹恩。我抓住衛生紙盒裡的大捲衛生紙一端，纏在我的手腕上，一直捲到差不多向拳擊手套那樣，之後我塞進我的褲子裡。我盡可能把雙腿洗乾淨。有可能不是宮縮，有可能不是流產，有可能什麼事都沒有。

我從全身鏡裡看自己，我的裙子沾滿了血，但因為是黑色所以看不出來。我走出洗手間，在地上留了一大灘血，但我完全沒辦法處理。我們的清潔工妲西（Darcy）會發現這件事，我覺得很尷尬。她是來自皇后區（Queens）的單親媽媽，有三個小孩，我們常聊天。她總是很蒼白很憔悴，但也總是微笑。我會買個禮物送她當作賠禮。

我盡快走出去，擔心用跑得很可能又會引起另一陣騷動，因為沾著血的裙子黏在我的兩腿之間。我想過打電話給丹恩要他進城來，但以荷蘭隧道（Holland Tunnel）此時的交通狀況來看，要找到他最快的方式是搭渡輪。我直衝維西街（Vesey Street），經過那附近的露天酒吧，很多人都在五彩的遮陽傘下享受歡樂時光。一到碼頭，我又感覺到一股推力，我的下腹部因為累積了壓力而扭絞，我衝進渡輪站的洗手間，另一波血流又衝出來，而且現在也有很多血塊。血流在藍色米色相間的磁磚地板上、我的手上、牆上。我大叫出聲，覺得頭昏眼花，我聽到有人從廁所裡出來，沒有聲音，只有他們離去時模模糊糊的腳步聲。這一波壓力過了，血流的馬桶和地板上都是。我開始用紙巾擦，但我這麼做只是把血更弄得到處都是。磁磚現在顯現出了艷粉色。

頭上的擴音器突然發出聲音說我的渡輪剛剛靠岸，我得去趕船。走出洗手間時我回頭看，看起來像是影集《法網遊龍》（*Law & Order*）片頭，只差沒有螢光黃色的封鎖現場膠帶、一群警察和犯罪現場調查員。

我排隊準備上渡輪，身邊有一群華爾街人。大部分的人都低著頭，埋在自己的手機裡面。

血滴下來滴到我的腿上，聚集在腳踝，把我的白色襪子邊緣染成褐紫紅色。我上了渡輪，兩腿之間有個壓力錨撐著。我想坐下來，但渡輪的座墊包覆的是米色椅套，我一定會把椅子弄髒。我身邊的一切都在旋轉，嘴巴又酸澀又乾燥。我很害怕，怕會失去這個寶寶，怕事情已經發生了，怕之後不知道又會發生什麼事。

渡船離岸，開始七分鐘駛往紐澤西的航程。我把頭靠在黑色的木板牆上，閉上眼睛，背出我小時候在天主教洗禮之下背誦的祈禱文禱告；我用我乾裂的雙唇一遍又一遍低聲念著這些祈禱文。

航程半途，船上一位金髮的男性工作人員向我走過來。他看來大約二十歲，穿著紐約水路公司（NY Waterway）湛藍色的扣領襯衫、很短的白色短褲和棕色的帆船鞋。

「女士，」他說，「你的腿在流血。」他指著滴到我膝蓋骨的血滴。

「不是我的腿。」我說話時，我的臉已經因為疲憊而呆滯了，「我正在流產。」他點點頭，走開了。

我第一個下船。空氣很悶，我的黑色公事包彷彿裝了磚塊。我流了很多血，我很怕。我在想，這次懷孕已經完蛋了，下一個完蛋的會是不是我。

我走到角落，在一片草地上雙腿交叉坐下來，我太累，沒辦法再走了。當我打電話給丹恩時血又湧出來了，我還沒聽到電話響他就接起來了。

「你在哪裡？」我低低地說。

「再過幾條街就到了。」他說，「你還好嗎？你還有滴血嗎？」他不知道，象徵我們婚姻重生的東西已經消失了。我想跟他說，但所有的話都消失在我的舌頭上。

「還好，」我說，「我在哈德遜街（Hudson）和格蘭街（Grand）轉角這裡。」我躺下來，蜷曲成一顆球，面對街道。陽光照在我的臉上，我腿間的血愈來愈黏。我先聞到吉普車的廢氣才看到車，丹恩從車子裡跳出來，跑向我。他眼睛瞪得很大，用一個動作從腳把我拉起來，一隻手臂放在我的背後，一隻放在我雙腿下方，然後把我抱進車子裡。

「車流很通暢，」他說，「我們三十分鐘內就可以到醫生那裡。」

「我撐不了。」我說，「我們要去這裡的醫院。」我們開車，開過坑坑洞洞的街道時，我的臉都扭曲了；我們幾分鐘就開到了澤西市醫學中心（Jersey City Medical Center）。

丹恩去停車，我走進急診室，站在櫃檯旁邊，一位女士坐在防彈玻璃窗後方。她穿著藍色的醫院制服，眼鏡用珠鏈掛起來。

「你有什麼事嗎？」她說話了，眼睛一直往下看。

「我正在流產。」我說。她一邊的眉毛挑了起來，她先看著我的臉，然後看我的肚子，接著又看我的臉。我猜我沒什麼說服力。

「請坐。」她一邊說，一邊指著隔壁的候診室。我坐下來，屁股坐在椅子的邊上，這樣才不會弄髒。有位老婦人坐在我旁邊，穿著粉紅色的天鵝絨運動服。她的灰髮蓋住了她的臉，手指摩娑著手上緊緊握著的閃閃發亮黑色玫瑰念珠。她的手摸過一顆顆念珠，嘴裡快速念的祈禱文；我想到外婆，我多麼希望她現在能在這裡為我祈禱。這位老婦掃視我的身體，從我的雙腿開始，然後看我的肚子，然後看我的臉。

「懷多久了？」她問；她的臉很皺，看起來像一顆葡萄乾。

「十二週。」我說

「別怕，」她說，「上帝與你同在。」

我點點頭，希望她說對了，但我不確定。血從我身上流出，血滴從我的裙子上滴下來時滴的一地都是，在我座位下形成了一灘鮮紅色的血坑。丹恩衝進候診室，一位綁著長馬尾的金髮護理師走了出來，看到我。「趕快給我一部輪椅！」她說。

幾秒鐘內我就進了急診室，丹恩在我身邊。護理師推著我走過急診室的狹窄走道，很多顏色和形狀快速掠過，我覺得頭好暈。護理師接連問我好幾個問題，我盡力回答，但最後這一小時發生的事很模糊。

「超音波檢驗師會過來幫你檢驗，」她說，「之後我會回來。」她推著我走進超音波室，丹恩幫我上診察台。超音波室沒有人，很安靜，漆成藍色的牆面有裂痕，吊頂燈上沾著棕色的圓形污漬。一波痛楚和緊縮向我襲來，我蜷縮成一顆球。

「喔，天啊，」我大喊。我抓住我的肚子，硬的像水泥。「丹尼，救救我！」我求他。他站在我身邊，他的臉很白，我可以看到他眼睛下方的藍色血管。他把我拉起來，讓我站起來，我弓起來，步履蹣跚地走到隔壁的洗手間。

我坐在馬桶上，肌肉一放鬆下來，我就覺得有什麼東西出來了，血塊如下冰雹般落在馬桶水裡。我等著這一陣過去。強度慢慢降低了，最後終於停止。

丹恩站在我旁邊，診察室的燈光刻劃出他身體的輪廓，他的手摀住嘴巴。「在這之前只是滴血，對吧？」他說。我只是瞪著他，我累壞了，一個字也說不出來。護理師衝進來，她和丹恩把我抬上診察台。她幫我吊了點滴。另一波又來了，接著又一波。血流出的速度很快也很猛烈，就像滾落我臉龐的汗珠一樣。在一波一波的出血之間我大喊，感覺到我兩腿之間愈來愈濕。

「我給你一些嗎啡止痛。」護理師說。她調整我旁邊金屬架上裝滿一體的袋子，我點點頭。

「不要，」丹恩說，「那對寶寶不好。」

護理師看著我，她藍色的雙眼很凝重。我等著出血結束，我想要止痛，我想要鬆一口氣。

丹恩的襯衫皺了，他雙臂交抱在胸前，他悲傷的眼裡有揮之不去的期望神色。

「喔，丹尼，」我嘆氣，「沒有寶寶了。」

—第十七章—

恢復期勉強上班，出意料再次懷孕

「嘿，發生什麼事了？」我之後打給比特時他這麼問。我需要請他告知賈斯汀我隔天、也就是星期五時不會進辦公室。我的喉嚨發不出聲音，我只能發出一些微弱粗啞的支支吾吾。他很同情我，也很讓我放心，於是我深呼吸，跟他說了整件事。

「我不知道我還能做什麼，」我說，「我什麼都毀了，這是我的所作所為得到的懲罰。我好想要這個寶寶。我不知道我能不能從這件事恢復過來，再回到那間辦公室、那艘渡輪還有那些我用過的洗手間。」我聽到生理監視器裡我的心跳加速。

「放輕鬆，」他說，「別想這麼多，我明天會跟賈斯丁說你生病請假。休息一下，週末我會打電話給你。」

隔天早上，我們直接從醫院去找卓珂醫生。「你嚴重貧血，」她說，「我很意外他們沒有替你輸血。你要兩星期才能恢復。」

我要請假兩星期，而且是在大家都去度假的夏天。賈斯丁已經指責我人力調配的問題，我的事業如履薄冰，請不出兩個星期的假。

「你確定我星期一不能回去上班嗎？」

「想都別想。」她說，「嚴重貧血會讓你的心臟承受壓力，額外的壓力會引發心臟驟停。接下來兩個星期你唯一能做的事就是休息。」

週末模模糊糊間就過了，星期天時我明白我必須向賈斯丁告假兩星期。在這之前，我怕死了要跟他說我懷孕這件事，但，現在要跟他說我需要請假，更是糟糕。我為了流產而懲罰自己，現在賈斯丁也要懲罰我了。

我步履維艱走向洗手間，一邊演練我要說的話，一邊把冷水潑到臉上。接著我打電話給他。

「上星期四我流產，人進了醫院。」我說，「我還來不及告訴你，我流了很多血，醫生說我需要請假兩週。」我坐在扶手椅上，我記得所有我要講的話，這讓我鬆了一口氣。

「很遺憾你發生這種事，」他說，「但我不明白。你很難受孕，而且事情發生到現在已經三天了。兩個星期聽起來很久。我太太也流產過，幾天之後就好了。」

我記得所有要講的話，但我沒想到會有問題。我覺得自己好像是在高中的辯論社裡。他是要我詳細說明，講我怎樣流血嗎？要講到血塊的形狀嗎？要講到被我毀掉的洗手間嗎？

「醫生說我流了很多血，我不能工作，」我說，「你需要我跟她拿一張醫生證明嗎？」

賈斯丁清了清喉嚨，「不用，」他說，「但現在是夏天，我們人手不足，時機不對。」

我笑了，搖搖頭，我在想，什麼時候是胎死腹中然後從你身體裡掉出來的好時機？

「我會盡快回來上班。」我說。

之後我打電話給比特，跟他說我們之間講了什麼。「真是個王八蛋。」他說。

「那，你可以幫忙我照看辦公室嗎？」我問。

「我明天開始放假，你還記得嗎？」他說。我的胃感到一陣劇痛，因為我忘了；而如果比特不在辦公室，賈斯丁、傑瑞和維多可開心了，他們會分走我的業務。

「我很抱歉，」比特說，「度假屋的租金我已經付清了，現在來不及取消了。」

「別擔心了，」我說，「玩得愉快。」

我艱難地回到床上，雙肩一沉。每一件事都亂糟糟，我不知道要先處理哪個問題。排山倒海的沮喪吞沒了我，我想跑走躲起來，因此我吞了兩顆止痛藥，睡了。

週末時我媽照顧孩子們，他們回家後快速飛奔上樓，聲音吵醒了我。兩個女兒衝進我房間跳上我的床，我媽懷裡抱著路克。

「親愛的，」我媽媽說，「你覺得怎麼樣？」看到她讓我熱淚滿眶。我想不顧一切爬到她膝上，讓她摩娑我的背，親吻我的頭。但我什麼也沒說。如果我開了口，我滿滿的傷痛將會傾洩而出，從床上溢出來。她吻了吻我的前額，我從她手中接過路克。

「媽媽，我們來看電視。」貝絲說。我打開一個他們最愛的卡通節目，三個人都坐在我身邊。

「我好想你，媽媽。」艾比說。

我看著他們，看著艾比缺了門牙的嘴，看著貝絲狂亂的捲髮，看著路克嘟嘟的小胖唇。我還是一個母親。我的事業岌岌可危，但孩子們提醒我，就算此時我正因為失去一個孩子而心痛，也要去算一算我所擁有的幸福。「我也好想念你們。」我說。

之後幾天我都在家，有這麼多時間和孩子們相處真是太棒了。我很愛他們起床時看的到我，我很愛下午時能唸故事書給他們聽，我很愛晚餐時替他們把食物剪小塊。這讓我期待我可以多做一些的時候到來。

每一天我的身體都強壯一點，但還是滿心擔憂工作。賈斯丁一向跟我過不去，我意外請假讓我的事業處境火上加油。如果我不盡快回辦公室，我很擔心他會讓我的日子更慘。有一小部分的我希望他能接納我、認為我也可以應付那些大男孩，就像我們第一次會談時講的那樣。在他出現之前，我一直很成功，我希望以漂亮的句點離開公司，保護我的聲譽完美無缺。在這之前，我勤奮工作，犧牲了很多，我不希望最後幾個月為我在高盛的這幾年留下陰影。我還是希望「高盛的潔美」是高盛家的孩子。「我想明天回去上班。」丹恩晚餐後洗碗時我對他說。

「沒得談。」他說，「明天才星期三，連一個星期都不到。」

「我知道，」我說，「但我覺得好多了，況且，我每請一天假不上班，我就愈覺得壓力深重。」

丹恩抬頭看我，他的雙手都是肥皂水。「我認為你不應該去，」他說，「我們講的可是你的身體健康。」

「相信我，」我說，「如果我覺得這會讓自己身處險境的話，我不會這麼說。」我回想起卓珂醫師的建議，但我在權衡的是心臟與身體受到的壓力和事業受到的壓力，而且，當我戴上扭曲的高盛有色眼鏡之後，關心事業就比照顧自己更重要了。

丹恩滿臉都是鬍渣。失去孩子讓我很痛苦，但對他來說也很難熬，如今，他的額頭上都有抬頭紋了。他知道和我沒得商量，講到我的事業，我就堅信自己才是專家，知道怎樣做才最好，他說什麼都無法讓我改變心意。

「好吧，但我要載你過去。」他說，「載到你公司門口。」我很高興他沒有跟我吵，也因為他說要載我去上班而覺得很安心。要重新面對工作已經夠糟了，但我可以不用去面對渡輪和渡船頭。

隔天早上，我穿著黑色的孕婦褲，審視鏡子裡的自己。我的腹部綁上了束腹帶。我穿上一件白色的孕婦上衣，慶幸衣服很寬鬆。我媽媽過來照顧孩子，丹恩才能載我去上班。

「我希望你留在家。」她說話的時候雙臂交抱，雙唇抿成一條線。

「我知道，」我說，「但我請這麼多天假他們會殺了我。我得試試看。」

「你身體健康最重要，」她說，「而不是你的事業。」我對她微微點了頭，然後出門。她對高盛的看法這幾年變了，但我與高盛深深糾纏，因此看不到她所見到的。

太陽剛升起時我們坐進車子裡，開過我們住的這條街時，一束藍灰色的光線籠罩了房子和樹木。「睡一下，」他說，「快到時我會叫你。」我靠在乘客座位上，閉起雙眼，還沒上高速公路我就睡著了。

丹恩把我推醒。車子周圍一片黑，口水弄濕了我的臉頰。荷蘭隧道的燈光透過車窗閃進車子裡。我們再過幾分鐘就到辦公室了。我抓起化妝包，用遮陽板裡的鏡子檢查一下儀容。我看起來慘灰，不管擦了那一種化妝品，都沒辦法好一點。很快的，丹恩把車子停在大樓旁。

「到了。」我說。我看到正要上班的人川流不息。我覺得頭很輕很暈，我不知道是因為緊張還是貧血。「我很怕賈斯丁會說什麼。」我招認。

「放輕鬆，」他說，「預期比現實更糟糕。一分鐘一分鐘熬過去就好了。等你準備要下班打電話給我，我會來接你。」他啄了我的臉頰，我走進大樓。不過才幾天的事，但感覺像是一個月沒來了。我環顧大廳，看著高牆上五彩繽紛的抽象壁畫，我不確定那裡總是這麼明亮，還是我沒來那幾天這裡有粉刷過。我對著警衛笑了笑，刷了識別證，走進我的樓層，當我走過那間洗手間時還回頭看了一下。

我打開通往交易大廳的門，雖然現在還沒到早上七點，大廳內已經有電話聲。大廳裡很空，只有幾個人坐在不同排的交易台前，我快速奔向自己的座位，同時看了一下我的雙腳。當人們走過交易廳經過我的座位時，他們會慢下來並呆呆看著我，好像我是一樁交通意外。比特說大家都知道發生什麼事了。賈斯丁發電子郵件過來，說他要見我，我垂頭喪氣。我還沒準備好面對他的怒氣，但我還是站了起來，走向他的辦公室，我的心臟狂跳。我進門時他正在會議桌旁看文件，他比個手勢叫我進去。

「歡迎回來。」他說話時眼睛沒離開過文件。

「謝謝。」我說。之後，他往椅子後面靠，瞪著我，一邊用筆敲著桌子。他的筆每敲一次，我的體溫就升高一些，我開始流汗，然後他把筆丟在桌子上，往前傾看著我。「我正在想辦法弄懂，」他說，「發生在你身上的這些事，時機點糟的不得了。我跟你說過你們小組人力配置的事，也說過要怎麼樣成為領導者，但說了這麼多，我還是沒看到。」

我雙手發抖，我把手抱在一起，用力握住。

「我很抱歉，賈斯丁，」我說，「我不知道該說什麼，我也不希望發生這種事。」

「嗯，現在你回來了，」他說，「我希望你百分之百專心做好你的工作。」

他撿起他的筆，又低頭看報告，這是要我離開的意思。我走出辦公室，胸口很緊。我的呼吸又淺又急。我走回座位時經過助理凱蒂的位置，她站起來，朝我走過來。

「潔美，你還好嗎？」她問。她把雙臂放在我肩上，扣住我的身體。

「就有點累、有點暈。」我瞇著眼睛說。

「跟我來，」她一邊說，一邊帶我走到電梯口，「我們去健康中心。」

她環抱住我。「你很蒼白，你在流汗，你還在發抖。你不應該來，你休養的時間還不夠。你快要昏過去了。」她說；當她按下電梯時，我真的暈過去了。

我醒來時已經在健康中心的檢查室，一個留著黑色及肩捲髮、有著一對藍色大眼的女子站在我旁邊。她的名牌上面寫著「安娜・露易絲（Anna Lewis），醫學士，醫療中心主任」。她問了我很多問題，我跟她說了我流產又貧血。

「妳的醫生有叫你這麼快回來上班嗎？」她問。

「嗯，」我說，「沒有，但現在是夏天，我們人手不足，我要好好管理團隊，我要經營業務，我要成為領導者。」這些字眼快速從我嘴裡冒出來，之前我聽到時速度比較慢，也比較模糊。

「我要知道你的婦產科醫師是誰，電話幾號。」露易絲醫生說，因此，我從我的手機通訊錄裡找，告訴了她。她寫下來，然後拿出她的聽診器，聽了我的心跳。「我馬上回來。」她說；她離開之後，我在診察台上縮成一顆球，睡著了。她回來時我醒了。「我跟卓珂醫師通過話了，」她說，「她已經要你兩星期後才回來上班，你是被迫在醫師放行之前就回來嗎？」我瞪著她，一臉呆滯。

「工作很忙，」我開始說，「我還有好多事沒做，我之前已經和教練配合，我需要表現的更好。」我的聲音漸漸停止，我已經忘了本來的問題是什麼。

「卓珂醫師說你星期五會去看她，」她說，「之後她會跟我說她有何建議，然後我們會討論接下來怎麼做。」

「我的主管怎麼辦？我的團隊呢？」

「從現在開始，我會跟你的主管討論你的病假，」她說，「這是我的工作，你的工作是休息。」

我雙肩一沉。我又這麼做了，我又跟部門以外的人講了，我又把外部人士扯進我們的事了，我又和家庭作對了。

「拜託，讓我自己處理。」我說，「由我自己跟他們講。」我的聲音充滿恐慌。

「潔美，你的狀況很差，」她說，「你要回家，不要再想這事了。我來處理。」

我頭垂了下來，我用雙手抱頭。太遲了，傷害已經造成。我打電話給丹恩要他來接我，我在診察台上等著等著就睡著了。

「嘿，你覺得怎麼樣？」丹恩一進健康中心就問我。我無力跟他講露易絲醫生或和賈斯汀開會的事，我太累了。

「還好，」我說，「我想回家。」

◇◇◇◇◇◇◇◇◇◇◇◇◇◇

過了一個星期又一半之後，我回到工作崗位。開車途中我覺得強壯了點，但我走下高速公路進入澤西市、經過我流產時的各個地標，比方說醫院、丹恩找到我的街角和渡船頭，我就覺得好脆弱。恐懼和悲悼就像復活的死人一樣，又出現在我心裡，當我走過交易大廳之際，我整個人都在顫抖。看到休完假回來的比特，是唯一能讓我露出微笑的事。

「我很想念你，」他說話時緊緊抱著我，好像怕我跑了。我聽著他吸鼻子，我有點措手不及，於是我拉開距離，我不想哭。

「我很高興你回來了，我們來聊聊吧。」我一邊說，我們兩個一起走到後會議室。

「你怎麼樣了？」比特說，「要實話實說喔。」他的臉上露出同情的神色。

「還好，」我說，「我還是很累，覺得自己陷入一個大洞裡面。但我只想專心執行我的計畫，然後離開。」

「很好，」他說，「我也在休假時做了決定。」我抱住自己，我再也承受不起任何意外了。「我已經報名，我要取得諮商顧問證書。我留在這裡的時間會比你長，但時光飛逝，我還沒有意識到，那個時候就到了。」

「太棒了！」這是幾個星期以來我聽到最正面的消息，「我們一起堅持下去。」

「這也是我的希望。」

賈斯丁從來沒講明我流產或露易絲醫師的事，我猜，她有打電話過來，嚇的賈斯汀最終遵照公司規定走。回過頭去看，現在我明白露易絲醫生看過太多員工在壓力之下被迫提早返回職場的案例。公司在員工手冊上大肆廣告「病假不限天數」，但照我看來，他們並不像表面上的這麼慷慨。幾年來，有好幾次我某些部屬健康出了問題，需要比較長的時間休養，單請一天病假並不夠，每次我知會麥克時，他總是用翻白眼和嫌惡來面對這些要求，完全沒有同情心。

「我們花錢請他們來工作，」他嘲弄地說，「不是請他們在家東晃晃西晃晃。」有一次，我剛跟他說交易室裡有一個人騎腳踏車出了車禍，需要動緊急手術，他的回答是：「我們要確定不會被他占便宜。」

露易絲醫生以前從來沒有介入我團隊裡的任何問題，我在想，是不是因為我和麥克都交涉好了，替他們處理好這些事了。現在，少了保護我的主管之後，我很慶幸有露易絲醫生站在我這邊。她顯然非常清楚該怎麼做。

幾個月過去了。我簽下新的客戶，完成了新的交易，我的團隊獲利仍是最高，但這些都不重要。麥克和賈斯丁懲罰我，他們讓我的日子很難過，一直要等到我離開才會罷手。但我已經下定決心留下來完成目標，我的腦海裡迴盪著高盛人指稱我「你絕對無法」的聲音。我已經用我的數學證明、用我的毫無人脈以及用我晉升為常務董事的表現，來證明這些否定我的人錯了。不管他們丟什麼給我，我會忍耐、我會撐過去，等到我說時候到了時就離開。

但我也知道等著我的是什麼，因為我之前也看過他們對別人開戰，比方說交易室裡的克蕊西（Krissy）和保羅（Paul）。他們兩個之前都是成功的交易員，後來也都成為經理，某個時候，克蕊西是交易室裡職位最高的女性。但這兩人都惹惱了麥克和賈斯丁，而且理由很扯：克蕊西有一天嘲弄他們的西裝，保羅則嘲弄麥克妻子的家鄉。就因為這種小事，他們就被排擠了，而且是慢慢的、長期的。首先，他們的工作內容被更動，到最後，他們分到一些基層工作，這些都是分析師該做的事，不屬於他們這種老經驗副總裁層級。克蕊西和保羅也被調座位，坐到所謂的「死亡之列」。接著，謠傳他們的薪資一年低過一年，但他們從未離開，這更讓麥克深信他們之前拿的薪水高的過頭了。

你可能會以為，麥克和賈斯丁到現在應該已經開除他們，讓他們不再痛苦了，但這種死法太悲天憫人，太沒意思了。不，對麥克來說，更有趣的是坐看他們遭受緩慢、痛苦的凌遲。此外，這麼做，公司也不用為了終止雇用關係而支付高額的費用。

現在，我在打一場跟時間賽跑的比賽，我希望，在我離開之前，他們不會對我造成太嚴重的傷害。當然，我不會被減薪，但我更希望的是能保有自己辛辛苦苦累積起來的名聲。我希望在他們有機會毀了我之前，按照我的條件離開。回顧過去，我現在知道是這個環境讓我非常不安，導致我整個身分認同和自我價值都和高盛、以及他們對我的看法綁在一起。我應該體認到我的成就是來自於自己，而不是他們；我應該獲得更好的待遇，但在當時，我真心認為沒了高盛我什麼都不是。在我逃脫他們對我的掌控之前，我都沒有辦法看清全局。雖然我很努力想要浮在水面上，但卻正在下沉。我腫脹的身體除了孕婦裝什麼都穿不下，我時時都很疲倦，任何咖啡都不夠濃，無法提振精神。我還活著，但只有在家時才感覺到生氣；上班時，我只是存在著。賈斯丁絕對不會饒恕我流產這件事，我是一個被貼了標記的女人。

新的一年開始了，我已經決定，二〇一五年會是新潔美年。我不能改變賈斯丁對我的看法，但我可以改變我的自我認知。這一刻將會啟動一場新的轉變，而這場轉變延續到我離職多年之後，到了那時我才開始真正從一個人的眼光來看待自己。我想要吃得好一點、多運動一點，把自己從困住我的憂悶裡拉出來。我的新年新希望從生理開始：下班後，一月的第一個星期一，我走進卓珂醫師的候診室。那裡已經有四位女士等著，散坐在周圍的米色椅子上，每個人的懷孕階段都不同。角落一位女子吸引了我，我的眼睛像雷射一樣定在她身上，她整個肚子從她穿著的紅色麻花針織毛衣裡凸了出來。我想著，如果我還有寶寶的話，她大概跟我差不多時候要生。

卓珂醫師的助理馬上叫我去留尿液和抽血，我很高興不用一直等在候診室裡，在旁邊看著這顆成熟豐美的孕肚。我想拔下來，帶著它一起跑走。

「嗨，」卓珂醫師像一陣風一樣出現，「你好嗎？」

我翹著腳坐在診察台上，我的肩膀往下垂到膝蓋。「我好多了，」我說，「我想我永遠都無法從流產當中復原。我一直靠吃來撐過去，所以我體重有增加，但我沒有體力。」她同情地嘛嘛嘴，我試著把身體坐直一點。

「但我會扭轉局面，」我信誓旦旦，「我會減重、運動，把我的生活找回來。」

她點點頭微笑，看著手裡的夾板。「等我一分鐘。」她說著，然後打開門。我聽見她和一位護理師低聲交談，之後她又回來，拉了一張藍色的金屬凳子到我旁邊，並坐了上去。

「我要檢查你的驗尿結果，」她說，「因為這裡有做記號。」我往她的方向靠過去。被做了記號？我擔心是不是有什麼問題：過去幾個月我一直沉浸在自艾自憐當中，現在，我可有實際的不開心理由了。我可能生病了，快要死了，我心裡閃過我的小孩。

「有問題嗎？」我聽見我的聲音裡有恐慌，而她笑了。她怎麼能夠一邊告訴壞消息，一邊還笑的出來？

「你沒事，」她確認，「但驗尿結果說妳懷孕了。」我揚起頭，揉揉我的鼻子。這不可能是真的。我看著卓珂醫師的眼鏡，右邊的鏡片上面有指紋印。

「不對，」我說，「你說的是以前的事。我之前懷孕了，但我的寶寶沒了。」

「不，這是今天的結果。」她說，「你上一次月經是什麼時候？」我快快翻閱心裡的日曆，只有白茫茫的一片。

「我不確定。」我說，「上一次我過來看你的時候，你說要一點時間才會恢復正常，所以我沒有記。」

「你的性生活很活躍嗎？」她問，而我咬咬下唇；雖然我的事業正在生死關頭，但我和丹恩之間可說是春風得意。

「是啊。」我說。我看著門上用大頭針掛著的壁掛日曆，散落的拼圖塊終於在我心裡拼湊起來：我為什麼疲倦，我的身體為何發脹，我為何難以減重。

「我真的有可能懷孕嗎？」我大聲地發出疑問。

「對。」她說，「但我們來照照超音波，確認一下。」

我看著手錶，現在是下午三點半，丹恩正忙著去學校接小孩和幫忙他們做功課，但他必須過來。

「我能打電話給我先生嗎？」我問。

「當然可以，」她一邊說，一邊準備離開，「我們等他來再照。」

當我打電話給丹恩叫他過來，他跟我一樣震驚。

我躺回診察台。等他之際，我用左手摩娑著肚子，右手則輕撫著頸間的黃金十字架。

「嘿。」丹恩二十分鐘之後就到了，他跟我打了招呼。我從診察台上跳下來，跳入他懷中，他緊緊擁住我。「我真不敢相信。」我低低地說，深怕大聲說出來就不是真的了。

「我懂。」他說。

卓珂醫師跟著他進來。「我們來看看到底怎麼了。」她說。她走向超音波機器，拿起僅在懷孕後期才會用到的腹部壓板。「你不用探頭嗎？」我問。

她笑了。「我們來看看這樣能不能看到什麼。」我躺下，拉高我的衣服，她在壓板上塗上凝膠。當她壓下壓板並到處移動時，我伸長脖子，丹恩則伸到我的上方看著螢幕，並握著我的手。沒看到小小的圈圈，沒看到一閃一閃的小點，胎兒的輪廓像天空一樣明確，有前額，有揚起的鼻子，有下巴。

「喔，我的天啊。」我的聲音很激動，丹恩緊握著我的手。卓珂醫師又笑了。「我們來聽聽看。」她一邊說，一邊轉動轉盤。整個診察室充滿了啵碰、啵碰、啵碰的聲音，我超愛這個聲音。

「我們來量一下。」她下指令。她用滑鼠點了螢幕，我抬起頭，看到螢幕下方有數字，看到結果時我笑了。

「我們懷孕十六週了。」我說。

「對，」她說，「已經順利進入第二個三個月了。」

丹恩站在我的上方，握著我的手，微笑。當冰冷的凝膠滑過我圓圓肚子的兩邊時，我開始哭泣。

第十八章

產假復工依規走，出差難捨兒女情

——七個月後

我牛仔短褲後口袋裡的手機響了。現在是二〇一五年八月，我正在放產假。我剛剛才帶艾比和貝絲去夏令營，現在正在起居室的沙發上讀書給路克聽，兩個月大的漢娜正在我懷中安睡。我把書交給路克，掏出我的電話。「這是今天第三通電話了，」我說，「我現在正在放產假，不用上班。」我說這話時笑了；我不想聽起來太苛刻。我很樂意接這通電話，我會盡力在我休假時幫比特的忙。

「我知道，我很抱歉，」比特說，「但我快完蛋了。」

賈斯丁要比特在我休假時當代理經理，這是好現象，代表他們會在我離職之後把這個職位給他。但他之前沒有當過經理。

「怎麼了？」我一邊搖著漢娜一邊問。

「賈斯丁要我做月例簡報，」他說，「我不確定自己能不能辦到。」

我替他覺得難過。我還沒生漢娜之前我們就完整做過一次，我請產假之後又做了兩次。他很清楚簡報怎麼做，他只是不習慣這種壓力；如果他還需要幫忙，他一定會很辛苦。我不在乎他每天打電話來，但這也讓我停下來想一想。我知道他很依賴我，但直到此時，我才知道我們的共依互賴有多深重。我有一點擔心我離職之後他要怎麼當經理。

「好，」我說，「我會再發一次檔案。」

「你也快點回來了。」他用一種唱歌的聲音說話。

「不急。」我說。

「哇哇，少來了，潔美，」他說，「等你回來，也就等於開始數饅頭了。」

我已經很接近永遠離開高盛的終點線了，但首先我必須先放下孩子們四個月，領走我最後的獎金。熬了這麼多年之後，我會竭盡全力撐過這四個月。此外，除了被開除或被別人挖角，不然沒有人會在年中不等領獎金就從華爾街的公司離職。員工絕大部分的薪資都是年底的獎金，我的獎金約占總薪酬的約七成，發生這麼多事後，我才不會把這些錢白白丟掉，我要撐過這一年。在我的職涯中，只剩下一件事在我的掌控之中，那就是挑選我的離職日。

但，一想到我會想念孩子們，胸口就掐的緊緊的。

「我知道，」我說，「等我辭職之後，或許你可以接我的職位。」

「當你超慘的，」他說，「賈斯丁老是針對我。我不知道這些年你怎麼有辦法應付他。團隊裡老是有人希望我去做什麼，我永遠不會像你做的這麼好。」

他的話為我證明了一些事：我的工作並不輕鬆，我對高盛的貢獻很有價值，至少有人這麼認為。

「嗯，」我說，「我會盡快，可能你都還沒發現我就出現了呢。」我看著睡著的漢娜。她的嘴唇像玫瑰花蕾，豐滿又閃亮，她小小的耳垂從粉紅色的嬰兒小帽裡露出來。她跟丹恩很像，聞起來有可口的寶寶氣息。成為家裡的潔美比成為高盛的潔美更輕鬆，更享受。

我的產假不知不覺就過了，再過兩個星期就到了我要回去上班的時候。我不想去；生了四個孩子，要顧他們的功課，要接送上下學，還要帶他們參加活動，看來不可能在高盛工作了，還好只有四個月。我和丹恩會一起努力熬過去，孩子們會撐過來、我的婚姻會撐過來，我也會撐過來；至少，我是這麼告訴自己的。

知道自己留在這裡的時間不多之後，復工後的我做了不同的決定：我要餵漢娜喝母奶。高盛剝奪了我其他孩子喝母奶的權利，漢娜是我僅剩的機會了。我把之前買的擠奶工具從地下室翻出來，這些蒙上一層灰的器具最後終於可以派上用場，我感受到一股喜悅流過我全身。高盛的哺乳顧問建議我及早開始擠乳，累積存量，我們的冰庫裡放滿了號稱液態黃金（liquid gold）的母奶。

復工前一週，人力資源部門寄給我一本「復工須知」（Your Return-to-Work Playbook）小冊子，之前我也收過，但這一次我真的認真讀了。「復工第一個月不可出差或晚上加班。」小冊子第一頁就這樣信誓旦旦說了。我把這句話圈起來，因為這一次我已經決意要適用這些規定。高盛宣傳了很多理念，都寫進精美的手冊裡，在我的經驗裡從來沒有落實過，這一次我終於讓高盛說到做到。

之後我清理工作的電子郵件，看到了賈斯丁發的郵件，他要我在復工前幾天和他一起吃早餐碰個面。我的肩膀一沉。我不想把最後幾天假的任何一分鐘浪費在他身上，但我別無選擇。

我前往餐廳，在後方已經整理好的兩人座方桌邊坐了下來。我旁邊是落地窗，我看著紐約水路公司的渡船帶著旅客往來澤西市。我坐直了身體，信心讓我坐的更高了一點，我很自豪我自己早到了。

賈斯丁穿著黑西裝、白襯衫並打著紅領帶過來了，我低頭看看自己的裝束，我在想不知道我這套上衣配裙子夠不夠正式。我們握了手然後就坐，幾乎是馬上就開始談公事。

「我要談你第一天復工的事。」賈斯丁跳入正題。他偏紅的金髮剪的很短，比我記憶中更稀疏。他把領帶翻了過來，以避免沾到污漬，我看到上面有愛馬仕的標籤。「你要飛一趟邁阿密參加研討會，在那裡待一個星期。」

餐廳聊天的噪音在我腦子裡轟轟響，陽光照的我好刺眼。須知上說我不用出差。家裡每一個人已經都很習慣我在，我不知道丹恩能不能一個人應付所有小孩。漢娜晚上幾乎不睡，艾比要考拼字了，我說我會幫她；貝絲為了我要回去上班的事非常焦慮，每天晚上都哭；還有路克，雖然他沒掉過一滴眼淚，但他開始尿床。我不知道擠乳器能不能帶上飛機，也不知道我到底是要存母乳，還是乾脆離職，最後一筆獎金就算了。我想照我的規矩離職，在我說自己想離職時走人。我不想放棄最後一筆大錢，但我也知道他們會為此百般刁難我的工作。

賈斯丁笑了，他的雀斑因為高興都亮了起來，我喝了一大口水，吞了下去。

「好，」我說，「我會去。」

我想大吼大叫，把小冊子推到他面前，但他可能會撕的一乾二淨。根據經驗，我也知道去找員工關係部完全是徒勞無功。我又一次看到高階主管辦公室和日常營運之間脫節了。我在理智上自有一番漂亮的說詞，但我很清楚事情沒這麼簡單。如果我啟動抗爭，拒絕前往佛羅里達，賈斯丁會用扣下獎金的方式來告訴我他很失望。如果我舉報賈斯丁，雖然我會覺得很爽快，但這麼做只會讓我痛失獎金，而獎金是此時我還要待在那裡的唯一理由。

一離開賈斯丁，我就打電話給丹恩。「我還沒開始上班，」我說，「他就已經在整我。真的是沒完沒了。他知道我回來上班只是為了獎金。」

「放輕鬆，」丹恩說，「我們會堅守四個月計畫，事情會順利的。高盛已經整我們這麼多年了，我們會撐過去的。」

「睡眠訓練、回家功課和尿床這些事怎麼辦？」我說，「你一個人沒辦法處理全部事情。」我媽還是會來幫丹恩，但大部分的育兒重擔都在他身上，他還要想辦法維繫一些資訊科技的業務。

「就一個星期，」他說，「我會想辦法應付。出差已經夠辛苦了，你就把家裡的事情留給我，很快就換你了。當你身陷小孩的功課和尿床的苦海時，可能會想念高盛。」

我坐在車子裡，就在澤西市停車場的幽暗角落裡，臉上掛滿了淚。「丹恩，不會，」我說，「我絕對不會有懷念這些事的那一天。」

我第一天回去上班，早上三點就起床，煩憂掛心讓我一整晚都睡不著，因此我很疲憊，有些迷迷糊糊。我要快一點，因為一小時內我叫的車就要來了，我很高興我沒有時間去思考。

漢娜睡在我旁邊的嬰兒床上，我俯身越過欄杆聽著她的呼吸，她小小的身體在暗暗的房間裡變成了一個黑色剪影。我的喉嚨哽住了。她一出生我們每天都在一起，我還沒離開已經開始想念她了。

黑暗中我穿上牛仔褲、T恤和連帽外套，慶幸我是獨自出差所以不用全副套裝。現在還太早，我出門前已經來不及哺乳，因此我悄悄下樓，並且跳過已經發出咯吱咯吱聲的最後一階。丹恩在廚房，穿著有荷馬・辛普森（Homer Simpson）圖樣的睡褲和藍色T恤，他給了我一杯外帶杯咖啡和一個笑容。我希望我出門後他可以回去睡，他需要休息。

「我不敢相信你居然起來了。」我說。

「哪能不起來，」他說，「這是你第一天復工。」我看著他，想著我們經歷過的一切，他是我在人生這片波濤洶湧的海洋中浮沉時的堅定燈塔，我希望我可以把他打包放在口袋裡，一起帶去佛羅里達。「再一次。」我說。

「對，但這次不一樣，我們計畫好了。」他說，「過來，我有東西要給你看。」他拉著我的手，帶我去遊戲室，打開燈。可以坐進去的玩具車、娃娃、大尺寸的樂高積木，玩具散落一地，孩子們的畫作用膠帶和圖釘掛在黃色牆面上。一串用色紙紙環串成的紙串從天花板吊了下來，紅色、藍色、綠色、黃色等顏色交錯。每一個紙環的大小都不一樣，邊緣也毛毛的。「每一個紙環代表你剩下的每一天，」丹恩說，「這是我和孩子們做的，等你回來，你就可以一次撕掉五個。」

我的雙眼湧出淚水，我跌落丹恩懷中。我們定好了計畫，這是我的馬拉松賽最後衝刺，我的家人都在終點線喊著我的名字為我加油。

「我好喜歡，」我說，「人生的這一章快要結束了。」

我到機場之後還有時間，可以在起飛前擠乳，於是我去殘障專用廁所。我不是要存母乳，只是希望我離開時還是可以維持奶量。當我打開明亮的日光燈，尿味撲面而來。衛生紙散落一地，已經滿溢的金屬垃圾桶周圍有一堆掉下來的紙巾。我在白色的獨立式洗手台上方找到插座，我在洗手台邊上把擠乳器放平，然後脫下連帽外套、上衣和胸罩，掛在牆上的金屬掛鉤上。我注視著鏡子，看到有好幾圈皺皺的肥肉圍繞著我的腹部，這是生了四個孩子再加上產後沒有好好節食的結果。我想，等不上班之後我就能減重。我用一隻手抓著兩個吸附頭，放到我的胸部上，用另一隻手開啟電源旋鈕。擠乳器的馬達開始嗡嗡叫，「你要贏了！你要贏了！」我的擠乳器在我們合作時這樣對我說。我閉起雙眼，享受擠空乳房後的舒緩感。我要贏了！一切都會沒問題，我很快就會回家，但我沒看到擠乳器因為震動的關係一點一點偏離洗手台的邊緣。

吸附頭在我擠乳當中脫離我的胸部，用力打在我的乳頭上讓我疼痛不已。機器掉在地上，集乳瓶掉到地板上，母乳倒在地板上。「不！」我說；我的聲音迴盪在貼了磁磚的洗手間，機器繼續在運作，一攤母奶朝著腳邊流過來。「不！不！」我急急忙忙抓著紙巾往地上扔，我的乳頭一接觸到冷空氣，引發一振灼熱。我擦了擦胸口的母奶，眼淚流下臉龐，地板上一團亂。

一抵達邁阿密的旅館，我就去換衣服，和客戶伊凡（Evan）以及他的新主管哈利（Harry）共進早午餐。

「珊蒂（Sandy）還好嗎？」我問。珊蒂是伊凡的同事，比我早幾個月生小孩。

「她辭職了，要在家裡帶小孩。」伊凡說，「我很想念她。」

「我覺得她這個選擇合情合理，」哈利說，「做媽媽的不應該出去工作，她們要在家陪小孩。」

我微笑時咬牙切齒，就連伊凡都瞪大眼睛看我。

「潔美，」哈利說，「聊聊你自己吧。」我慢慢吸了一口含羞草雞尾酒，裡面的氣泡沉下去時就破了。「我在高盛已經快二十年了，」我說，「我十年來都管理機構法人交易，今天是我放完產假復工的第一天，我剛生了第四個小孩。」

哈利的濃眉挑的很高，被瀏海蓋住看不見了。「哇，一個貨真價實的職場媽媽，」他說，「那一定很辛苦，你看不到小孩，還要被迫養家。我不知道你怎麼能辦到，對我來說這是很不自然的事。」他啜了一口血腥瑪麗雞尾酒，有一些滴到他黃色的高爾夫球衫上。我有一股難以控制的慾望，想朝著他的臉給他一拳。但他是客戶，我不能反應過度；反之，我握緊了冰過的香檳杯，凝結的水滴沾濕了我的手指。

早午餐之後，我趁著下一場會議之前的空檔和丹恩與孩子們視訊。他銀色的金髮豎起，兩頰都是黑白夾雜的鬍渣。「我們很想念你。」他說。

我聽到背後傳來「媽媽！媽媽！」的聲音，然後兩個女兒擠到他身邊，在他耳邊大叫，先搶到手機的是艾比。「我好想念你，媽媽，你什麼時候回家？」她用高八度的哀鳴聲講話。接著貝絲從她手裡搶走電話。「媽媽？」她說，「你今晚會回家抱抱我嗎？」我的胃攪成一團。

「喔，寶貝，我也想，」我說，「我很快就會回家。」貝絲噘起下唇，丹恩接著把電話遞給路克，但他不想拿，漢娜在丹恩的膝上跳著，一邊發出咕咕咕的聲音。我揮揮手道別，掛掉電話，把手機丟到床上。我做這些都是為了孩子們，但唯一不會對我發脾氣的，只剩那個還不解世事的小傢伙。

我沮喪得不得了，我想要用盡我的肺活量大吼，但我只是走到化妝台旁邊的冰箱，把一小瓶的伏特加倒入嘴裡。我很快就要去開另一場會，但誰管他，反正那裡每一個人也都在喝酒。當我嚥下酒精冰冷的苦澀，我從化妝台上方的鏡子裡看到自己。我的臉脹紅，眼睛下方吊著黑眼圈。這個星期真是漫長難熬。

研討會就是吃飯、高爾夫、握手、開會和雞尾酒的不斷循環。我絲毫不在乎業務計畫、交易策略和市場預測。我像是高中時學習倦怠的高年級學生，我只想去海邊，捱完這個星期（以及接下來四個月），直到整個結束。

我繼續和丹恩視訊，他總是微笑，說一切都好，但他每一天都糟一點。到了第三天，他本來的鬍渣已經變成滿臉的鬍子，眼睛下方的眼袋已經腫脹。一切都亂掉了：漢娜失去了原來的規律，她會在半夜啼哭吵醒其他人，路克前兩天晚上尿床，丹恩又幫他包上訓練尿布。丹恩沒辦法睡覺，他疲於奔命，從一個房間衝到另一個房間安撫每個小孩。

我星期五下午到家，家裡很安靜，我走路時要跨過地上的呼拉圈和紙板書。我知道貝斯和艾比還在學校，我在起居室的地毯上找到丹恩，漢娜在他胸口，身邊是路克。他們聽起來都睡了。我偷瞧一下遊戲室，日光把紙環鏈的影子拉的好長，我剛剛賺到的五個圈圈在日光下仍完好無缺。

星期一，我走出渡輪碼頭，從遠方仰望高盛大樓。當我明白我很快就會永遠離開時，全身都覺得很輕鬆。

當我走到維西街，我注意到在我請假期間又新開了一家咖啡店。整體來說，一切照舊，但我覺得這裡好陌生。我已經不一樣了，再也不是一輩子的高盛人了，我終於要開始數饅頭了。

我刷了識別證進入大廳，門禁卡的聲音和人們的腳步聲交織在一起，從各個入口進來的人全都往中間的電梯口衝。我沒有跟著他們一起。我的左肩背著公事包，右肩則背著裝著擠乳器的新背包，我走向電梯後方的緊急逃生樓梯，推開厚重的灰色金屬門，走向擠乳室。我走進暗暗的鑲木板走道，這裡一整排都是擠乳室。所有房間都寂靜無聲，只有日光燈微弱的吱吱聲。走廊盡頭有一個很大的開放空間，一邊是落地窗，另一邊則是一面木質置物櫃牆，中間則有一個小廚房。我把早上在車上擠的母乳放進儲奶袋，做好標示，然後放進冷凍櫃，然後清洗我的擠乳配件，之後鎖進置物櫃。我滿足地笑了。一切都依計畫進行。

接著我直接走向交易大廳，當我打開門，我停下腳步讓自己習慣一下。交易大廳內充滿著交談聲和電話聲，大家穿梭各排座位之間，我必須承認，有一些小部分的我很想念華爾街交響曲。但我知道我很樂意用這來換我的家庭。

「你回來真是讓我鬆了一口氣。」我們之後碰頭時比特嘆了一口氣。「你還好嗎？」

「工作日還剩七十五天，」我說，「還有誰也在算呢？」我笑了，但比特沒有。他坐回他的椅子往後靠，大肚子掛在藍色褲子上，他的臉比我記憶中更圓。

「我很擔心你走了之後的生活，」他坦誠以告，並抬頭看了看鋪了磁磚的天花板，「過去四個月簡直是地獄。」

我要拋下他了，這讓我覺得很愧疚。我請假期間體會到了他有多需要我，我不確定他能靠自己在高盛好好做下去。

「這解釋了你為何抽菸，」我說。他低著頭，圓圓的臉頰泛紅了。「我們之前擁抱時我就聞到了。比特，你要戒菸，抽菸對你不好。」

「我知道，但抽菸已經成為我的支柱。你不在真的好難熬。現在你回來了，我會戒菸。但我得重新思考我的計畫，我覺得沒有你的話，我沒辦法在這裡做下去。」我和比特一起做他的「財務自由試算表」，他比我小四歲，他想要在這裡多做一段時間。

「你可以的，」我說，「你看看我的產假這麼快就結束了。如果你接我的位置，你可以賺到更多錢，不知不覺之間就達成了你的目標。而且我永遠都可以跟你通電話。」

他轉動他的眼睛看著我。「你會過你自己的生活，」他說，「忘了我也忘了高盛。」我很訝異。我們一起經歷了這麼多，我不知道他為何覺得我不會幫他。我坐回我的椅子，眯起眼睛。「你是我最好的朋友之一，」我說，「我永遠不會忘記你。」

他聳聳肩。「好，感謝。」他一邊說，一邊看著窗外。我注意到他脖子上掛著的識別證上面的照片，那是他進高盛第一天拍的，那時候他的頭髮烏黑，比現在瘦二十公斤。

「我知道你幾個月後會離職，」他說，「但我們可不可以別談這件事？我知道我終得面對，但我不想每天都去想。」

我點點頭，我的臉因為歉疚而垮了下來。我覺得我像是先得到假釋的罪犯，早一步離我的獄友而去。現在回過頭去看，雖然這是一座牢籠，但那是我心裡的想法。雖然我是慢慢地開始抽掉高盛對我的掌控，但我覺得不應該洗腦比特，他得自己得出結論。

「最後一件事，」我說，「我一天會離開座位好幾次去擠奶，我離開時會對你點頭示意。哺乳室那邊有電話，你可以找到我。」

「懂了。」他說。我起身要離開，但他還坐著。「我要回去了。」我對他說，而他點點頭。我轉身回到走廊，轉彎之前我回頭看了一下，看到比特趴在桌子上。他半個小時後才回座位。

大概一小時之後，我設定的提醒發出通知，我要去擠第一次奶了。事情很順利，我甚至撥入一場視訊會議，像平常一樣去開會。高盛有醫院等級的機器，我買的所有用品都可相容。一切就像哺乳顧問承諾的那樣。

我把我的東西收回我的置物櫃，我發現其他置物櫃都是空的，只有另一個有人用。我想起我養其他孩子時做的決定，我猜多數在這裡工作的女性都做了同樣的選擇，同樣體驗到我曾經面對的壓力。

等我回到座位，我看到我的鍵盤旁邊有一個小奶瓶，我身體一冷。「這是什麼？」我一邊指著東西，一邊問比特。

「我不知道，」他說，「這是我第一次看到。」我掃視整個辦公室，沒有發現有誰在看我。我把瓶子丟進垃圾桶。

幾個小時之後，我去擠午後奶，等我走到門口，我聽到交易大廳另一邊傳來一個聲音，一開始聽起來像是蒙住的哀鳴聲，之後愈來愈清楚，那個聲音是「哞，哞」。傑瑞坐在他的椅子裡往後躺，他的兩隻手放在臉的兩旁，用低沉的聲音叫出來，維多坐在他旁邊，做出像在擠乳的動作。

我環顧交易大廳時臉發熱。賈斯丁在後面的辦公室，附近沒有其他經理。在交易室裡，大家都埋著頭，要不然就避免捲入，要不然就是陷入工作當中根本沒注意到問題。比特從他的電腦面前抬起頭，我們交換眼神。「你就去。」他用嘴形說。

傑瑞和維多笑了，後來他們笑得更瘋，臉都脹紅了。等我走出去，我聽到他們等門一關起來就爆出笑聲。我一到哺乳室就打給比特：「你能相信居然會有這種爛事嗎？」我說。

「我懂。」他說，「不要讓他們阻礙你，他們希望你走後能加薪。如果你沒有反應，他們就會停止。」我坐在一張扎實的皮革扶手椅上，哺乳室聞起來有洗手乳的味道，上方播放著紓壓音樂。

「我知道你是對的，」我說，「我都忘了這個地方有多奇怪。」

那天要下班前、我擠完最後一次乳之後，我去我的辦公桌拿我的公事包，我看到一個裡面放滿了黃色衛生紙的粉紅色禮物袋，上面有一張卡片寫著「歡迎回來」。我看了看交易大廳，已經沒有人影。我伸手去摸衛生紙，覺得很軟很柔，等我拉出來之後，裡面有一隻填充玩具牛。我滿心挫折壓了壓，玩具傳出了錄製好的「哞」，接著我很用力把玩具丟到地板上，撞到了走道。

這是活力雙人組傑瑞與維多送的禮物。他們永遠都是賈斯丁的人，永遠伺機傷害我，永遠都要讓我的生活悲慘無比。當我看到地板上的填充玩具牛時我想起比特的勸告，於是我拿起來，把上面的毛整理的膨鬆一點，平放在我的電腦螢幕上方讓大家都看到，接著我走出大門。

第十九章

職場搭檔突爆走，原因未解難釋懷

「你準備好了嗎？」一月底某個星期一早晨時丹恩問我。鬧鐘已經響了，我們還賴在床上。紙環串上只剩一個圈圈。我們和四個孩子合作撐過這四個月了，我的獎金剛剛存進我們的銀行戶頭。今天我要去高盛辭職。

「我想是吧。」我說。我很疲憊，覺得動彈不得，我一整晚都翻來覆去，做著和高盛有關的惡夢。我的夢境裡都是這二十年來「最重大的衝擊」：先是湯姆・懷特把我踢出開放討論會，然後是艾瑞克扼住我、把我抵在牆上，麥克對我大吼大叫說我背叛了家庭，賈斯丁破壞我的績效評鑑，傑瑞和維多發出哞哞的聲音嘲弄我。

我起床，身體在顫抖，雙手濕濕黏黏。我不敢相信我居然這麼緊張。我是即將要離職的人，而且是根據我定的條件離職，但我很害怕，高盛仍能以古怪但強大的力量掌控我。如今的我已經不需要再讓任何人眼睛一亮，不用再等獎金，也沒有理由留下來，我只能把我的驚恐歸因於肌肉記憶。然而，當我好好想一想，我發現這種反應是有道理的。這些力量花了二十年掌控我，我不能期望一夜之間就消失無蹤。「這很有趣，」我對丹恩說，「我從沒聽說過任何一位常董因為家庭因素而離職。有人被開除、有人跳槽到競爭對手那邊，但從來沒有人就這樣離開。」

「這也不奇怪，」丹恩指出，「你從來也沒融入過他們的模式。」確實如此。我從來沒和任何常務董事密切往來，也沒看過公司裡還有其他的四寶媽。到目前為止，我為了高盛幾乎犧牲了一半的人生……我也放棄了一部分的道德，這麼做幾乎讓我賠上一切。

開車上班途中，我的手緊緊抓住方向盤，腦海裡一直重複播放我的辭職演說，我要向賈斯丁辭職，但我要先跟比特說。他早已知道這一天終將到來，但我要告訴他就是今天。他會難過。他很擔心我要離職，雖然我幾個星期之前試過要跟他講，但他到現在都還不想談。

我搭上渡船，沒有看到任何熟人讓我安心不少。我現在不想聊天，假裝今天不過是另一個星期一，完全不提我即將要做的事。我從窗戶看出去，看到自由女神身上覆蓋了雪花。我想到，這將是我最後幾次坐渡輪了。

一下船，我身邊就颳起城市裡嚴寒的北風，冷到我覺得皮膚都要裂開了，但，我裹在羽絨大衣之下的腋窩一直在流汗。當我刷了識別證進入大樓，我覺得我已經身心分離，我的心看著我的身體做著例行公事，而且是長達二十年的例行公事。這是我最後一次以高盛員工的身分來上班。

警衛的臉孔、熙來攘往的員工、大廳挑高的天花板、牆壁上五彩繽紛的幾何壁畫，所有事物都慢了下來。

我按下電梯按鈕時手在發抖，於是我握成拳頭，放進我黑色羽絨衣的口袋裡。我是交易大廳最早到的員工，我等不及要結束這一切。比特一來，把東西放好，我就邀他像平常一樣到會議室喝咖啡。

會議室是我們的天堂。我們在這裡笑、在這裡哭、在這裡抱怨，在這裡夢想自己不同的未來。現在，歷經十年之後，這可能是我們最後一次在這裡碰面。

「怎麼了？」比特語帶嘲諷，「發獎金之後又發生了什麼事嗎？」

「不是那種事。」我低頭看著我的咖啡，之後我吸了一口氣，面對著他說：「比特，我真不敢相信，但我準備好了。」

「準備好什麼？」他一邊說，一邊淺笑，並且皺了皺眉。我的眉心因為不解而糾結。他知道這一天會來的啊。

「離職。」我說。我用氣音說話，彷彿兩個字害怕讓人聽到。「我已經跑到終點線，現在我要離開回去陪小孩了。」他瞪著我，一臉木然，我等著他擁抱我並恭喜我。

「所以說，你已經決定了？」他說，「都結束了？」他每一個字都講得咬牙切齒，好像在啃一塊很硬的肉，他的臉跟脖子都脹紅了。

「比特，」我懇求他，「我們這事都講了一年半了。你知道我不會留下來。我很害怕，但我要落實我的計畫。」他瞇著眼看我，我看到他的頸部有一塊突起。

「我不敢相信你不管我就這麼做了，」他的聲音愈來愈高，「你這自私的賤貨！」他出拳捶了桌子，這一震，害我的咖啡從杯子裡灑出來了。「這也會影響到我的家庭，我們應該同進退。」

我呆住了，我的下巴掉了下來，我一整個感到困惑。

「比特，」我說，「我本來就會比你早離職，我不懂這是怎麼了。」我低頭看著我的咖啡，想要像茶葉占卜一樣從中讀出一些線索，看看咖啡能不能幫助我的腦子處理他的反應，替這個瘋狂局面找到合理的解釋。

「我不一定要今天辭職，」我說話時聲音都分岔了，透露出絕望，「我可以等，讓你想一想。你是我最好的朋友之一，我絕對不想傷害你。」

他的鼻孔脹大，嘴邊出現泡沫。

「去做你想做的事，你想什麼時候做就什麼時候做。」他大吼，「對我來說你已經死了。」他的唾沫濺的一桌子都是，他一站起來，椅子倒在他身後，撞到了窗戶。

「比特，別這樣。」我語帶絕望地求他，「我們談談。這是大好的機會，我離開後你會接下我的職務，賺更多錢。如果你只想多做一段時間，到時候你也可以離職！」

他的臉很紅，我從來沒看過他這樣。我擔心他會爆炸，或者是會殺人。「我再也不想跟你講話了。」他大叫。

我整張臉因為困惑而皺了起來。「拜託別這樣，」我幾乎是喃喃自語，「我不明白為何這樣，不能這樣結束。」

他走出去並用力甩門，震動的力道迴盪在會議室裡，使得牆邊的家具都在動。我腦子裡閃過很多問題：我做錯什麼了？他為何這麼氣憤？難道他忘了我們講要離職已經很多年了嗎？他可能還在否定期，或者覺得我會怕到不敢離職。畢竟，我已經抱怨了很多年，但從來也沒走。

我環顧會議室，想到我們在這裡共度的時光。我們總是立場一致，比特是這裡唯一理解我的人，但今天我們變成各說各話了。我抓起手機打給丹恩時，手指都在發抖。

「丹恩，」我哽咽了，聲音裡夾雜著淚水，「我跟比特說了，他大發雷霆。」我一邊哭，一邊為了我們這場會談而感到後悔。

「你還在聽嗎？」我講完時我問；我只聽到牆上時鐘滴滴答答的聲音。

「還在，」他說，「我只是很訝異。他知道會有這一天。我只是不懂。」

「我覺得很內疚，」我哭著說，「我覺得自己好像做錯事了。」

「你開玩笑吧？」他提高聲音，「你做什麼都顧到他，你向高層說他好話、放產假時每天都跟他通電話。這不會有錯。」

丹恩的話稍稍安撫我，但我並沒有覺得好過多少，於是當我要回座位之前我先去了洗手間，替自己減壓一下。我直接走到殘障專用的洗手間，也就是我流產時用的那一間。我的眼睛布滿血絲，連眼白的地方都是粉紅色，兩頰也滿是紅色的斑點。我拿下頭上的眼鏡，戴起來，很高興黑色的粗框可以蓋住一些損害。我覺得這一天過了好久，應該快結束了，但一看表發現不過才早上七點十七分。

等我回到座位，比特正在跟一群同事開懷大笑，我很驚訝，他居然能像廚房的下水道一樣把對我的憎恨排的乾乾淨淨，一派樂天地和別人笑鬧。他很討厭這些人，總是在抱怨這些人，但在剛把我罵的體無完膚之後，現在的他看起來穩定又正常。我忍不住去想他高中時參演戲劇的歲月，他總是講到他主演的那些音樂劇。他或許是一個演技了得的演員，過去十年我所認識的他，不過是他演出來的一個角色。

我去看我的電子郵件，我淚水模糊，看不清楚收件匣的內容。比特的笑聲傳進耳裡，我抽了一張面紙。過了一會我覺得好一點了，我靠過去找他。

「嘿，」我柔聲說，「我們要談一談。」他直直盯著螢幕。「比特，事情不能這樣結束。」我說話的聲音大了一點。我們的臉相距不到六十公分，但他整個拒人於千里之外。他一邊看著螢幕，一邊打字，彷彿我不存在，我覺得胃好痛。我從沒像現在這麼困惑。我覺得我需要一個翻譯，讓我知道自己到底做了什麼。我快速打字，回覆電子郵件，讓我顫抖的手忙著做事，但我無法深呼吸把空氣吸進我的肺裡，我覺得喉嚨裡的氣管堵住了。我好想來一顆贊安諾，但我在哺乳，不能吃。

一整個早上都有人來找我，問我關於工作流程、策略和預算的問題。我給了他們答案和指引，但完全不知道自己在說什麼。看到比特反應這麼大之後，我覺得我好像一個糊塗的笨蛋，但我需要打起精神，因為我還有一件事要做：去向賈斯丁辭職。

賈斯丁進辦公室時已經快中午了，我等他都弄好才去找他。

「可以打擾你一分鐘聊一下嗎？」我盡可能很隨意地問。

我們四目相接，他瞪大了眼，好像他知道了我要講什麼。我走進他辦公室，他跟著進來。我坐在他的辦公桌旁，往外看著交易室，他則面對我和辦公室的牆面。我知道大家都在看我和這場會談。在發完獎金之後的那幾天，大家都在看著別人的動向，而我想要掌控話語權，我不要別人看著賈斯丁的表情，我要他們看著我。

賈斯丁帶著他的招牌嘻笑。「有事嗎？」他問。

「我這輩子做兩件事，」我開始說了，「照顧我家和在高盛工作，到了現在這個時候，我覺得我沒有足夠時間兼顧兩者，因此，我要離開高盛，回歸家庭。」我的身體放鬆了，我終於有膽講出這些話。

賈斯丁笑開懷，我想我都可以數的出他有幾顆牙齒了。

多年來他都希望看到這幅場景。「哇，」他說，「你確定嗎？」

我從玻璃牆面看出去，看著交易大廳，我聽見電話的聲音還有同事的叫喊聲。傑瑞和維多在辦公桌旁大笑，填充玩具牛端坐在我的螢幕上方。

「是的。」我很確定地回答。

「你打算今天離職嗎？」賈斯丁問，「你能不能給我一點時間？」我坐回椅子上，看著他辦公桌上大型的噴射機隊加油泡棉手指。在他對我做了這麼多惡劣的行徑之後，我根本不想多給他一秒鐘，我想馬上走出去永遠不回來，但我知道這樣做不對。我花了將近二十年打造了這份事業，我要好好離開。

「我不想留太久，」我說明，「但我這個星期都會在。」賈斯丁點頭，我走了出去。我的肩上扛卸下一副重擔，很快的又換成承受大家的注視和耳語。

一整天我都一再地想要引起比特的注意，但他把我當隱形人。認識他的這幾年，我們曾有意見不合的時候，但他從未這樣待我。我在想，是不是因為我對他已經沒用了，我不能在幫他做專案，不會再為了他的事業與薪酬抗爭，也不會在他想提早下班去看小孩時掩護他，因此他覺得我沒有價值了。對他來說，我們之間的關係就是這樣嗎？在我心裡，我跟他之間很有意義，我覺得自己像個笨蛋。

當晚通勤回家的路上有種說不上來的彆扭，因為以前這個時候我通常會跟比特聊聊。晚上我們開車回家時，多半都會通話。我撥了電話，但他沒接；我傳了簡訊，但他沒回。我愣了，覺得很受傷，就像被好朋友絕交的高中生，而我也很擔心他。他的反應很奇怪：那不像他，我希望他不會倉促行事。隔天凌晨四點，我收到他的簡訊，上面寫了：「我今天會辭職。」我擦了好幾次眼屎，讀了好幾遍。

「我們先聊聊。」我回訊息給他。我試著打電話給他，但直接轉到語音信箱。

我想要早一步在辦公室堵到他，在他辭職之前先和他談談，因此我搭了早班渡輪，一下船就用跑的。等我到達辦公室時已經氣喘吁吁，滿身大汗，我看到比特的公事包放在椅子上，他人在賈斯丁辦公室。我太慢了。

十分鐘後，比特回到座位，什麼也沒說，拿起公事包就走出了大門。此人本來應該在我離職後再多留幾年，現在反而比我早了幾天離開。過去十年我們就像兩個被關在地牢裡的囚徒，相依為命在這裡撐下去。我們靠著對方給予支持，幫助對方活下去，夢想著不同的未來，但最後卻是這樣，他走了，之後我從未再見到過他，也沒再跟他講過話。

我希望我可以說，在風波平息之後，我們再度聚首，他把話都講開了。他後來領會到他糾結的很深，對於離開高盛感到很矛盾，而他把這種情緒投射到我們的友誼裡。或者，他後來明白了，他很害怕等我離職後他要接我的職務，但他不敢向自己承認這件事。但這些事都並未發生，語音留言、電子郵件和節慶賀卡通通石沉大海。

雖然比特也是順應生理性別的白人男性，但因為他無法融入此地，高盛的文化顯然對他造成負面影響。玻璃辦公室裡坐滿了看起來像他的人，但這並無法幫助他在這裡成功，因為他不認同他們的價值觀和利益。以我的經驗來說，在高盛要成功，比較重要的是能不能和有權有勢的人變成同路人，比較無關乎聰不聰明或有沒有工作倫理。比特可能覺得，少了我在那裡與我的支持，他沒辦法在高盛待下去。我不會怪他，我也擔心我不在之後他在高盛的未來。我也知道如果沒有他，我也不會想要留在高盛。

沒多久之前我在網路上搜尋他，知道他如今已經在印第安那成為諮商顧問。我替他感到高興，但我到現在還是很疑惑、而且可能永遠無法得到答案，為什麼我會在那天忽然之間就失去我最好的朋友。

第二十章

終結重回家庭，細思量找回自我

「我真的辦到了嗎？」我大喊大叫，「我真的離職了嗎？」天還沒亮，這是我離開高盛之後的第一個星期一，是我展開全職媽媽這份事業的第一天。我再也不用衝出門去趕渡輪，我和丹恩可以坐在餐桌前喝咖啡了。

「是的，」丹恩笑道，「你辦到了。」他湛藍的雙眼閃閃發亮，整個人看起來好自豪。我還是不敢相信，講了這麼多年之後，我終於有膽子離開高盛。當我開始覺得脫離高盛緊緊的桎梏，我才明白這裡對我有多大的影響力。

這是一個灰暗寒冷的二月天，我帶著既興奮又害怕的心情開始我的新工作。我已經決定要把第一個星期花在整理自己，然後看看新工作是怎麼一回事，但我的家人另有方案。

「媽媽，」路克從樓上喊我，「媽媽！」

我看著丹恩，他輕輕笑了。「祝你第一天上工順利。」他說。

我上樓，循著路克的聲音走到洗手間，一陣腹瀉的氣味撲鼻而來。

「媽媽，我的屁股著火了，」他哭道，「我的屁股著火了！」他坐在馬桶上，上面印有蜘蛛人的睡褲脫在地上落在他腳邊，忍者龜內褲則丟在睡褲上面。他看起來好小好無助，我擔心他會掉進馬桶。等我過去，我看到雖然馬桶裡有些便便，但大部分都在他的內褲上、他的腿上還有馬桶坐墊上。

「媽媽，我的屁股著火了，」他嚎啕大哭，「著火了。」他噘著下唇，不斷揮著他的腿，便便濺的到處都是，他還向我伸手討抱。

「喔，寶寶，你好可憐。」我一邊說，一邊打開蓮蓬頭，「媽媽來幫忙。」等我把他清乾淨，讓他在電視前面坐好，我又去廚房多煮了一些咖啡，然後貝絲跑下來了。「我覺得不太舒服。」她說。

她站在廚房中央，棕色的捲髮在頭上亂翹，臉上一片灰綠色。她打個隔，然後嘴巴就噴出一陣嘔吐物，噴的整個廚房都是，地板上、櫥櫃上、牆壁上和我身上，無一倖免。我看著事情在眼前發生，眼睛瞪得很大。我沒看過這種事，這讓我想起電影《大法師》（*The Exorcist*）裡的場景。吐完之後，她瞪著我，完全說不出話來，她的眼睛裡透露出她不敢相信自己的身體剛剛怎麼了，之後她用最大的肺活量爆哭。

丹恩衝下樓梯，一進廚房就用他的雙手掩住嘴。「怎麼了？」他問。我赤著腳，站在一片嘔吐物中間，聞起來像是胃酸混合著昨天晚上的墨西哥玉米餅，我很努力不要嘔出來。當我用雙臂抱住貝絲，我覺得有一些嘔吐物從我的脖子上流下來。

「吐了！」我大叫。

「我去取消會議。」他說。丹恩今天安排了很多會議，一場接一場。他為了推動公司的業務，把會議排的滿滿的，但現在得回來當全職奶爸了。

我閉上雙眼，提醒自己這是我想要的。「丹恩，不用，你去。」我向他保證，「現在換我處理了，我可以的。」

我替貝絲沖澡，把她帶下來，然後去看了一下艾比和漢娜，兩個都還在睡。艾比有點燒，因此今天大家都不去學校，在接下來幾個小時，我想辦法把廚房地板和樓上的浴室弄乾淨。

那天早上稍晚，大家都在起居室看電影，漢娜在他們身邊爬來去去，咬著她的塑膠玩具鑰匙。我在廚房準備午餐要喝的湯，然後我聽到咳嗽聲和哽住的聲音。

躺在地板上蓋著凱蒂貓小毯子的艾比吐了，嘔吐物吐在起居室新鋪的米色地毯上，還有她身旁的漢娜身上，漢娜細柔的寶寶金髮、黃色圓點包屁衣和脖子的摺痕裡，都被嘔吐物攻占。她對著艾比咕咕叫並且爬開，把嘔吐物散播到整個起居室的地板上，艾比的眼淚奪眶而出。

這種事持續好幾天，總是有人弄出一點什麼，吐了、拉了、尿了。床被尿濕了，房子裡有嘔吐的味道，馬桶塞住了；時不時出現的滿滿一盆嘔吐物和弄髒的內衣褲；有人發高燒也有人發脾氣；要洗的髒衣服多到數不清。我是一艘正在下沉的船的船長，整個船體已經都是水，我很努力在出現另一個洞之前先補好一個洞。我在想，我的選擇是對的嗎？沒錯，在高盛上班像掉進地獄；但，當我說別人弄得我滿身屎的時候，至少都只是比喻上的。那個星期大部分時候我都忙著勞動雙手雙膝，擦拭馬桶上已經乾掉的糞便、地板上的嘔吐物，或是處理發燙的前額。

有一天下午，大家都在午睡，我聞到洋蔥味，提醒我該做晚餐了。接著我再嗅了一下，發現味道是從我的粉紅色絨毛睡衣上傳出來的。我不記得我上一次沖澡是什麼時候的事，我愛我的孩子們，也很高興能跳出高盛，但這真是一場市郊人生大災難。

我在地上蜷縮成一顆球，頭靠在硬木地板上，旁邊是垃圾桶。沒有人會遞杯咖啡給我；我還在上班時，會請清潔人員每個星期來一次，現在沒有她幫我整理廚房和折衣服了。如今只有我孤身一人，雖然我一直很自豪自己很獨立，但我不明白的是，其實我很仰賴其他成人的支持與陪伴。我累壞了，也很失落。我在想，我曾經是個大人物，我可是高盛的常務董事。過去我負責幾十億美元的業務，現在我人在我家骯髒的廚房地板上，穿著已經穿了好幾天的睡衣，頭上頂著已經出油的頭髮。「我做了什麼？」我輕聲地說，很怕聽到我真的親口說出來。我想著，我已經離開了高盛，人只能從高盛離職一次。這就是我努力工作所追求的嗎？我不禁懷疑自己是否鑄下大錯，在企業裡工作的我可能才是真正的我，在家的我沒有事業可言。

我嚇呆了，渴望過去我明知對我來說很糟糕的人生，同時間也在憂心著我的未來。我明白了，要過渡到新的人生重點不只是換工作跟換環境而已，我還要給自己多點時間做出最重要的改變：改變我的心態。我不能期待一夕之間就有所不同。

病魔退散了，孩子們逐漸康復，家裡面又逐漸恢復平靜與秩序。一分鐘過一分鐘、一天過一天，真相也慢慢浮現。我已經被高盛這部大機器制約了，整個人精疲力竭，只想服從，需要一點時間才能復原。當我解放自己，消除高盛那個世界的毒害，我才清楚地看到我在那裡工作時的情況。我是那個扭曲世界的完美人選：我完全沒有人脈，背負了為了整個家族一定要成功的壓力，包括已經死去的祖父，以及做出太多犧牲的雙親。從小的健康問題讓我披上了有缺陷的外表，更讓我決心去證明所有「你絕對不能」的說法都是錯的，我和每一個人都一樣完整無缺。我活在他們的虛擬實境裡，他們把他們的價值觀灌到我身上，告訴我如果沒了高盛，我什麼都不是。我曾經相信他們的謊言，我覺得他們每付我一塊錢，我就要對他們再更盡心盡力一點，我認為我應該得到更糟糕的對待。

接下來幾個月，我慢慢擺脫這個桎梏，逐漸明白我在高盛能成功是因為我自己，而不是因為他們；這是因為我本來就具備技能，而不像他們要我相信的，完全是因為打著高盛的名號。回過頭去看，我明白了自己不用為了存更多錢而留在那裡這麼多年。重點不完全是金錢，而是我懂了如果我早幾年離開，我們也可以過得很好。我出於小康之家，過著簡樸的生活，我知道我不需要一年賺一百萬美元也可以過好日子。我就像是一個被人挾持又患上斯德哥爾摩症候群的人質，我需要花時間重新設定自己，擺脫沒了高盛就活不下去的想法，不要再認為我少了他們的名號就一文不值、我賺不到他們的錢就什麼都沒有。

幾天過去了，然後是幾星期過去了，春天的微風帶來承諾與樂觀，初夏的驕陽則讓我去年冬天滿是悲傷與後悔的低語蒸發殆盡。我已經習慣了新的日常：我好愛看著嬰兒漢娜開始長大，並且一起體驗她的各個里程碑；我好愛成為小孩放學回家看到的第一張臉孔；我好愛在他們童年的戰爭中站到第一線去：一起面對遊戲場裡使壞的小孩、困難的拼字測驗和午餐室餐桌上的各種戲碼。

過去我一直很重視要參加孩子們學校的活動，但我通常必須說謊才能出席，謊稱我要和客戶開會，才能溜出辦公室一會兒，而且整段時間都偷偷檢查訊息，一隻眼睛看著手機，一隻眼睛看著孩子們，深怕我會被抓到跑去當「潔美媽媽」，或是我離開辦公室時又出現了什麼惡搞把戲。我會一邊看孩子們的音樂表演一邊登入視訊會議，但我會把我的手機關靜音，然後一直擔心著會不會有哪個同事或是哪個在場的家長發現我在做什麼。現在，我根本不需要帶著手機了，我可以完全身在其中，全心浸淫在小學環境中的好與壞。我已經不再是拖著疲憊的身體在擁擠的觀眾席占到位置、試著想要同時現身兩地的人了，我終於可以自由做自己，我也知道我做了正確的決定。

夏天某個午後，我決定清乾淨我在家裡的辦公室，我的第一項任務是清空我上班最後一天從高盛帶回來的三個箱子。這些箱子是我那段截然不同人生的遺跡，從我離職那天算起已經放了好幾個月了，我很怕它們，但同時也心存敬畏。我已經很適應在家的新常態了，有時候我會懷疑，我在高盛的那段時間是真的存在嗎？離職之後我就沒再穿過套裝或高跟鞋了，我不再化妝、不再追蹤市場，我也不再和辦公室裡的任何人連絡。

這些箱子就放在我的書桌旁邊，都還沒拆封，我無法面對。我非常想離開高盛，但我也知道心裡還是有一些遺憾與痛楚，我很遺憾失去比特，很遺憾我的事業用這種方式結束，我不希望這些箱子喚起離職那天就埋了起來的痛苦與失落。但，現在也該是時候了。

七歲的貝絲和艾比想幫忙，路克（現在四歲）與漢娜（七個月）則在午睡。我們每個人拿起一個箱子，我打開牌匾、紀念紙鎮，以及上面印有我的名字連同高盛標誌的玻璃獎座。貝絲把名牌、財務用書以及幾盒名片拿出來。艾比打開她的箱子，裡面裝滿了黑色皮革封面的精裝書冊，她拿了一本起來。

「媽媽，這是什麼？」她一邊說，一邊舉起一本書冊。這本書冊在她的小手裡顯得好大，封面有用金色墨水印出我的姓名，就放在公司的標誌之下。

「寶貝，這些是我的日誌，」我說，「是我用來記錄我的工作、我的想法以及發生了什麼事，還有我喜歡的以及我不喜歡的事。我總是會有一本日誌，一旦寫完之後我收進辦公桌裡，換一本新的。」

艾比檢視這本書冊，用手翻看，貝絲從箱子裡又拿了一本。

「那麼，這些就是你工作時的故事囉？」貝絲說。

我看了看箱子裡另一堆日誌，我笑了。「對，就是這樣，」我說，「這些就是我在高盛工作時的故事。」

後記

我二〇一六年離開高盛，早於「Me Too」、「黑人的命也是命」（Black Lives Matter）以及我們在這個社會中發動出的其他進步行動。有些讀者可能會覺得那是很久以前的事了，並說「那時是那時，現在是現在。」但那就太天真了。厭女、種族歧視和各種不平等可能不像過去那麼堂而皇之，然而，我很確定根本的文化並沒有太多改變。舉例來說，我會認為，時至今日不可能容忍我當年遭受的攻擊，但這不表示高盛真的改變了，只不過是當中的人們更小心了，更知道如何把黑暗面包起來。公關操作的論述重點、絕佳的福利、公司規定的敏感度訓練以及其他，都無法遮掩在我經歷過決定這個環境調性的那些過時價值觀，員工也可以看透這些虛情假意。

我曾經助長我並不相信的文化，這些文化必須終結。高盛以及美國企業界已經到了改變的時候，也該實踐他們拿來當號召但自己並不信奉的原則了。我在華爾街發展事業期間，除非你已經想好可能的解決方案，不然沒人想聽到問題。我在這本書裡點出了很多問題，以下是我用來解決這個已經損壞體系的方案；不僅可用於高盛，也適用於其他大規模的組織。我們必須以具體且有策略的方法來處理這些問題，訂出可量化的目標並監督結果。

首先，我要敬告高盛以及其他大公司的掌權者：要化解高階主管以及負責經營日常業務的員工之間的歧異。目前，這就像是一場很糟糕的傳話遊戲，只有少數人才知道最原始的訊息內容是什麼。這些資訊力量很強大，最終會決定組織裡的文化。不要把公司太理想化，列出一大堆企業原則或最佳實務操作，或者只把這些內容放在員工手冊裡面而已。要讓這些原則滲透到各辦公室，資深管理階層的每一個人都要以身作則。如果負責日常營運的經理不能實踐高階主管辦公室交付下來的主張，不出力把這些理想落實為行動，理想也就沒有價值。不要讓中階或高階經理人的個人價值觀凌駕於公司的理想之上，要他們負起責任遵守你們制定的標準。要經理人以及更上層的人員為自己的人格以及團隊的文化負起責任，就像要求他們為損益表負責任那樣，因為這兩件事同樣重要。不要因為他們賺了很多錢或市占率高就為他們加薪或提拔他們，也要檢視他們創造出來的職場環境。要展現出你同樣關心這兩個面向。

對所有財星五百大企業來說，聲譽都極為重要，對高盛而言尤其如此。企業原則從第一天就進入了員工的心理，因此，請對品行不良以及歧視行為採取零容忍政策。請聘用專責管理企業文化的主管，在員工層級落實反歧視政策，就像法規遵循主管監督內線交易與不符道德商業行為一樣積極。不管業績獲利多豐厚，都要要求管理合夥人對由他們監督部門中發生的歧視負起責任。不要給他們機會把問題藏起來，而應給他們解雇通知。不管替公司賺了多少錢或打高爾夫球時低於標準桿幾桿，都要請素行不良的員工走人。要確保人力資源與員工關係部門真正獨立運作，要不然就不要設立這類職務。要知道，這些人無法一邊面對資深主管全力的擺布又一邊保護員工。

敬告高盛高階主管：各位都知道華爾街就是數字導向，你們都很努力展現成果。正因如此，你們才在二〇二〇年的世界經濟論壇（World Economic Forum）宣告，高盛在承銷歐美兩地私人企業的首度公開發行時，只接受董事會裡至少有一位非白人異性戀男性董事的公司。高盛也公開說過，「熱切期待」基層入門層級聘用女性員工達百分之五十、黑人員工達百分之十一、西班牙裔與拉丁裔員工達百分之十四。這是很好的起步，但這些指標適用的範圍必須要超越聘用這個層級。在常務董事與合夥人的階段，也要有這些代表性的目標。如果擔心女性、黑人、原住民和有色人種、性別性向多元人士很難爬到你這個層級，請引導他們不斷推進職涯發展，確認他們得到追求成功必要的支持，而不只是把這些人聘進來、放任他們自生自滅。他們不會受邀到蘇格蘭威士忌品酒會或高爾夫球場，即那些白人男性找到他們「領袖」的地方，因此，請為聘進來的女性、黑人、原住民和有色人種、性別性向多元人士設置「守護天使」方案，這些天使要真心關心徒弟們成功與否，從新人階段開始一路帶領他們成為管理合夥人。各位都知道，高盛的策略專家會做出種種分析，詳盡解析從市場趨勢到客戶行為等等。策略分析師甚至會追蹤履歷表上的關鍵字，用來預測應徵者未來在公司裡的成敗。請以同樣的積極主動來追蹤各種不同員工的事業發展，並要知道績效考評分數波動幅度很大，損益也會大幅上上下下。要真正去檢視、問「為什麼會發生這種事？」，並要仔細找出真正的答案。

高盛，請聽好了：你們有全世界最優秀、最出色的人才效命，你們很努力在各方面爭第一，你們想要成為最早想出最棒構想的公司，請用同樣奮力拼命的競爭熱誠去留住與提拔女性、黑人、原住民和有色人種、性別性向多元人士。這個世界上有太多敏銳、深思熟慮的人，對你們或任何大機構來說，這些人都是資產。選任員工時，你們無須在人格和聰明才智之間左右為難，可以兩者兼顧。不要只是因為對聲譽有好處而去傳頌這些原則，請因為這真正能幫助推動業務而實地去做。許多研究都已經證明「多元色彩濃厚的公司在獲利上的表現，非常可能勝過沒這麼多元的企業」，以及「非同質性的團隊比較聰明……可以挑戰彼此的想法克服僵化的思維並強化表現」。不問員工的背景與興趣，廣納百川、支持各式各樣員工的職場，對於每個人都有好處。

致新進員工，我想對你們說的是：就算事實是玻璃圍牆辦公室裡坐滿了順應生理性別的白人男性，你也可以進得去。請從我的錯誤中學習。你獨特的聲音很重要，你不要沉默不語。拿掉你對自己設下的限制，讓公司變的更好。你要別人因為你提出的想法和你的工作內容來認同你，而不是因為你和合夥人有很多共同之處或是被迫服從過時的行事之道。

我知道，你們被錄取時，高盛每一個和你們談話的人講出來的都是一篇大道理。老天啊，我剛進高盛時的企業口號是「心胸、完全、敞開」，但這與事實完全不符。你進去之後覺得好像被別人的花言巧語騙了，我一點都不覺得訝異。在任何類似的情況下都做你該做的事：指出他們說一套做一套，要求他們改正。你面試時他們答應你什麼，等你進公司之後就應該擁有，就這樣。

以下是你不該做的事：不要去突破他們的玻璃天花板。你不會想加入他們的男孩俱樂部，變成他們那種人。你不會想要在禁錮你的牆內所找到的狹小空間。

你想要的是充滿機會的一大片天空。

少一點都不要妥協。

致我的讀者：這些事不僅會發生在財星五百大企業裡，各式各樣的職場都時有所聞，不管是大企業還是小公司，是公開上市還是私募股權，甚至是非營利組織。但現在浪潮正在逆轉，因為大家都發聲說「夠了」。心態和行為都在改變，但，在我們看到進步的同時，還有更多有待努力之處。我們都有責任，都在當中扮演了某個角色。我們都要挺身而出，一起讓職場更能容下每一個人。少了個人的改變，就不可能帶動大規模的轉型。

致謝

我要感謝很多人，說再多也說不完我的感激。寫書是一種很疏離的經驗，還好我身邊有一個很棒的團隊。

感謝羅賓・芬恩（Robin Finn），他是第一個讓我知道我可以成為作家、自己是有故事可以講的人。謝謝你說服我不要去念法學院，改為寫完這本書。

感謝我的寫作老師茱兒絲・絲瓦勒斯（Jules Swales），是你教我如何打開心胸、行事大度，不僅用在寫書時，也用在生活上。感謝你讓我知道如何成為一個好的說書人。你不只是一位導師，請容我驕傲地說你是我的朋友。

感謝傑比・霍洛斯（JB Hollows）和莉亞・依莉芙－伍德（Ria Iliffe-Wood），我更不敢相信我們還沒有真正見過彼此，但我們之間的連繫很深，也不需要見面了。我要敬二〇二二年，這將會是我們的書發光發熱的一年！

感謝邦妮書社（Book Bunny）的團隊珊卓・柯妮根（Sandra Koenig）和賈娜・道森（Jhanna Dawson），感謝你們的鼓勵與帶來的歡笑！

感謝艾薇・凱勒（Ivy Kaller）你用毫不畏懼的態度去面對寫不出來時的空白，啟發了我在寫作時要多冒一點風險。

感謝蓋比・華納・曼恩（Gabi Wagner Mann）和琳達・康卓蘿（Linda Condrillo），你們不僅為我提供寶貴的回饋意見，更自從第一天開始就是我熱情的支持者。

謝謝我的諸位友人：米契・貝克斯特（Mitchell Bakst）、珍妮佛・康特茉（Jennifer Cantelmo）、芭芭拉・吉芮（Barbara Geary）、丹妮啦・何茉絲（Danielle Holmes）、皮娜・洪雅客（Pina Hornyak）、莉莎・卡賓娜（Lisa Karbiner）、凱倫・麥克洛琳（Karen McLaughlin）、梅姬・莫莉絲（Maggie Morris）、蘿拉・帕佛斯基（Laura Pavlosky）、崔許・帕佛斯基（Trish Pavlosky）和伊莉莎白・溫哈爾（Elizabeth Vinhal）。各位在許多方面支持我，在我動搖時鼓勵我繼續寫下去，讀我初期的草稿，一讀再讀各個版本，給我絕佳的回饋意見，為我提供行銷策略，幫助我選出我的作者宣傳照。我很慶幸能有各位！

感謝加州的朋友們：莎拉・芮德蒙（Sarah Redmond），你是我此生擁有最佳好友中的最佳好友，感謝你遠在遙遠的另一端卻仍是我最熱情的啦啦隊。感謝艾莉森・麥蓋兒（Allison

McGuire），當我想放棄時你仍堅定支持我。

感謝瑪麗亞・波莉賽諾（Marie Poliseno），在高盛遇見你，是我到今天都還一直受惠的禮物。不管何時，我都很樂於付錢請我親愛的露西為我提供意見。

感謝我的「協力媽媽」依潔・帕戈妮（EJ Pagani），你不僅支持我寫作，幫忙我打理這本書的每一個面向，還幫我照顧我的孩子們。我好開心能和你一同育兒！

感謝史黛西・哈維斯婷（Stacey Harvestine），謝謝你永不熄滅的熱情。感謝你在背後挺我為我所做的一切。

感謝寇特妮・佛克絲（Courtney Fox），你是我在布林茅爾學院除了學位之外最大的收穫。我終於離職了，小寇！一開始時你就在我身邊，直到今天，感謝你！

感謝溫蒂・貝荷芮（Wendy Behary），感謝你陪著我走過這一切，並幫助我因此成為一個更好的人。

感謝潔西・康布魯絲（Jesse Kornbluth），感謝你提供的直接坦誠回饋意見，也感謝你慷慨和我分享你的經驗與人脈。感謝卡蘿・費茲傑蘿（Carol Fitzgerald）和書記者（Book Reporter）團隊，感謝各位為我解開瘋狂出版世界的祕密！感謝DEY團隊：謝謝芮萃・戴依（Rimjhim Dey）和安德魯・迪西歐（Andrew DeSio），感謝你們願意臨時一起開會，導引我順利完成出版流程，並幫忙《我在高盛的金錢與仇女人生》這本書發揮最大的影響力。

感謝珍娜・蘭德・佛利（Jenna Land Free），你是我的朋友，更是我的尤達大師（Yoda）。能有《我在高盛的金錢與仇女人生》，都要歸功於你。我知道你向來都是給我的恩賜！感謝你看見我、聽見我與挑戰我！不管重不重要，任何時候你都在，你永遠會接起我打過去「想找個朋友聊聊」的電話！我永遠感激！

感謝我的經紀人蓋兒・洛絲（Gail Ross），我身邊再也找不到像你這麼強大、聰慧且熱烈的女性了。感謝你相信我，也感謝你堅持不懈地擁護我、支持我。你說對了，我們澤西女孩確實不一樣！

感謝西蒙與舒斯特出版社（Simon & Schuster）出色的團隊，包括：艾蜜莉・西蒙森（Emily Simonson）、凱特・波以德（Cat Boyd）、伊莉莎白・維娜芮（Elizabeth Venere）與凱特・拉萍（Kate Lapin），感謝各位的協助與熱心。感謝我的編輯史蒂芬妮・佛芮琪（Stephanie Frerich），從我們相見的第一天起，我就知道你什麼都明白。感謝你給我機會，相信我並挑戰我。我們也是活力二人組，在這個過程中，不可能有比你更好的隊友了。

感謝充滿活力的下一代費洛家女性，包括我的姪女席妮（Sydney）、琳西（Lyndsey）和凱西（Casey）。我希望這本書能激發你們打破自己的藩籬。

感謝我最好的朋友琳達・班西（Linda Benzi），你是我在精神上的姊妹，從一開始就在我身邊。我一九九八年第一次見到你，昨天晚上我們還通過電話。感謝你替我擦乾淚水、借我針線盒，沒有你，我不可能辦到這些事，也無法變成今天的我！

感謝原始費洛家五人組的其他成員兼我人生最初的老師：爸爸、媽媽、湯尼和珍妮。感謝你們愛我、支持我、為我提供建議。感謝外婆，我的人生中已經有一半的時間沒有你，但我每一天都會想到你。我祈禱我有讓你感到驕傲。

感謝我的孩子們：艾比、貝絲、路克和漢娜。感謝你們在《我在高盛的金錢與仇女人生》占掉我們愈來愈多生活時表現出來的興奮、理解與耐心。我但願我有讓你們感到驕傲，也但願這本書有助於改善你們有一天也將投身其中的職場環境。

感謝丹恩：你是我的一切，這一切都是為了你。

註解

第138頁：「二〇一九年時高盛訂下目標……」：Goldman Sachs. "Goldman Sachs Press Releases."：https://www.goldmansachs.com/media-relations/press-releases/archived/2019/announcement-18-march-2019.html，查閱時間：二〇二二年二月十六日。

第138頁：「以性別性向多元（LGBTQ+）社群來說也是一樣……」：同上。

第140頁：「雖說公司裡大約有一半的新進員工都是女性……」：finews.com. "Goldman Sachs Wants More Women MDs," March 19, 2019：https://www.finews.com/news/english-news/35770-goldman-sachs-women-md-pay-promotion-gender-diversity：Goldman Sachs. "Goldman Sachs Press Releases—Goldman Sachs Announces Partner Class of 2020."：https://www.goldmansachs.com/media-relations/press-releases/current/gs-partner-class-2020.html，查閱時間：二〇二二年二月十六日。

第334頁：「你們才在二〇二〇年的世界經濟論壇……」：https://www.bloomberg.com/news/articles/2020-01-24/goldman-rule-adds-to-death-knell-of-the-all-white-male-board。

第334頁：「『熱切期待』基層入門層級聘用……」：*Washington Post*. "Analysis | Goldman Sachs Says It Wants Half of Its Entry-Level Recruits to Be Women."：https://www.washingtonpost.com/business/2019/03/18/goldman-sachs-says-it-wants-half-its-entry-level-recruits-be-women，查閱時間：二〇二二年二月一日。

第335頁：「許多研究都已經證明……」：How Diversity, Equity, and Inclusion (DE&I) Matter. McKinsey. Accessed：https://www.mckinsey.com/featured-insights/diversity-and-inclusion/diversity-wins-how-inclusion-matters，查閱時間：二〇二二年二月十五日。

第335頁：「非同質性的團隊比較聰明……」：Rock, David, and Heidi Grant. Harvard Business Review, "Why Diverse Teams Are Smarter." November 2016. https://hbr.org/2016/11/why-diverse-teams-are-smarter。

國家圖書館出版品預行編目（CIP）資料

我在高盛的金錢與仇女人生：來自華爾街的性別歧視、霸凌、騷擾與厭女症第一手沉痛告白 / 潔美・費洛・希金斯（Jamie Fiore Higgins）著；吳書榆譯 . -- 初版 . -- 臺北市：商周出版：英屬蓋曼群島商家庭傳媒股份有限公司城邦分公司發行 , 民 112.9
面；　公分 . --（BA8039）
譯自：Bully Market
ISBN　978-626-318-852-5（平裝）

1. CST: 希金斯（Higgins, Jamie Fiore）　2.CST: 性別歧視
3.CST: 霸凌　4.CST: 職場　5.CST: 回憶錄

785.28　112014505

莫若以明 BA8039

我在高盛的金錢與仇女人生

來自華爾街的性別歧視、霸凌、騷擾與厭女症第一手沉痛告白

原 文 書 名／Bully Market
作　　　者／潔美・費洛・希金斯（Jamie Fiore Higgins）
譯　　　者／吳書榆
責 任 編 輯／陳冠豪
版　　　權／吳亭儀、林易萱、江欣瑜、顏慧儀
行 銷 業 務／周佑潔、華華、賴正祐、吳藝佳

總　編　輯／陳美靜
總　經　理／彭之琬
事業群總經理／黃淑貞
發　行　人／何飛鵬
法 律 顧 問／台英國際商務法律事務所
出　　　版／商周出版　台北市中山區民生東路二段 141 號 9 樓
電話：(02)2500-7008　傳真：(02)2500-7759
E-mail：bwp.service@cite.com.tw
Blog：http://bwp25007008.pixnet.net/blog
發　　　行／英屬蓋曼群島商家庭傳媒股份有限公司城邦分公司
台北市中山區民生東路二段 141 號 2 樓
書虫客服服務專線：(02)2500-7718・(02)2500-7719
24 小時傳真服務：(02)2500-1990・(02)2500-1991
服務時間：週一至週五 09:30-12:00・13:30-17L00
郵撥帳號：19863813　戶名：書虫股份有限公司
讀者服務信箱：service@readingclub.com.tw
歡迎光臨城邦讀書花園　網址：www.cite.com.tw
香港發行所／城邦（香港）出版集團有限公司
香港灣仔駱克道 193 號東超商業中心 1 樓
電話：(825)2508-6231　傳真：(852)2578-9337
E-mail：hkcite@biznetvigator.com
馬新發行所／城邦（馬新）出版集團【Cite (M) Sdn. Bhd.】
41, Jalan Radin Anum, Bandar Baru Sri Petaling,
57000 Kuala Lumpur, Malaysia.
電話：(603)9056-3833　傳真：(603)9057-6622　E-mail: services@cite.my

封 面 設 計／李偉涵　　內文設計排版／林婕瀅
印　　　刷／鴻霖印刷傳媒股份有限公司
經　銷　商／聯合發行股份有限公司　電話：(02)2917-8022　傳真：(02) 2911-0053
地址：新北市新店區寶橋路 235 巷 6 弄 6 號 2 樓

■ 2023 年（民 112 年）9 月初版

Printed in Taiwan
城邦讀書花園
www.cite.com.tw

定價／ 460 元（紙本）　320 元（EPUB）
ISBN：978-626-318-852-5（紙本）
ISBN：978-626-318-855-6（EPUB）

商周出版

廣	告	回	函
北區郵政管理登記證			
北臺字第10158號			
郵資已付，免貼郵票			

10480　台北市民生東路二段141號9樓

英屬蓋曼群島商家庭傳媒股份有限公司城邦分公司　收

請沿虛線對摺，謝謝！

商周出版

書號：BA8039	書名：我在高盛的金錢與仇女人生

請於此處用膠水黏貼

商周出版

讀者回函卡

感謝您購買我們出版的書籍！請費心填寫此回函卡，我們將不定期寄上城邦集團最新的出版訊息。

不定期好禮相贈！
立即加入：商周出版
Facebook 粉絲團

姓名：＿＿＿＿＿＿＿＿＿＿＿＿＿＿＿＿ 性別：□男 □女

生日：西元＿＿＿＿＿年＿＿＿＿＿月＿＿＿＿＿日

地址：＿＿＿＿＿＿＿＿＿＿＿＿＿＿＿＿＿＿＿＿

聯絡電話：＿＿＿＿＿＿＿＿＿＿ 傳真：＿＿＿＿＿＿＿＿＿＿

E-mail ：

學歷：□ 1. 小學 □ 2. 國中 □ 3. 高中 □ 4. 大學 □ 5. 研究所以上

職業：□ 1. 學生 □ 2. 軍公教 □ 3. 服務 □ 4. 金融 □ 5. 製造 □ 6. 資訊
□ 7. 傳播 □ 8. 自由業 □ 9. 農漁牧 □ 10. 家管 □ 11. 退休
□ 12. 其他＿＿＿＿＿＿＿＿＿＿

您從何種方式得知本書消息？

□ 1. 書店 □ 2. 網路 □ 3. 報紙 □ 4. 雜誌 □ 5. 廣播 □ 6. 電視
□ 7. 親友推薦 □ 8. 其他＿＿＿＿＿＿＿＿＿＿

您通常以何種方式購書？

□ 1. 書店 □ 2. 網路 □ 3. 傳真訂購 □ 4. 郵局劃撥 □ 5. 其他＿＿＿＿

您喜歡閱讀那些類別的書籍？

□ 1. 財經商業 □ 2. 自然科學 □ 3. 歷史 □ 4. 法律 □ 5. 文學
□ 6. 休閒旅遊 □ 7. 小說 □ 8. 人物傳記 □ 9. 生活、勵志 □ 10. 其他

對我們的建議：＿＿＿＿＿＿＿＿＿＿＿＿＿＿＿＿＿＿＿＿
＿＿＿＿＿＿＿＿＿＿＿＿＿＿＿＿＿＿＿＿
＿＿＿＿＿＿＿＿＿＿＿＿＿＿＿＿＿＿＿＿

請於此處用膠水黏貼